目錄

序言

第二次世界大戰是有史以來規模最大的戰爭。自從戰爭結束之後，有關此次大戰的著作也就紛紛出現，而且歷久不衰。概括言之，可以分為三個階段。戰爭結束之後，首先出版的書以親身參加戰爭的重要人物所寫的回憶錄最為暢銷。尤其是所謂名將對戰爭經驗的敍述和感想更是具有高度的吸引力。但從學術研究的觀點來看，既不能視之為信史，而且也缺乏較深入的分析。此即所謂的第一階段。到了七十年代，許多較詳細和較深入的著作開始問世，尤其是美英兩國官方所編輯的戰史更是具有權威性的記錄。不過，這一類的著作不僅篇幅浩繁，而且內容也相當瑣碎，似乎不是一般讀者所能接受。此即所謂第二階段。此後，世人對第二次大戰的興趣也就逐漸減弱，但到九十年代將近時，由於大戰五十周年之期即將來到，同時新的史料又不斷發表，於是第二次大戰之研究和著作遂又出現新的高潮。此即所謂的第三階段。

在第三階段中所呈現的新趨勢即歷史學界濃厚的修正主義。此種趨勢的形成，其原因可歸納為兩點：㈠各有關國家都已先後公開發表其戰時的機密檔案，遂使若干眞相得以大白。㈡經過長時間的冷卻，過去一切恩怨都已消失，於是也就能作比較客觀公正的評論。在此種新趨勢導引之下，新的著作也就呈現出新的風貌，而使人們對於五十年前的大戰又能獲得若干新的認知。

我個人不僅親身經歷過第二次世界大戰，而且在戰後階段，也一直不曾與戰史的研究和譯作脫節。我曾經編譯過不少的書籍，而且也寫過不少的論文。這一本書就是由近年來所寫的論文編輯而成。論文本雖各篇自成單元，彼此之間並無連繫。但經過編輯之後，此處所選擇的二十四篇論文也就可以構成一個體系，並有其邏輯上的排列順序。

全書分爲三篇，每篇各有其特定範圍：第一篇是以戰爭初期爲範圍，第二篇所包括的時段是以希特勒征俄之役爲起點而直到其敗亡爲止。第三篇則專論太平洋戰爭。

我寫這些論文並非以記述或評論爲目的，主要目的即爲回顧與省思。在四五十年之後來回顧過去，並作新的再思考，其所獲得的印象和啓示，當然會與當年所獲得者有很大的差異。時間是一位非常公正的裁判，是非功過到現在都可能應有新的認定。這也就是第二次大戰的經驗還値得省思的理由。

過去的戰史著作往往重視個案而忽視全局，遂有見樹不見林之弊。本書所選擇的論文大致都具有宏觀的視野，並把焦點放在大戰略方面，所以若與其他的著作比較則有詳其所略，而略其所詳的特點。因此，對於某些疑問可以提供新的解釋，對於某些現象可以作成新的整合。

五十年的光陰眞是一轉眼就已過去，二十世紀也已接近尾聲。但世界是否即能從此步入和平的新境界則仍大有疑問。不過，誠如李德哈特所云，要想和平應了解戰爭，這一本書的出版若能有助於對戰爭的了解，則作者將深感欣慰。

鈕先鍾 寫於一九九五年農曆除夕

第二次世界大戰
回顧與省思

【第一篇】

第一章 戰爭的起因

壹、前言

一九三九年九月一日，上午四時四十五分，德軍不宣而戰地進入波蘭領土，揭開第二次世界大戰的序幕。時間過得眞快，一轉眼就是五十餘年。其禍首是誰？戰爭是怎樣爆發的？其導火線是什麼？這些問題在過去五十多年裏，一直都有許多人研究，也常有若干不同的意見。不過，時間愈久，則所發現的資料也就愈多，而所獲得的結論也自然更較精確。尤其是近年來，許多國家都公開了他們的官方機密檔案，使過去某些重大的疑案都獲得更進一步的澄清。此種史料的再檢討，不僅具有純學術性的意義，而對於從務實的觀點來研究戰爭的人，也能提供一種新的啓示和開闢新的境界。

李德哈特有一句名言，那就是「想獲得和平必須了解戰爭。」但一般研究戰史的人，在對於戰爭尋求了解時，往往只把眼光固定在戰爭進行的過程上，而對於戰前的「因」和戰後的「果」，則未曾予以應有的重視，換言之，只注意到戰爭是怎樣打的，而忽視了戰爭是怎樣發生和怎樣結束。從專業軍人的觀點來看，過去的戰爭是如何指導和執行，其勝負成敗的關鍵是在那裏？尤其是那些名將的言行能夠提供何種示範？固然都值得深入研究。但從戰略的觀點來看，則戰前和戰後的因果，其重要性並不一定比戰爭的主體為輕，也是同樣地應該加以深入研究。

假使說戰略的最高理想不是贏得戰爭，而是贏得和平，則戰爭的前因後果也就更值得重視。換言之，必須了解戰爭是如何爆發？然後始能學會怎樣避免戰爭，必須了解戰爭是如何結束，然後始能學會怎樣重建和平。

在人類的歷史上，治亂相尋，本是常事。歐洲在拿破崙戰爭結束之後，差不多保持了一百年的太平（一八一五至一九一四），所以，十九世紀可以算是西方文明的黃金時代。但從一九一四年到一九四五年，幾乎佔了二十世紀的整個前半段，歐洲卻連續發生了兩次大戰。嚴格說來，這應該算是歐洲人的內戰，但整個世界也都跟著他們遭殃。甚至於到今天我們都還不能建立一個比戰前更佳的國際秩序。

俾斯麥曾經說過：「愚人說他們從經驗中學習，我則寧願利用他人的經驗。」而羅馬史學家波里比奧(Polybius)則說得更深刻：「最具有教訓意義的事情莫過於回憶他人的災難。」因此，儘管到今天已經五十餘年，第二次世界大戰的起因仍然值得深入分析。尤其是由於經過時間的過濾、分析的結果，也就更可以值得信賴。

貳、遠因與近因

研究歷史的人對於戰爭爆發的原因往往慣於從遠、近兩個層面來加以分析。就所謂遠因而言，幾乎每一次戰爭的爆發根源，都可以回溯到上次戰爭的結束。也就是說，上次戰爭的果會變成下次戰爭的因，這樣循環下去，永無已時。事實上，又並非經常如此單純，不過，專以第二次世界大戰而言，這種解釋卻可以說是相當正確。

一九一九年六月二十八日，結束第一次大戰的和約在法國巴黎的凡爾賽宮完成簽約儀式。當時身為聯軍總司令的法國福煦元帥聽到這個消息之後，曾經感慨地說：「這不是和平，這只是二十年的休戰。」他的預言果眞不幸而言中。

依據史學家的公論，凡爾賽條約可能要算是近代史中最惡劣的和約。它違背了同盟國在休戰以前對德國人所作的承諾，但又並不能眞正地和長久地制止德國再起。尤其更壞的是破壞了歐洲權力平衡的悠久傳統。它在歐洲中央造成一個權力眞空，因而使後來的權力結構無法長期維持安定。最後遂終於導致第二次戰爭的爆發。

首先應指出美國威爾遜總統所提倡的「民族自決」觀念，就原則而言，固然無可厚非，但實際上，卻使德國在所有的戰敗國中成為唯一的受惠者。就領土和人口而言，德國的損失相當有限（領土二萬八千方哩，日爾曼人口七百萬人），在整個歐洲，它仍然還是最完整和最強大的民族集團。但領土和人口的喪失又激起德國收復失地的強烈意願，同時並製造出來少數民族問題，成為爾後納粹德國的侵略藉口。

若與德國相比較，奧匈帝國的命運反而更不幸，而被肢解得四分五裂，於是果然不出捷克史學家巴南基(Frantisek Palanky)在一八四四年所預料：「若是奧、匈帝國瓦解，變成許多小型共和國，那也就會使德、俄帝國主義者獲得良好的機會。」那些東歐弱小民族雖然在第一次大戰後得償其獨立建國的宿願，但不旋踵即顯示他們很難維持獨立，其結果即為在歐洲中央造成權力眞空，等候新強權去塡充。

在政治方面，戰勝國想把德意志帝國改造成爲典型的民主國家，甚至於比他們本身還更要民主。在戰後所制定的新德國憲法，也許在當時的歐洲可算是最進步的，但此種民主制度是由敵人強迫加在德國人的身上，所以，他們不特沒有好感，反而會有強烈的反感。

德國人有服從權威的傳統，在已經沒有王室作爲效忠對象時，年高望重的興登堡元帥暫時被用來塡補此種心理眞空。但那只是一種代用品，不能完全滿足日爾曼民族的精神需要。所以，在威瑪共和國時代(Weimar Republic)，德國人在精神上始終是充滿無力感。在這種情況之下，希特勒、納粹黨、第三帝國的興起也就代表一種自然趨勢。

凡爾賽和約的經濟方面比政治還更荒謬。德國人被迫要付出天文數字的巨大賠款，那事實上是不可能的，結果是德國在民窮財盡之餘，戰勝國爲了阻止其破產起見，反而必須對它提供大量貸款，幫助它經濟復甦，使其變成歐洲最大工業國家。

在軍事方面也訂有非常苛嚴的限制條件。但事實上，又還是未能認眞執行。概括地說，不外兩種情況：(1)某些條款根本無法執行，所以，只好不了了之；(2)以後戰勝國雖明知德國違約，但因種種原因，而不能加以制止。

總而言之，第一次世界大戰後有關戰後國際秩序的安排可以說是糟不可言，把那些條約訂得那樣嚴苛，只是徒然引起戰敗者的反感，而對爾後和平的維護則非但無益，反而有害。因此，誠如經濟學大師凱因斯(John M. Keynes)所云：「我所關心的並非這些條約是否合於正義，而是其智慧和後果。」

拿破崙戰爭之後所召開的維也納會議（一八一五年）對於戰後歐洲秩序的重建曾作遠較明智的安

排，遂能使歐洲在十九世紀中始終勉強地維持著權力平衡，過了比較太平的日子達一百年之久。但第一次世界大戰之後的巴黎和會則恰好成爲強烈對比，其結果，遂如福煦所料，所獲得的只不過是二十年的休戰而已。

參、一隻看不見的手

即令在第一次世界大戰結束時已經埋下了燃起第二次世界大戰的火種，但戰後初期，歐洲的和平和安全還是相當鞏固，並未有任何嚴重的危機出現，戰後的德國的確已經被解除武裝，假使說德國人仍然還是具有復仇的意願，但至少暫時是已經沒有復仇的能力。反而言之，勝利之後的法國陸軍已成歐洲碩果僅存的最強大兵力，而英國也繼續保持著其七海雄風。此外，法國的空軍直到三〇年代也仍然被公認爲世界上最進步的空軍之一。

在萊茵河上仍繼續維持著非軍事地帶，而在東歐法國又已與波蘭、捷克等國建立同盟關係，作爲對蘇俄的屏障和對德國的牽制。在這樣的安排之下，第一次世界大戰的戰勝者在歐洲的確是享有絕對戰略優勢。就另一方面來說，歐洲國家對於戰後國際秩序的重建也並非不曾作相當重要的努力。一九二五年的羅加諾(Locarno)會議，不僅恢復了德國在國際社會中的地位，而且更在英法德比義五國之間簽訂了相互保證條約共同承諾維護歐洲的和平。因此，誠如邱吉爾所云：「從一九二二年到一九三一年的十年間，歐洲和平已達到其最高點」(Peace at its zenith)。

假使說羅加諾會議穩定了歐洲的國際秩序，恢復了德國的外交地位，則一九二四年的「道維斯計畫」(Dowes Plan)更引進美國的投資，幫助歐洲經濟復甦，並使德國由安定而進到繁榮。所以，在二〇年代中，歐洲的前景似乎呈現出一片光明。但很不幸的，天有不測風雲，暴風雨很快又來臨了！假使說在一九三一年，歐洲的外交氣氛還是和平多於戰爭，又假使說直到一九三四年，西方民主國家在軍事上仍然享有巨大優勢，則世局變化的迅速自然也就不禁令人難以置信。可是第二次世界大戰卻在一九三九年又爆發了，距離一九三一年還不到十年，而距離一九三四年則更僅爲五年而已。爲什麼在如此短暫時間之內會發生如此巨變，其原因果何在耶？

從歷史紀錄的分析中幾乎經常可以發現有一隻看不見的手在幕後操縱國際事務和國內政治。這隻手就是經濟因素。一九二九年美國證券交易所中發生了一次慘跌風潮，帶來了世界性的經濟不景氣。這場經濟風暴對德國的打擊極爲沉重。一九二九年德國失業人數爲一百三十萬人，到一九三〇年已超過六百萬，這還是僅指已登記的人數而已。一九三〇年有一千七百五十萬德國人靠政府救濟生活，到一九三一年，則有一千五百萬德國人實際上是在挨餓。在這樣巨大衝擊之下，自然人心思變。於是一九三二年七月國會改選時，希特勒所領導的納粹黨（正式名稱爲國家社會黨）遂脫穎而出，一躍而成爲德國第一大黨。

假使沒有這場大不景氣，則威瑪共和國的民主政治不可能崩潰，納粹黨也不易於有出頭的機會。世界性廣泛的不景氣不僅幫助希特勒在德國順利地取得政權，而且也幫助他在上台之後能夠比較易於執行他的政策。這又可分爲下述三點來說明：

㈠經濟景氣本來就是一種循環的現象。這次全球不景氣是始於一九二九年，到一九三二年希特勒上台接管政權時，已經渡過了其最低潮而開始走向恢復的途徑。希特勒眞是運氣好，一上台德國的經濟即開始好轉，這本是自然現象，但從表面上看來似乎是他的功勞。

㈡中國有句老話：「饑者易爲食，渴者易爲飲。」德國人民在經濟不景氣之後，只要誰能恢復經濟繁榮，也就必然會獲得人們的熱烈擁護。至於其他的施政，即令有所不滿，也會勉強忍受。從一九三三年到一九三六年，德國失業人口又由六百萬減爲一百萬，經濟成長之快幾乎令人難以相信。當時正在德國留學的魏德邁將軍說：「德國人民不管對於希特勒和納粹主義有無反感，但對他的成就卻無不表示敬佩。」

㈢全球不景氣使所有西方國家都受到影響，他們爲了應付其本身的經濟問題都已感到手忙脚亂，所以當然也就沒有餘力來過問德國的事情。這樣遂在時間上造成一個空檔，好讓希特勒可以不必害怕國外的干涉，而從容完成他的一切部署。

事後看來，希特勒的興起似乎是很偶然，若無這次經濟大風暴，則歷史可能要改寫。不過，希特勒本人又還是一個重要因素。如果沒有希特勒，則不景氣雖也同樣能對德國造成嚴重影響，但第三帝國卻不一定會出現，而第二次世界大戰也不一定爆發。

肆、希特勒的大戰略

也許在歷史上從來沒有一位統治者會像希特勒那樣在尚未取得政權之前就把他一切的計畫都清楚地寫了出來。當「我的奮鬥」(Mein Kamf)出版時，世人都視之爲宣傳資料，甚至於有人斥之爲天方夜譚。但歷史卻證明希特勒的確是照著他的預定計畫做，一直到毀滅爲止。

希特勒有兩大目標：㈠發動戰爭；㈡消滅猶太人。而其最後目的則爲建立一個空前的大德國。戰爭即爲達到此種目的的手段，而主要的征服對象即爲蘇俄，必須東進，日爾曼民族始能獲得其所需要的「生存空間」(Lebensraum)。

爲了達到其最終目的，希特勒的大戰略計畫是大致分爲三個主要階段：在第一階段中，德國應努力獲致內部的團結，並加速再武裝，同時應設法與英國和義大利達成協議以緩和國際反對氣氛。在第二階段中，德國應在一個預備性的戰爭中，先期擊敗已經被孤立的法國，使德國在東進時可無後顧之憂。在第三階段中，德國將發動偉大的征俄戰爭，完成其征服偉業。從戰後所發表的證據中，可以顯示希特勒本人在內心裏是經常記得他這個原始戰略構想。當然，並無一定的時間表，對細節更無明確規定，但大致的方向卻能始終保持不變。

從始至終，希特勒都無意與英國爲敵，他曾假定德、英、義三國是可以分別朝不同方向擴張：德國向東歐，英國向海外，而義大利則向地中海和非洲。所以，彼此之間不但不衝突而還可以合作。對於法國則完全不一樣，他不僅有強烈的民族仇恨，而且基於避免兩面作戰的戰略考慮，也認定必須在征俄之前先徹底擊敗法國。

從理論的觀點來看，希特勒的計畫是相當合理，但他似乎不曾讀過國際政治的書，根本不知道有所謂「權力平衡」的存在，而且也完全不了解英國人的民族性。因此，他對歐洲政治現實的認知，是完全錯誤，他以爲英德兩國利益可以互不衝突，那實在是一種一廂情願的想法。只要英國繼續與德國爲敵，則即令德國能擊敗法國，它也還是無法避免兩面作戰的戰略難題。

對於蘇俄，希特勒也有其特殊的認知，他認爲那是一個由猶太布爾雪維克黨人(Jewish Bolsheviks)所控制，由劣等種族斯拉夫人(Slavs)所組成的國家。他對他們有一種主觀的藐視心理。儘管德國軍人對於蘇俄的實力從未低估，而希特勒的看法則與他們完全相反。他認爲俄國不僅是外強中乾，而且已徹底腐爛，所以，不需要用太多的力量即能在短期間之內將其征服。事後看來，希特勒的某些觀念的確不無道理，但總而言之，他的過分輕敵實爲導致其一九四一年征俄戰役失敗的主因。

在希特勒的大戰略計畫中，東歐諸國是居於次要，甚至於不重要。他認爲一旦德國復興之後，這些國家回到德國勢力範圍之內實乃自然之理。所以，德國在東歐的擴張行動不僅很容易，而且也不會受到嚴重的反對。他對於這些國家也有不同的看法。奧國是應該與德國合併，捷克也應如此。因爲這兩個國家本是奧匈帝國的精華，應該屬於大日爾曼的範圍之內。匈牙利、保加利亞、羅馬尼亞，都比較偏遠，可以讓它們以附庸的地位獨立存在。至於波蘭由於戰略地位重要，而且地大人多，所以，希特勒對它另眼看待，很想把它收爲助手，作爲侵略俄國的幫凶。

希特勒所準備採取的戰術，即所謂「德國香腸」戰術("Salami" tactics)。那也就是採取一連串的行動，每次都只以達到有限目標爲滿足，好像把一條香腸一段又一段地切下來吃。希特勒是一個自信心極強的人，他的確深信他的計畫能夠逐步推進而不會受到嚴重的阻礙。

基於以上的概述，可以斷言希特勒甚至於在他尚未當權之前，即已蓄意製造戰爭。因此，除非他的行動很早就遇到強大阻力，而他本人也被迫下台，否則歐洲的戰禍終將無可倖免。但戰爭究竟會在那一天爆發，那又是另一個問題。

伍、慕尼黑會議

希特勒於一九三三年一月三十日由當時的總統興登堡特任爲德國內閣總理。這是他接管政權的起點，對於全世界而言，都是一個決定命運的日子。在此要特別提醒大家一項重要事實；希特勒的獲得政權並非由於軍事政變或武裝革命，而是在威瑪共和國憲法架構之內由總統正式依法任命的。

不過，希特勒雖然是合法地取得政權，但他的政治地位並不穩固，興登堡之所以要求他組閣，不過是由於納粹黨在當時國會中構成多數而已（並非大多數）。所以，他最初組成的還是一個聯合內閣，其權力基礎是正像以前歷任總理一樣的薄弱。但希特勒一上台就決心緊抓著政權不放手。他用各種手段把反對勢力逐一打倒，使民主體制變得名存實亡。接著他又開始清黨，把異己分子趕盡殺絕，這樣鬥爭了一年多的時間，希特勒才終於鞏固了他作爲大獨裁者的地位。

當興登堡總統在一九三四年八月二日逝世時，希特勒立即宣佈總統與總理兩個職位合併。於是希特勒就成爲國家元首並兼任最高統帥。全體三軍也都向新統帥宣誓效忠，這一點非常重要，因爲希特勒所要求的是向其個人效忠，而並非向憲法或祖國效忠。八月十九日，德國人民用公民投票方式，批准希特勒此一措施，從此，威瑪共和國成爲歷史上的遺蹟，取而代之的爲「千年不朽」的第三帝國（Third Reich）。

在鬥爭奪權的同時，希特勒也積極推動德國的再武裝，毫無疑問，此一政策是深獲全國上下的擁護，它不僅滿足了德國人的民族榮譽感，而且再武裝也刺激經濟繁榮，增加就業機會，提高生活水準，眞乃一舉數得。所以，從一九三四年起到戰爭爆發時爲止，希特勒的新帝國眞可算是進入了黃金時代，但不幸只是曇花一現而已。

在外交方面，希特勒也是無往不利。一九三三年十月，德國宣佈退出裁軍會議和國際聯盟，一九三四年一月，與波蘭簽訂互不侵犯條約，拆散法國在東歐的同盟體系。以後兩年內，希特勒儘量爭取英、義兩國的同情，到一九三六年三月，德軍突然開入萊茵地區，正式撕毀凡爾賽和約。但法國卻缺乏反應能力，而英國也不願意介入，於是希特勒不戰而勝，贏得其第一次冒險。

在以後一年多的時間內，希特勒沒有新的行動，到一九三八年，他又躍躍欲試了。這一次的箭頭首先指向奧國；三月初吞併了奧國，幾乎可以說是不曾引起任何強烈反對。於是情勢急轉直下，希特勒的下一個侵略目標即爲捷克。他利用捷克境內的日爾曼少數民族來作爲行動的藉口。

捷克問題遠比奧國問題複雜，不但引起其他國家的干涉。而且勞動了大英帝國首相的大駕，更使希特勒有受寵若驚之感。最後的結局即爲一九三八年九月的慕尼黑會議(Munich Conference)。在英法義三國協調之下，把所謂「蘇台區」(Sudeten)割讓給德國。照正常的想法慕尼黑協定應該算是德國一大勝利。但希特勒的想法並非如此。在當時以及事後，他曾一再表示這是其一生事業中的最大挫折。此一事實的確令人有一點莫測高深，所以，很值得深入研究分析。

根據最近所發現的新史料似乎可以顯示希特勒之所以要利用蘇台區日爾曼人受迫害的謊言來作爲向捷克挑釁的藉口，其目的絕非僅只想要吞併蘇台區，甚至也不想吞併整個的捷克，從希特勒眼中看來，那都是不值得小題大做的。然則其眞正目的是什麼？他是想逼迫法國起而應戰，並乘機將其擊敗，達到其大計畫中的第二階段目標。換言之，他是已經決定在一九三八年發動對法國的戰爭。

希特勒之所以作這樣的決定當然是有他的理由。一方面，他認爲到一九三七年底，德國的軍事準備已經完成而能夠一戰。同時，他也確信軍人會服從他的命令。另一方面，他又認爲一九三八年是一個非常有利的時機，因爲法國的軍事準備尙未完成，英俄兩國都由於內部的問題而不會介入。所以，可以使他獲得速戰速決的機會。

那知道慕尼黑會議使他陷入外交陷阱，英法兩國領袖對於其無理要求竟完全接受，而墨索里尼也從旁勸說，同時，德國的高級人員也都勸他適可而止，於是希特勒在這樣的氣氛之下，遂不得不勉強達成四國協定，而打消在一九三八年發動戰爭的意圖。

事後希特勒感到非常懊惱，他決心再也不陷入這種外交陷阱。甚至於到一九四五年，那也就是到了他的末日時，他仍然追悔著說，他未能在一九三八年發動戰爭實爲其一生的最大錯誤，並終於導致其一切希望的毀滅。

張伯倫的傘雖成爲安撫主義的商標，但英法兩國爲什麼會如此軟弱，也並非沒有理由。三〇年代的法國是一個內部不團結、政治不安定的國家，一切的政務都陷於癱瘓狀況，眞可謂百廢待舉，一事無成，正好像是垂危的病人，苟延殘喘而已。這樣的國家當然很難希望它能採取積極主動的政策。

在英國方面，誠如戰史大師何華德所指出的，英國參謀首長實爲姑息主義的最大幫凶。他們力主不惜以捷克爲犧牲，來替英國換取一段緩衝時間。他們對前途感到非常悲觀，並認爲在一九三八年英國根本無防空能力之可言。

就整個國際情勢而言，也是有助於姑息。所有大英國協國家在此時都無意介入歐洲的戰爭，而在美國則正瀰漫著濃厚的孤立主義氣氛。蘇俄的紅軍在慘遭史達林血腥大清算之後，元氣大傷，在短時間之內已無作戰能力。所以，張伯倫委曲求全，使戰爭不在一九三八年爆發，從戰略的觀點來看，亦未可厚非，並非是「姑息主義」一語所能概括。

陸、直接導火線

慕尼黑會議雖然暫時阻止了戰爭在一九三八年發生，但是戰爭終將無法避免，卻已成所有歐洲國家的共同認知。這也就形成一種非常危險的局勢：一方面，希特勒可能已經決定他下次決不再妥協；另一方面，西方國家也都在埋頭準備，並暗中決定下次絕對不再讓步。於是劍拔弩張，戰禍遂一觸即發。

當然，挑釁的人又還是希特勒。不過，他對波蘭的態度是與對捷克完全不一樣；因此，在最初階段，他是否眞的在想以波蘭問題爲藉口而製造戰爭（照捷克模式再來一次）似乎不無疑問。從他執政以來，德國對波蘭一直是相當友好，很明顯，希特勒的原意是想收波蘭爲其對付蘇俄的幫手。一九三八年十月，德國還要求波蘭進行談判，以便對雙方之間某些爭執作一總解決，其態度還是非常溫和。看來似乎尙無動武之意。

波蘭這個國家位在德俄之間，對於雙方都可能構成屏障和緩衝。假定德國決定向法國發動戰爭，則保留一個與它有同盟關係（甚至於只是中立）的波蘭，對它應是比較有利。因爲有波蘭隔在中間，德國自然可以比較不怕蘇俄的威脅。事實上，正因爲波蘭不肯與德國合作，遂使希特勒不得不付出更高的代價（與蘇俄締結互不侵略協定），來暫時維護其後方的安全。

此時，波蘭實面臨一個重大的選擇，但它既不願與德國合作，又不願向蘇俄靠攏，而國力也不足以自保，但卻堅持不改變現狀，並把希望寄托在遙遠而不實際的西方援助上。此種一廂情願的想法實乃自取滅亡。

一九三九年三月，英國向波蘭提出援助的保證，這無異於在棺材上釘下最後一顆釘子。而波蘭的外長貝克(Joseph Beck)在一根煙還沒有抽完的時間內即決定接受此種送命的保證。無怪乎李德哈特會深有所感地說：「那些影響國家命運的大事，其決定往往不是平衡的判斷而是衝動的感情，以及低級的個人考慮。」

事後看來，希特勒之所以壓迫波蘭表態，其目的並不是把「但澤」問題當作導火線（像蘇台區一樣），而只是在作其發動對法戰爭之前的安全部署。直到波蘭堅持不合作，才迫使他不得不改取他本來不想採取的手段，與蘇俄合作。到了此時，局勢遂急轉直下，在德俄雙方協議瓜分之下，波蘭也就自然變成了第二次世界大戰的直接導火線。

希特勒這樣做，對於他本身而言的確是付出了很高的代價，但他不這樣做也不行，假使波蘭居然能逃過這一劫，則希特勒將感到無法收場，其政治威望會受到重大打擊。

由此我們可以看出：希特勒的確有一套大戰略構想，也的確有發動戰爭的打算，並將其分爲對法和對俄兩個階段實施。當然，他究竟是想在何時發動戰爭，則很難斷言。不過，就已有的證據判斷，他似乎的確是想在一九三八年發動戰爭。至於戰爭終於在一九三九年爆發，是出於故意還是偶然，則頗有爭論之餘地。也許我們可以套用歐陽修所說的話：「雖曰天命，豈非人事也哉。」

柒、結論

第二次世界大戰終於在一九三九年爆發，在五十餘年後的今天回顧其起因，歷史又能給與我們何種教訓呢？

首先應說明的是根據歷史的累積經驗，我們可以確信製造戰爭是遠比製造和平容易，發動戰爭只要單方面動武即能引起對方對抗，但締結和平則必須經過雙方面的同意。所以，和平的建立與確保並不容易，而戰爭的傷口卻是更難癒合。

當希特勒於一九三三年接管政權時，歐洲還是大致太平無事。但不過五年的時間，到一九三八年，戰爭的危機已經迫在眉睫，幾乎隨時都有爆發之可能。由此可以知道和平是如何脆弱，是如何難以維護。自從第二次世界大戰結束之後，就東西之間的關係而言，總算是相安無事五十餘年，於是西方戰略家遂不免發生錯覺，以爲核子嚇阻眞能保持永久和平。此種想法不僅是天眞而且也不切實際。據估計，在一九八六年，也就是聯合國的「和平年」(Year of Peace)，全世界上就有五百萬戰鬥員在四十一個國家中從事於各種不同形式的戰爭。所以，任何國家都必須把國家安全列爲第一優先的考慮，萬不可對和平存有任何幻想。

歷史顯示個人因素是非常重要，假使沒有希特勒這個人，或是希特勒沒有出頭的機會則五十餘年前的歷史必然會遵循其他的軌跡發展，這當然不是說歐洲就能永遠維持和平，不過，至少可以斷言戰爭不至於在一九三九年爆發。

李德哈特曾說：「歷史的最大價值就是提供警告。」它指示世人應該避免那些最易重犯的錯誤。但非常諷刺，人類並不向歷史學習，尤以那些所謂「偉人」(great man)爲最。希特勒就是一個極好的例子。

布克哈特(Jacob Barckhart)認爲：「歷史的價值應該不只是使我們下一次更乖巧，而是賜與我們以永恆的智慧。」但作者卻不敢這樣樂觀，從歷史的經驗看來，永恆的智慧也許可望而不可即，能夠上一次當，學一次乖，也就已經不錯了。

第二章 張伯倫與第二次大戰

壹、引言

說起第二次世界大戰爲何會在一九三九年爆發的原因，論者幾乎無不一致認爲罪魁禍首就是希特勒。概括地說，在三〇年代所有歐洲國家都無一不希望和平，假使希特勒若不甘爲戎首，則戰火應不至於燃起。從表面上看來，這種判斷是與事實相符，無懈可擊，應可作爲定論。但五十餘年來，由於各國的機密檔案逐漸公開，而使研究戰爭史的學者獲得很多新的資料，於是所謂修正主義(Revisionism)的風氣遂開始盛行。換言之，對於過去已經定論的問題又經常被提出來作新的再檢討。

國際事務，無論爲戰爭或和平，都是一種相對的問題，也就是說一定有正反兩面，一切的現象都是由正反兩面的互動所造成的，而不能把責任只歸之於某一面。因此，在分析某一問題時必須同時兼顧雙方，而不能把一切的注意力都集中在某一方面。過去研究第二次大戰起因的學者似乎有過分偏重德國而忽視英國的趨勢。事實上，擴張的意圖與競爭的引發並無必然關係，誠如克勞塞維茨所云，侵略者可能愛好和平，因爲他也希望不戰而勝。所以，第二次大戰之終於爆發，英德雙方是同樣不能辭其咎。但是英國方面的情況卻幾乎很少有人研究。

本文之作就是針對著此一盲點。英國人對於希特勒的挑戰是採取何種對策?英國的戰略是如何演變?英國對策的失敗,原因安在?是否僅爲執行的偏差抑或實爲基本觀念之錯誤?英國的戰略對於戰前危機的升高,和戰爭爆發的時機具有何種影響?大致說來,本文的目的就是想要對這些問題提供合理的答案。而在此種分析過程中,也就對於第二次大戰的起因能夠獲得較深入的新認識。

貳、三十年代前期

第一次大戰在一九一八年結束之後,歐洲各國無論勝負都元氣大傷,在二〇年代中也就自然相安無事。到三〇年代德國開始有再起的趨勢,而法國則仍然欲振乏力,所以維持歐洲權力平衡,並預防戰禍再起,其主要責任也就必須由英國來負起。但英國本身又自有其困難,誠如保羅甘迺迪(Paul Kennedy)所云,英國的權力是早已伸展過度。英國面臨兩種任務:一方面要維護其世界帝國的安全,另一方面又要阻止歐洲權力平衡的破壞。倫敦政府以其有限的資源,如何能夠應付如此艱巨的責任?其國家戰略又應採取何種基本構想?

就理論而言,英國只能有一種基本戰略觀念,那就是所謂「嚇阻」(deterrence)。英國唯一目的就是想要用威脅手段以來阻止他國破壞和平。然則何種權力因素能夠產生威脅作用?一般英國政治家,而尤其是張伯倫(Neville Chamberlaim),都相信空權(air power)就是唯一王牌。此種觀念不僅構成其國家戰略的基礎,而且也對於外交政策產生重大影響。但過去的研究對於這一點卻似乎不曾給與以應有的重視。

基於第一次大戰的經驗，英國人對於空權的威力一向都是作了過高的期待。他們不僅認爲空軍是明日之星，在下一次戰爭中將扮演空前重要的角色，而且也害怕一旦戰爭發生，其假想敵會企圖發動晴天霹靂式的打擊。根據最近的資料可以發現此種「轟炸機的陰影」(shadow of the bomber)在三〇年代一直都籠罩在英國戰略家和決策者的頭上。

嚇阻加空權的理論對於英國的決策產生了莫大的影響。英國人在三〇年代初期即已認淸希特勒爲威脅來源，但對於威脅的性質則作了錯誤的想像。他們對於希特勒的戰略所作的一切研判都受到其本身空權觀念的影響。因爲他們自己對空權的威力表示高度的畏懼，所以其鏡影(mirror-image)作用也就使他們認爲希特勒的想法是大致相同。因此，英國在三〇年代前期一直都是企圖透過攻勢的空權以來發揮嚇阻作用。

張伯倫一向以現實主義者自居，相信外交即爲權力與風險的平衡。從一九三三年起，他就認爲德國爲英國的主要威脅。當參謀首長對於德國和日本那一方面威脅較大尙有爭論之時，張伯倫則斷然認定歐洲應比遠東較爲優先。一九三四年英國國防要求委員會(Defence Requirements Committee)的報告指出德國實爲主要假想敵，若能嚇阻其侵略則也能使日本不敢輕舉妄動。該報告又同時假定戰爭可能在一九三九年發生。這些觀念都獲張伯倫的同意。不久之後，他又要求空軍部長根據「五年之內德國可能變成重大威脅」之假想來擬定計畫。總結言之，德國爲其戰略焦點。若不能嚇阻德國，則戰禍將無可倖免。

張伯倫認爲英國若欲增強其外交談判籌碼，則必須先保持有效的嚇阻態勢。而此種態勢又是建立在空權優勢之上。所以，他要求不惜以其他的國防計畫爲犧牲，以便集中全力來增建空軍實力。一九三五年希特勒宣佈自動解除凡爾賽條約對德國陸軍的限制，並宣稱其空軍已經獲得與法國平等的能力。張伯倫的反應爲：「我們的空軍計畫應再修正，以使其能發揮眞正可怕的嚇阻效果。」一九三六年張伯倫又更樂觀地表示：「假使我們在今後數年內能繼續避免戰爭，則我們也就能建立一支具有如此強大打擊力的空軍而使此後無人敢向其挑戰。」

戰後常人有批評張伯倫若能早與法國加強軍事合作，則也許可以對希特勒產生較大的嚇阻作用。事實上，這只是後見之明。因爲在第一次大戰之後，英國人對所謂「大陸承諾」(Continental Commitment)是已有慘痛的經驗，幾乎無人不反對，包括戰略名家李德哈特在內。同時，英國資源有限，既已決定把戰略重點放在空軍方面，則自無餘力再來增建陸軍。英國的情報作業對於政府的決定作爲也產生不利影響。英國並無統一的情報研判，各軍種都根據其本身的觀點來作成其研判，這自然會使決策當局感到無所適從。影響力最大者自爲空軍的情報。最先它對於德國空軍的擴張速度作了低估，結果使英國人有輕敵之意，並深信其空軍能發揮嚇阻效力；到一九三六年時又對於德國空軍的增建所帶來的威脅作了過高的評估，並使英國的信心開始滑落。此外，由於對空中威脅的憂懼增加，而國防支出則日感不足，所以其他兩軍種的態度也益形悲觀，因爲他們都深感其需要無法滿足。

概括言之，直到一九三六年英國對於其空權嚇阻論大致都具有信心，而其戰略計畫和外交政策也都是以此種觀念爲基礎。但當歐洲外交領域中開始陰雲密佈，風雨欲來之際，英國領袖們也就同時感覺到其軍事情勢似乎日益悲觀。

然則在此同一階段，德國方面的情形又是怎樣？直到一九三六年希特勒的態度都還是很謹愼，而且他也尚未能對政策握有絕對控制權。正當英國人已視德國爲假想敵時，希特勒還在希望引誘英國與德國結盟。他企圖用放棄爭取殖民地爲手段以來交換英國允許其在東歐的行動自由。這本來也是俾斯麥的傳統外交觀念。在軍事方面，陸軍始終被視爲主要的權力工具，至於空軍則僅具有戰術性的意義。這又與英國人的觀念恰好相反，英國人不僅相信空權能發揮嚇阻作用，而且也更認爲德國人的想法一定是所見略同。英國戰略家又認爲希特勒不敢從事於海軍競賽，所以必然會傾全力加速擴建空軍。這也就自然在英國引起兩種反應：㈠對於德國日益感到畏懼於是也愈不敢冒險；㈡希望能獲致較多的時間以來進一步增強本身的嚇阻能力。簡言之，雙方對於對方所構成的主要威脅，對於本身的易毀弱點，對於彼此的外交目標，都作了錯誤的判斷。結果是希特勒雖欲爭取對英國的友好關係，但終於不免令他失望。反而言之，英國對德國的敵意日益升高，其畏懼程度也隨之增大，而外交姿態也日益軟弱。

參、慕尼黑前後

一九三七年到一九三八年之間，德國空軍的威脅顯得日益增大，英國軍事情報的研判已由樂觀轉爲悲觀，戰略計畫和外交活動都深受此種變化的影響。一九三七年二月，英國參謀本部認爲德國不僅是侵略者，而且也已準備利用其優勢空權，在西歐首先發動空中打擊，企圖迅速擊毀英國及法國以達速戰速決目的，因爲它對於長期戰爭並無良好準備。由於害怕任何局部衝突都有導致德國首先對英國發動空襲的危險，英國對於德國的蠶食行動反應也就極爲謹慎，因爲假使衝突升高，則英國將面臨完全屈服或全面戰爭的兩難選擇。

英國人一方面感覺到理想的攻勢嚇阻戰略在近期中已經變得不可行和不可信，另一方面又憂慮長期的軍備競賽是否會拖垮國家的財政。所以其內閣遂企圖尋求如何能使軍費支出不超越經濟可行性的途徑。利用外交以來降低威脅並爭取再武裝的時間是一條路線。此外又還在尋求第二條路線。新成立的工業情報中心(Industrial Intelligence Centre)在一九三七年提出報告，認爲由於受到原料缺乏的嚴重限制，德國對於經濟壓力具有高度易毀性，所以經濟封鎖是能產生重大效果，雖然不一定能夠阻止德國從事短期戰爭。

一九三七年底，英國新任國防協調大臣(minister for co-ordination of defence)殷斯基普(Sir Thomas Inskip)提出新的建議，其內容分爲下述兩方面：㈠英國空軍應加速發展戰鬥機和雷達，陸軍應加強其防空能力。㈡英國應憑藉其經濟持久力以來嚇阻德國，必要時並以其爲戰爭武器。殷斯基普認爲可以合理地假定其他國家也會同意此種看法，並能獲致不列顛國協各會員國之支持。英國內閣採納其建議，從表面上看來，新的路線似乎是與攻勢空權戰略分道揚鑣，但事實上，二者之間仍有不可分的關係。英國人之所以採取新路線，主因是他們相信德國人會首先發動空中打擊，並對西方造成嚴重的損毀。同時，他們也假定經濟壓力能對德國產生嚇阻作用，並影響其戰略思想。事實上，希特勒是早已決心東進，而且也不認爲英國的經濟壓力足以構成強大威脅。反而言之，他更認爲此種戰略調整適足以暗示在短期內英國對德國施壓的能力是正在減弱。

張伯倫此時已知希特勒的下一個目標爲奧國和捷克。雖然他已知希特勒志在支配東歐，但他又相信此種目的可用和平方式達到，而不需要兼併領土，並且對於德國的行爲還可以產生若干有利的影響。此外，他也認爲戰爭若能延遲則對於英國總是有利。上述這些認知即能對張伯倫在一九三八年中的外交活動提供合理的解釋。

一九三八年初，希特勒兵不血刃而兼併了奧國，其順利的程度甚至於出乎希特勒本人意料之外。德奧合併在奧國頗受民衆歡迎，而英法兩國也無機會作武力的反對。事後，英國外交部明白指出英國的戰略是有漏洞：「很明顯，德國人雖尚無能力打長期大戰，但我們和法國人也無足夠阻止德國在中歐貫徹其意志的攻勢權力。」參謀首長委員會則指出，假使捷克危機引起世界大戰，則英國並無足夠準備，尤其是以對空中攻擊為然。殷斯基普則更坦白指出，德國仍能打短期戰爭，而英國則可能輸掉一個包括空中攻擊在內的短期戰爭。於是張伯倫作結論說，德奧合併使捷克的防衛在軍事上已無實際可行性。若欲保護捷克則必須作下長期戰爭的承諾，而那必然會促使德國對西方發動空中攻擊和短期戰爭，而這又是英國現在尚未準備的。他私下表示軍事考慮已使他打消給與捷克保證的念頭。外交應能獲致最佳的結果，而一兩年後，在空中的軍事平衡應該會變得比較有利。

一九三八年五月，德軍開始在捷克邊界附近演習，使氣氛日趨緊張。捷克立即動員其預備役人員以示警覺，而法國則對該國的安全有正式承諾。英國一方面公開表示將與法國組成對抗希特勒的聯合戰線，另一方面則暗中企圖約束法國，使其不敢輕舉妄動。英國透過外交管道向德國發出警告，很僥倖德軍只是照既定計畫進行演習，並結束了這一場虛驚。於是歐洲報紙遂紛紛報導德國已經被剋制。對於英國而言，這次五月危機似乎足以證實其經濟制裁能夠發揮嚇阻效果。事實上，希特勒對於此種反應是深感怒惱，並認為德國已經受到羞辱，遂更增強其征服捷克的決心。

果然不久危機又再度升高，並迅速達到戰禍可能一觸即發的程度。張伯倫在九月十三日突然採取一種驚人的步驟，向希特勒發出彼此會晤面談的要求。於是兩人在九月十五日會晤，地點是希特勒在貝契斯加登(Berchtesgaden)的山中別墅。大英帝國的首相屈樽就教使希特勒的虛榮心獲得十分的滿足，於是順利地達成臨時協議，同意蘇台區併入德國。儘管捷克總統貝納斯(Edward Benes)深感不滿，但英法兩國則有如釋重負之感。到九月二十二日，希特勒又升高其要求使張伯倫大為失望，只好勉強允許捷克動員。戰禍似乎已迫在眉睫。英國內閣同意張伯倫再與希特勒作一次最後溝通，告訴他戰爭若發生，法國會參加，而英國也會隨之。同時又向他指出實在不必甘冒大戰的風險，因為其主要目標是可以和平地達到。希特勒這次又居然接受勸告，其原因可能是因為危機已經拖了太久而使他在軍事上不能享受奇襲之利。其最後結果即為九月三十日的慕尼黑協定。

雖然所謂「安撫」(appeasement)者以後備受譴責，但慕尼黑對於張伯倫不僅要算是一次外交成功，而且也解決了某些國內政治難題。當時英國工黨正在反對國防計畫，而保守黨內又有人主張對德國採取更強硬的態度。所以，張伯倫的處境的確是內外交逼，相當困難。慕尼黑之後，英國人仍相信其經濟嚇阻有效，並繼續拒絕允許德國在東歐有行動自由，換言之，張伯倫的基本觀念並無改變。

軍方的意見對於張伯倫有很大的影響，此種意見可歸納為四點：㈠英國在歐洲履行承諾的能力與其防衛帝國的能力成反比；㈡英國所面對的空中威脅是日益顯著；㈢相信經濟封鎖對德國構成合理的威脅；㈣英國若欲積極干涉中歐事務，則不僅超越其能力，而且也會妨礙其本身的再武裝。在慕尼黑危機時，參謀首長們在九月二十二日曾發表下述的研判：「從軍事觀點來看，拖延是明顯地比較有利。以目前的情況來看，即令只是進行防禦性戰爭，我們的條件也都是相當不利。」事實眞相並非如此：英國在有效的空權上是從未落後，其對於德國空權的恐懼也毫無根據。當時德國並無攻擊英國的計畫，而且此種作戰也幾乎完全不可行。所以，英國外交部也早已感覺到軍方的戰略評估實在太悲觀，而其對於政策的形成影響也太大。

現在再來檢討德國方面在同一階段(1937-38)時的情況。常有人批評由於張伯倫的過分想與德國達成協議，所以才會助長希特勒的驕氣。事實上並非那樣單純。德國內部也有不同的集團分別提出其政策建議，並使希特勒在思考和行動上受到牽制。直到一九三八年初，所有一切態度比較溫和的德國領袖們都紛紛去職，取而代之者都是與希特勒意見比較一致又或不敢表示反對的人，於是希特勒的態度也就日益驕橫。慕尼黑雖達成協議，但既不能使希特勒感到滿足，也不能使希特勒改變其既定的政策路線。他仍然決定採取蠶食戰略繼續東進。他也明知會遭遇英國的反對，但他又並不因此而受到任何嚇阻。

肆、戰爭的爆發

張伯倫並非老天眞，而一九三八年終了之前，英國情報也已獲知希特勒對慕尼黑協定並不滿意。英國已在作最壞打算，事實上，內閣會議時，已有人預言一九三九年一月底戰爭即可能爆發。同時他們也已經放棄義大利會站在英國一邊的希望。英國政府對於歐陸國家開始發展一種積極援助的政策，對法國和低地國家（荷、比）都給與新的承諾。但很僥倖，一月和二月都能相安無事。此時張伯倫似乎已暫時感到放心。他相信英國的嚇阻戰略已經逐漸生效，因爲來自柏林的報導顯示德國對於原料供應頗感缺乏，而國內溫和派的勢力又已再度出現。此外，美國也暗中對英國表示支持，並幫助它應付日本的威脅。最後，英國參謀首長們在二月間又提出一種非常奇特的研判，認爲如果義大利立即投入戰爭則對英國可能最有利，因爲利用經濟戰英國可以迅速擊敗義大利，於是對於軸心也就能構成一種震撼式的打擊。

希特勒終於在一九三九年三月十五日進佔布拉格，但英國並非事先毫無所知，而張伯倫似乎還認爲這表示希特勒已深信經濟消耗對德國實爲重大威脅。英國在三月三十一日給與波蘭以保證，這也並不表示英國政策有重大改變，因爲那還是當作一種嚇阻而已。英國所保證者僅爲波蘭的獨立，而並非明確的疆界，換言之，像但澤(Danzig)問題還是有妥協之餘地。不過，張伯倫並不相信希特勒會改變，而只是認爲軍事平衡正在改進。他說：「只要我們和我們同盟國的國防增建能逐步完成，則時間拖得愈久，則戰爭愈不會發生。我們並不需要能夠贏得壓倒性勝利的攻勢兵力，而只需要有足夠強度的防禦兵力，使對方除非願意付出得不償失的巨大成本，否則就絕對不可能贏得勝利。」

當希特勒進佔布拉格之後，英國內閣也曾認眞討論與蘇聯結盟的問題。英國人認爲下一個受威脅的國家將是羅馬尼亞，因爲該國擁有德國所想要的資源。不過假使牽涉到蘇聯，則羅馬尼亞的同盟國波蘭將不與英國合作。雖然蘇聯應被視爲可能的同盟國，但波蘭的關係卻遠較重要。法國也表示同意。大致說來，西方國家對於蘇聯的實力都不表信任，英國參謀首長不反對僅向波蘭提供保證，並確信波蘭將會抵抗德國的侵略，而法國也將給與支持。張伯倫則對英國的消耗能力信心日增，並認爲在執行消耗戰略時必須有波蘭及其他中歐國家的合作，所以不值得爲想與俄國結盟而驅使中歐國家與德國靠攏。同時，英國外交部更害怕與蘇聯結盟將促使希特勒首先在西歐發動攻擊。儘管如此，張伯倫在一九三九年五月又還是勉強同意考慮把與蘇聯結盟視爲預防措施的可能性。

一九三九年八月，當希特勒的矛頭指向波蘭時，張伯倫仍然期待英德之間只會打一場神經戰(a

war of nerves)。英國人相信其北海艦隊的演習已經足夠表達他們不惜一戰的決心，尤其很明顯，在任何長期戰爭中，英國海軍對於德國都構成重大威脅。而且英國的情報也的確報導希特勒已經取消在八月二十五日發動攻擊的計畫。但這些研判又終於完全失敗，希特勒還是在九月一日發動其對波蘭的攻擊。張伯倫延遲到九月三日才向德國正式宣戰，有人認爲他是還在考慮背棄其保證。事實上，張伯倫尙不至於如此無恥。拖延時間是另有理由，主要是由於法國要求在其充分動員之後始正式宣戰。

戰爭終於發生，但甚至於在一九三九年七月張伯倫仍相信希特勒是可以嚇阻，他指出：「希特勒現在已經了解我們是玩眞的，並且也知道對於大戰是時機尙未成熟。」英國的情報研判也表示較樂觀態度，尤其是參謀首長委員會在二月間更曾宣稱到一九四〇年，英國的國防將會有巨大的改進。這些因素當然會增強英國政府的信心，而變得比較敢於甘冒全面戰爭的風險。

德國方面又如何？到一九三九年希特勒已經在考慮短期間內與英國衝突的可能。英國的繼續反對其東向的擴張，使波蘭成爲一個可能的轉捩點。希特勒曾經私下一再表示其主要目標仍在東方。由於英國正在與蘇聯談判，所以遂使他頗爲惱怒，因此他就暗示著說，假使英國人始終不了解與他合作是對他們最有利，則他可能會轉過向來首先解決西方的問題。希特勒在一九三九年八月二十三日突然與蘇聯簽訂互不侵略條約，他認爲這一次外交突擊能使英國人大感震驚，並迫使他們不再能干涉東歐的事務。因爲波蘭已經陷於絕對孤立的狀態，使英國已無「合理」(rational)的軍事選擇能夠拯救波蘭。接著在八月二十五日，希特勒遂向倫敦放話，表示在波蘭問題解決之後，德國願意與英國締結同盟：英國和德國可以分享海陸霸權彼此各得其所。希特勒又宣稱他對於殖民地問題毫無興趣，不過此種讓步使英國人感到疑惑，因爲他們已經知道德國正在計畫大建海軍。此外，希特勒也不曾考慮到波蘭在英國的經濟消耗戰略中所居的核心地位。

正像英國的經濟戰略未能嚇阻希特勒一樣，德蘇條約的簽訂也未能嚇阻英國人，反而使他們的態度更堅定。所以，當英國與波蘭在八月二十五日簽訂正式同盟條約時，不禁使希特勒大吃一驚。尤其是墨索里尼又告訴他，一旦戰爭爆發，義大利不得不暫守中立，也使他深感意外。希特勒本已下達進攻波蘭的命令，現在遂諭知其參謀首長暫停行動，因爲他還需要較多時間來進行談判。儘管希特勒此時對張伯倫擺出尋求和解的姿態，但結果卻遭到拒絕，因爲他已經超越張伯倫所劃定的最後防線。於是英德之間的戰爭終於在九月三日爆發，對於希特勒而言，那不僅在其意料之外，而且也違反他的初衷。

伍、疑問的解釋

基於以上的回顧，可以發現戰爭之終於發生，其原因一方面固然是由於希特勒的貪得無厭，另一方面也是由於張伯倫的嚇阻戰略未能發揮其所假想的功效。而嚇阻之所以終歸失敗，則又是因爲對於意圖、能力、訊息、決心作了錯誤的解釋，遂產生錯誤的認知。現在再提出幾個具體問題來作進一步的精密分析。

一、爲何英國人直到已經太遲時才肯作大陸承諾？

直到一九三六年，英國的空權嚇阻似乎都能使大陸承諾沒有必要，而從一九三六年到一九三九年，英國人對於其想像中的德國空軍威脅深感憂懼，於是此種政策遂又似乎成本太高，最後，英國在一九三九年雖終於派遣陸軍部隊進駐歐陸，其原因可能是由於財政壓力過分沉重，德國空軍實力也顯得日益強大，以至於攻勢空權嚇阻戰略似乎已不可能再繼續維持。英國和其他歐洲國家不一樣，它不僅不是歐陸的一部分，而且還要保護其世界帝國的安全，同時，其政策也受到各自治領(dominions)的影響和牽制，但在平時這些自治領對於英國本身的防衛又並無實際的貢獻。這些海外帝國的政府和人民都重視他們自己的安全，所以自然不願意倫敦當局對歐陸多所承諾。

英國對於歐洲的傳統政策即爲設法維持歐陸國家之間的權力平衡，使任何強國都不能形成獨霸之勢。第一次大戰之後，德國已被打倒，法國遂自然變成歐陸第一強國。所以，英國所採取的外交路線是一方面抑制法國，另一方面扶持德國，使二者之間形成新的平衡，並且都會接受英國的控制。而且不僅此也，英國又還企圖利用義大利以來牽制德法兩國。就理論而言，此種權力平衡的運作的確可以算是相當巧妙。但實際上，由於受到許多因素的影響，結果往往事與願違，功敗垂成。

主要的原因是戰後的法國外強中乾，不能在新的權力平衡中扮演積極的角色，法國雖也曾對戰後德國採取各種不同的圍堵措施，但自從德國在一九三六年不顧凡爾賽和約之限制進軍萊茵地區之時起，即已充分顯示若無英國（甚至於還要加上美國）的援助，法國根本上無力制服德國。但非常不幸，英國的軍事政策是重視空軍而忽視陸軍，而其陸軍又以本土防衛(home defense)爲注意焦點，尤其是防空。最後到一九三九年，英國才勉強重申其大陸承諾，那自然也就太遲了。

二、爲何英國人不在一九三八年決心一戰？

有許多軍事專家都曾指出英國若在一九三八年決心一戰，則其所面臨的形勢應該是比在一九三九年遠較有利。因爲在一九三八年九月，德國陸軍大部分都是步兵師，其裝甲部隊尚未能發揮高度戰鬥效力，全部兵力約四十八個師，準備用三十七個師入侵捷克。捷克可以動員三十個師來與之對抗，並且在邊界上某些地段也已構築堅強工事。換言之，捷克陸軍應有相當堅強的抵抗力。若再加上英法兩國的援助，則德軍雖不一定居於劣勢，但至少應無必勝的把握。

但張伯倫的說法並非如此，他認爲捷克在地面上根本無法設防，匈牙利和波蘭正在兩翼上等候趁火打劫，法俄兩國遠水救不了近火，而波蘭也不會讓俄軍假道。所以慕尼黑使捷克免受立即的肢解，至少，暫時避免了一場戰禍，並對希特勒劃清一條明確界線。張伯倫又並非強詞奪理，因爲其戰略思想的基礎是空權而非陸權。英國人認爲轟炸機對於英國本身構成最大的威脅，所以也就自然會把此種觀念應用到其他國家的身上。他們深信捷克雖然有相當強大的陸軍和軍需工業，但在德國空軍的打擊之下，只不過是螳臂當車而已。因此，權衡得失之後，其所作決定是寧願讓德國控制捷克的一部分（蘇台區），而避免戰爭所帶的巨大危險，這也就在慕尼黑安撫希特勒的主要理由。

在一九三八年戰爭似乎並非必然無可避免。英國人所面臨的兩難問題是，一方面必須阻止德國的無限擴張，另一方面又不應對希特勒壓迫過度，以免刺激其鋌而走險。此時英國決策者所獲致的情報也使其認爲等待是比立即投入戰爭較爲有利。悲觀的情報在一九三八年對於軍事平衡作了錯誤的評估，直到一九三九年初，始有人認爲此種平衡已逐漸變得有利於英國。英國的防空能力的確已有改善，而德國空軍實力也不像最初所想像的那樣強大。不過，此種研判的作用只能增強英國人對其嚇阻戰略的信心，而並不會促使他們認爲戰機已經成熟。英國本來就是只想避戰而無意求戰，事後看來，如果能再繼續拖延一兩年，則英國的嚇阻戰略未嘗沒有成功的希望，換言之，第二次大戰的浩劫也許可能避免。

三、爲何英國寧願向波蘭提供保證而不與蘇聯結盟？

張伯倫寧願與波蘭結盟而不與蘇聯結盟，已見前述。他害怕英國本身若與蘇聯結盟，則可能會迫使中歐諸國有若干將倒向德國方面。在一九三九年三月的環境中，波蘭或羅馬尼亞與德國單獨達成協議實在是一種合理的憂慮。假使德國不經一戰即能吸收羅馬尼亞，英國將面對若不默認就必須發動戰爭的難題。反而言之，假使英國與蘇聯結盟，而東歐國家轉而向德國靠攏，則英國也就不會再有同盟國可以支持其消耗戰略。更進一步說，蘇聯又本爲希特勒的傳統大敵，英國若與蘇聯結盟，則可能激怒希特勒，使其提早向兩方發動攻勢，尤其是希特勒知道史達林此時既不願意也無能力對西方國家提供有效的軍事援助。

因爲英國的目的只是圍堵德國而非擊敗德國，所以給與波蘭以保證實爲合理的戰略。要想發揮嚇阻作用則此種保證又必須在希特勒尚未有任何動作之前即先發佈。至於在一九三九年夏季和蘇聯的談判則應視爲一種備而不用的輔助嚇阻。有人指出英國若與蘇聯結盟，則在軍事上的確是比較有利，但這不僅爲後見之明，而且也忽視了當時的事實：英國人並未假定戰爭無可倖免，其目的僅爲透過嚇阻以獲致和平。不過，英國人的思考又是只知利而不知害。他們似乎不曾想到英國對波蘭的保證足以刺激希特勒與史達林的終於互相勾結。他們也許是對於意識形態的重要性作了太高的估計，才會有此一失。

四、爲何同盟國在一九三九年九月不在西面立即發動攻擊？

當德軍入侵波蘭之時，英法兩國似乎應乘希特勒無暇西顧的機會，立即攻入魯爾重工業區，給他一個決定性的打擊。爲什麼沒有這樣做，除法國動員遲緩，後勤困難以外，就英國方面而言，還可以提出下述三種解釋：㈠英國人對於經濟武器仍具信心，所以寧願延緩直接攻勢的發動，好讓此種間接攻勢來發揮其功效。㈡英國軍方認爲此時英國空軍對德國空軍仍屬劣勢，但其實力正在加速增強，預計到一九四〇年，英國攻勢兵力將有顯著的增加，而國內防空能力也會增強，換言之，時間對英國有利。㈢當戰爭開始時，義大利宣佈中立，其理由爲德國未受攻擊。如果同盟國發動攻擊則可能導致義大利參戰。

五、爲何希特勒決定在一九三九年與英國一戰，儘管其海軍尚未完成戰備？

希特勒雖進兵波蘭，但他並不想與英國交戰。當他作最後謀和努力失敗後，他也就感覺到後果的嚴重。他認爲英法將使用長期消耗戰以來逐漸消耗德國的有限資源，並使其暴露在蘇聯乘機襲擊的威脅之下。希特勒又指出，「時間對我方不利，……我們還有一致命弱點，假使英法聯軍從比利時攻入魯爾，則我們將面臨重大的危險。」所以，他才斷然決定德國必須先出手打擊以消除此一心腹大患。德軍必須迅速轉向西方，並把英國的勢力逐出歐陸。換言之，此時希特勒仍希望速戰速決，並且也認爲他在歐陸贏得有限戰爭之後，仍有機會與英國和解。因此也就自然沒有考慮到渡海攻英的問題。

陸、結論

基於以上的精密分析，可以獲得三點重要的結論：

㈠戰爭並非出於故意。希特勒雖有擴張的雄心，但並無求戰的意圖。而張伯倫雖早已視德國爲勁敵，但只企圖透過嚇阻戰略以來維持和平。

㈡嚇阻雖爲合理的戰略，但其成敗的關鍵則在於雙方的認知。由於認知上的差異，嚇阻有時不特不能發揮其理想的功效，反而適足以導致不利的後果。

㈢引起戰爭的原因實在是千頭萬緒，錯綜複雜，而責任的歸屬則更難於認定。所以誠如李德哈特所云：「要想和平應先了解戰爭。」假使對於過去的戰爭不能獲得較深入的了解，則似乎也就很難避免未來的戰爭。

第三章 第二次大戰中的同盟關係

壹、引言

第二次世界大戰的確要算是一次同盟戰爭(Coalition War)，從頭到尾幾乎都是同盟對同盟。最初是英法對德義，然後是美英俄對德義日，最後自由世界許多國家，包括我國在內，共同組成了一個大同盟(Grand Alliance)。但是這些同盟國家之間的關係卻是相當複雜，而且彼此差異頗大，研究第二次世界大戰史的人對於這一方面的問題似乎比較不太重視，尤其是以在同盟戰略方面的研究最爲缺乏。本文擬就㈠德義、㈡德日、㈢英法、㈣美英等同盟關係分別加以檢討，其重點是放在戰略方面而不是外交方面。主要目的是要想說明同盟關係在戰略領域中所造成的影響，以及同盟戰略是如何形成的過程，並希望能從這些歷史的分析中提出若干有意義的教訓。

貳、德義同盟

在第二次世界大戰中，資格最老的同盟關係是德義兩國之間的同盟。此種關係的起源是可以回溯到戰前的三十年代。自從希特勒在一九三三年在德國取得政權之後，由於雙方在思想上的接近，希特勒與墨索里尼即開始締結夥伴關係。但兩國之間也不過只是互通聲氣，彼此捧場，根本還談不上有所謂同盟的存在。

一九三六年七月西班牙內戰的爆發對於德義關係的發展是一個重要關鍵。德義兩國對西班牙的共同政策爲羅馬柏林軸心奠定了主要基礎。從一九三六年九月起，希特勒即積極展開其爭取義大利的外交戰，他特別指出「地中海是一個純粹的義大利海，義大利有控制地中海的特權。」這種曲意交歡的態度也就沖淡了過去雙方因爲奧國問題所曾引起的不愉快情緒。

經過若干互相磋商之後，十月二十一日義大利外長，墨索里尼的女婿，齊亞諾(Galeazzo Ciano)，遂在柏林與德國外長紐拉斯(Von Neurath)簽訂一項所謂「十月草約」(October Protocols)，在許多問題上都說明了雙方合作的細節。這是兩國之間有正式條約的開始，但嚴格說來，仍不具有軍事同盟的意義。一九三六年十一月一日，墨索里尼公開承認兩國之間已有一種協定之存在，並第一次使用「軸心」(axis)這個名詞。

一九三六年十一月，德日兩國代表又在柏林簽訂所謂「反共公約」(Anti-Comintern Pact)——關於該約內容留待下節說明——希特勒遂希望把「十月草約」與「反共公約」合而爲一，並以此來當作一個新軍事同盟的基礎。

在一九三七年當中，希特勒爲了鞏固羅馬柏林軸心是下了不少的工夫，其中的癥結有兩點：㈠英法兩國仍企圖恢復其與義大利之間的友好關係；㈡奧國問題在德義關係中仍爲暗礁，墨索里尼不願意希特勒兼併奧國。但希特勒的確是外交戰的能手，終於使墨索里尼同意加入「反共公約」。在一九三七年十一月六日正式簽約儀式之後，墨索里尼遂宣佈這是三國在軍事上和政治上加強合作的第一步。

這次外交勝利給希特勒帶來的立即利益就是他現在可以向奧國動手，而不會受到義大利的反對。在兼併了奧國之後，希特勒的屠刀現在又指向捷克。墨索里尼在一九三八年的慕尼黑會議時，曾經大出鋒頭，但實際上並不能阻止納粹德國的日益強大。於是德義兩國的相對地位相差日遠，後者事實上已由夥伴而降級爲附庸。一九三九年五月二十一日，德義二國締結所謂「鋼鐵條約」(Pact of Steel)，這也就無異於確定了希特勒的領導地位。

就理論而言，這才是一個眞正的軍事同盟，而且不像一般軍事同盟（那幾乎都是防禦性的），這個「鋼鐵條約」都是最公開的「攻擊同盟」。其主要條文爲：「簽約雙方如有一方與任何國家發生戰爭，則另一方應使用一切軍事力量予以援助。」這樣的措詞在近代可以說是非常罕見（註：一般的條約都是規定如一方受其他國家攻擊時，另一方始有援助義務。反而言之，假使主動地發動攻擊則同盟國也就並無援助義務）。

墨索里尼之所以肯如此低首下心，其原因有二：㈠他已在四月間出兵入侵阿爾巴尼亞，希望能獲德國的援助；㈡他希望利用同盟關係來穩住希特勒，使其不貿然在歐洲發動大戰，好讓義大利有休息和準備的時間。他向希特勒強調歐洲和平至少應維持到一九四二年，希特勒也欣然表示同意。

墨索里尼正自以爲得計，殊不知希特勒則另有打算。他只是想利用這種同盟條約來虛張聲勢，以便可以不必使用武力而壓迫波蘭屈服。等到波蘭始終不屈時，於是戰爭的爆發也就似乎迫在眉睫。此時墨索里尼感到非常的矛盾。他一方面想廢棄「鋼鐵條約」，和希特勒翻臉，以免被拖下水，但又感到害怕；另一方面他又認爲民主國家可能重演一次慕尼黑，於是德國又可以再度獲得一次廉價勝利，而他也不希望喪失分贓的機會。在這種患得患失的心理之下，墨索里尼的處境非常的狼狽。

八月二十四日，德俄兩國簽訂互不侵略條約，這也就表示希特勒已經下了決心：除非波蘭無條件投降，否則他就會發動攻擊。德俄條約的公布使墨索里尼和齊亞諾都深感刺激。希特勒事先並未與墨索里尼協商，甚至於也不給與通知，所以他們認爲至少在這個階段義大利可以拒絕加入戰爭。於是墨索里尼遂坦白地說明，義大利尙未完成準備，無法採取軍事行動，其對德國的支援只能限於政治和經濟兩方面，同時也提醒希特勒，雙方本已同意在一九四二年以前不發起戰爭。

希特勒對墨索里尼的態度並不感到驚訝，他是否有一點慚愧則我們無法知道，不過他卻似乎很認眞地反問墨索里尼，他需要一些什麼東西才能完成準備，希望他開列淸單以便看德國能否提供。結果，義大利所開列的項目簡直是朝天討價，把德國人都嚇壞了。於是希特勒對於義大利的援助也就只以下述三項要求爲滿足：㈠義大利的報紙和無線電廣播盡量支持德國；㈡儘可能虛張聲勢以牽制法英兩國兵力；㈢提供德國工業和農業所需的人力。

希特勒對墨索里尼的態度保持著其原有的尊重，但在回信中失望之情卻溢於言表，墨索里尼爲了挽回顏面，在八月三十一日（即開戰的前夕）又還表示他仍願出面調停，但希特勒婉詞拒絕。他們之間雖然始終不曾發生公開的裂痕，不過所謂「鋼鐵條約」者卻已形同具文，完全沒有發揮其理想中的效力。

嚴格說來，「鋼鐵條約」的簽訂已使德義軍事同盟具有法律性的形式，但兩國之間的軍事合作幾乎可以說是似有實無。不特沒有聯合性的計畫作爲機構，甚至於兩國的參謀本部人員也很少有所接觸。尤其是希特勒的一切決定往往都是神來之筆，甚至於其本國的高級軍事首長事先都可能毫無所聞。所以他當然更不會事先告訴墨索里尼。都是在行動之後，才再向他作一個禮貌的「報備」。因爲從德國眼中看來，義大利人最不能保密，而且事實上也的確如此。

總結言之，德義之間雖有正式盟約的存在，但雙方實無眞正同盟戰略之可言。雙方雖勉強合作，但彼此並不信任，在戰場上和後方也都時常發生摩擦。根據德國將領所寫的回憶錄，可以發現他們認爲義大利對於德國實在是個包袱。如果義大利能中立到底，則對德國的貢獻可能還會遠較有利。

參、德日同盟

日本自從一九三一年發動「九一八」事變，強佔我國東北地區，並建立僞滿州國之後，就開始一再受到國際輿論的譴責。結果遂使日本在一九三三年退出國際聯盟，於是其國際地位也就變得更爲孤立。在這樣的情況之下，日本就開始企圖與在歐洲出現的兩個侵略國家建立友好關係，這也可以說是一種理所當然的發展。

希特勒一向是以反共爲號召。自從一九一九年以來，他就高談德國爲「反共長城」的理論，而在西班牙內戰爆發之後，他更指出歐洲諸國應以反共爲共同利益。蘇俄爲世界共產主義的大本營，所以反共必須反俄，也就成爲自然之理。這種思想與地理的結合，遂進一步構成德日合作的基礎。因爲日本人始終視俄國爲其假想敵之一，而且也一向崇拜德國，對於德國的國力有加以高估的趨勢，所以當德國提出結盟的要求時，也就很容易獲得日本的同意。

在德國方面負責與日本談判的是李賓特洛甫(Von Ribbentrop)，當時他尙未接任外長，而只是德國駐英大使。經過幾個月的努力，德日雙方遂在一九三六年簽訂所謂「反共公約」。根據原文來解釋，所謂「反共」者實際上是只限於「反共產國際」(Anti-Comintern)。其所標榜的目標爲擊敗共產黨的「世界陰謀」(World-Conspiracy)。這樣的說法也就可以沖淡直接以蘇俄爲敵的意味。其所公開宣佈的內容不過只是交換有關共產國際活動的情報，在預防措施方面彼此合作而已。但有一祕密「附約」，其中規定德日雙方不得與俄國簽訂任何政治性的條約。假使有一方受到蘇俄的攻擊或攻擊威脅，則另一方不得採取減輕蘇俄負擔的任何措施。

此種措詞固然很空泛，更不足以表示此項條約具有軍事同盟的意義，不過李賓特洛甫在簽約儀式中致詞時，卻已毫無疑問地表示德國對於雙方的合作是存有進一步的希望。李賓特洛甫說：「日本將永遠不許共產主義在遠東流傳。德國正在中歐建造反共的長城。而義大利將在南方升起反共的大旗。」(義大利到一九三七年十一月才正式簽約，所謂德義日軸心才終於成立。)

自從「反共公約」簽訂之後，德日雙方的合作關係發展很慢，主要原因有二：(一)德日兩國在地理上的距離太遠，環境不同，而且雙方的接觸也比較稀少；(二)兩國各忙於其主要的侵略行動，(日本在中國，德國在中歐)，所以幾乎無暇及此。不過李賓特洛甫卻頗有鍥而不捨的精神，在其不斷努力之下，才終於達成了第一步——即所謂「三國公約」(Tripartite Pact)——時間已在一九四○年九月。

此項條約中的第三條曾規定「簽約國中任何一國若受現未參加歐洲戰爭及中日衝突的任何他國攻擊時，三國應使用一切政治、經濟、軍事手段互相援助。」所以就形式而言是已具備防禦性軍事同盟的要件。從文字上看來，這裏所謂「任何他國」只有兩個可能性，即爲蘇俄或美國。

日本之所以願意簽訂此項公約，從表面上看來，當然是以利用德國牽制蘇俄爲主要目的。但到一九四〇年九月，世界情況已經變得和一九三六年「反共公約」簽訂時大不相同，所以在談判時，德日雙方曾達成下述五點協議：㈠雙方都不希望美國介入戰爭；㈡德國不要求日本對英宣戰；㈢德義日對美國態度一致；㈣應設法使蘇俄參加三國公約，並由德國斡旋日俄合作；㈤德國避免介入美日在東亞的衝突。

從上述協議看來，似乎簽約的目的並非想與美國為敵，最多只是想嚇阻美國，而對蘇俄則更有拉攏之意。然則日本對德國究竟又存有一些什麼希望呢？從九月十九日日本御前會議的記錄中可以找到若干線索，現在就將其節錄如下：

參謀總長（杉山元）：日德義加強合作對中國事變的處理影響如何？

外務大臣（松岡洋右）：在締結同盟時為使日本立場有利起見，曾向德國說明日本能獨立解決中國事變，但我方眞意為俟同盟成立後，再設法利用德國以促進中日和平交涉，本人相信可獲相當效果。

軍令部長（永野修身）：本同盟對日俄國交的調整能有何種貢獻？

外務大臣：日俄國交的調整對德國也有利，它也希望介入，所以我們想請德國從中斡旋。……

軍令部長：關於石油問題，想從蘇俄獲得補給希望甚微，結果是只有向荷屬東印度（現在的印尼）去爭取……海軍希望使用和平方式。

外務大臣：在交涉時我曾詢問德國特使，現在佔領荷蘭的德國能否幫助日本解決石油問題，他已面允設法……德國在法國所獲石油超過其一年的消費量，蘇俄也對德輸出大量石油，另外在羅馬尼亞也可獲大量石油……所以我曾向德國特使要求德國將其石油讓一半給日本，他也答稱將儘量努力。關於北庫頁島石油，也曾委託德國向蘇俄斡旋……他的答覆爲日俄調整國交之後，問題自可迎刃而解。（以上資料來源爲服部卓四郎所著《大東亞戰爭全史》，軍事譯粹社印行。）

根據這些原始資料可以判斷日本所希望者爲：㈠結束中日戰爭；㈡緩和日俄衝突；㈢解決石油問題。今日事後看來，實在未免是一廂情願的想法。不過有一點値得重視，那就是暗示日本對德國的評價極高，所以它不惜冒與美國衝突的危險以來附和德國，甚至於它之所以敢於發動戰爭，也與這種心理因素有很微妙的關係。德國爲什麼要拉攏日本呢？希特勒在一九四〇年的秋天是正在作瓜分大英帝國，重劃世界地圖的美夢，他的確很願與蘇俄合作，他當時可能有兩種想法：㈠利用日本來作榜樣以來引誘蘇俄入夥；㈡與日本結盟以來威脅蘇俄使其就範。所以在三國公約簽訂之後，李賓特洛甫也就立即開始對蘇俄的交涉。

李賓特洛甫力勸史達林和莫洛托夫接受德國的計畫，其主要內容爲對於德義日俄四強的勢力範圍作了下述的概括劃分：㈠德國除歐洲外，其所要求的領土以中非洲爲中心；㈡義大利所要求者爲北非和東北非；㈢日本所要求者爲其帝國南面的東亞地區；㈣蘇俄所要求者爲其國土以南朝印度洋方向的地區。

如果此種計畫能實現，則可以使俄國放棄其趨向歐洲、巴爾幹、地中海的傳統擴張路線，而改向波斯灣和印度洋前進。於是一方面可以避免與德義衝突，另一方面又可以促成其與英國的衝突。這不愧爲一石二鳥的妙計。爲了加強的說服力，李賓特洛甫又用空泛的措詞表示德國將幫助促成日俄不侵略條約，說服日本承認蘇俄在外蒙和新疆的勢力範圍，並完成庫頁島的交易。

對於德國而言，可以說是很不幸，蘇俄拒絕合作，於是希特勒始決定發動侵俄戰役。一九四一年二月，李賓特洛甫約見日本大使大島，長談兩國合作的前途。三月底日本外相松岡訪問柏林，又與希特勒和李賓特洛甫作了幾次會談。希特勒希望日本儘快參加戰爭，但那卻是對英而非對俄。他們告訴松岡歐洲戰爭實際上已經結束，英國承認失敗不過是時間問題而已。日本若此時攻擊新加坡，則一方面可以發揮使英國人相信不必再戰的決定性作用，另一方面也對日本在東亞雄心的實現大有裨益。

希特勒始終不告訴松岡德國已準備侵俄。其原因可能有二：㈠像對義大利人一樣，他害怕日本人不能保密；㈡他深信德軍能迅速擊敗俄軍，根本毋需日本的協助，所以只想利用日本牽制英國。當德軍於一九四一年六月二十二日對蘇俄開戰時，日本政府不特未接獲通知，甚至於還是根據同盟社的電報才知道。這對於日本而言可以算是奇恥大辱。其後果有二：㈠就近程而言，一向親德的松岡外相只好引咎辭職；㈡就遠程而言，日本人從此也對德國採取報復行動，所以當他們發動太平洋戰爭時也沒有事先通知德國。

從這裏即可看出德日同盟是有名無實。日本於一九四一年十二月七日發動太平洋戰爭之後，接著德義日三國於十二月十一日簽訂了一項不單獨媾和協定，到一九四二年一月十八日，三國軍事統帥又簽訂了一項軍事協定，其內容爲劃分戰區範圍，及規定作戰行動大綱。但前者不過是承認地理的現實，而後者則內容空泛，殊少實質意義。

總結言之，德日之間也像德義之間一樣，雖有軍事同盟之存在，但並無同盟戰略之可言。雙方只是互相利用，各有用心，誠如《大東亞戰爭全史》所評論的：「雖爲軍事同盟，但旨在獲致政略效果，就實質而言，僅爲一種政治協定而已。」

肆、英法同盟

概括的說，西方國家在第二次大戰時的同盟關係又可分爲兩大階段：㈠是法英同盟的階段；㈡是美英同盟的階段。前者時間很短，即自一九三九年到一九四〇年，而且通常很少爲人所注意。後者則從一九四一年起直到戰爭結束時爲止，可以算是第二次大戰中同盟戰略關係的主體，也是資料最豐富、問題最繁雜的階段。

當第二次世界大戰在一九三九年九月爆發之後，法英兩國立即開始建立同盟組織，其所採取的模式也就是一九一八年第一次世界大戰末期所曾使用過的舊有模式。在巴黎成立了一個最高戰爭會議(Supreme War Council)。其成員包括兩國的總理、外長，和常任軍事代表(Permanent military representatives)後者研究軍事問題並提供專業性的忠告。兩國的軍事代表均向其本國的參謀本部負責，並不構成一個獨立的中心。此外，最高戰爭會議並無執行權，其所作成的決定都必須由兩國內閣加以批准然後始能生效。所以儘管有那樣崇高的頭銜，實際上不過是同盟國的領袖偶爾不定期集會而已，這與後來所謂的「高峯」會議似乎並無太多區別。不過，在倫敦和巴黎又都有一個常設的聯合祕書處，提供連續性的行政支援，不像「高峯」會議那樣開完會就了事。

在戰區和戰場指揮體系中，同盟組織的原則不過是承認某一同盟國在不同地區中的優越地位，以及它所應有的控制權。所以在西線(Western Front)上聯軍總司令是由法軍總司令兼任，而英國的遠征軍則接受他的指揮。不過又還是像第一次大戰時一樣，英軍總司令在認爲法國人的命令足以使其部隊陷於危險時，他有權向其本國政府申訴。事實上，英國遠征軍總司令高特(Gen. Gort)一直都忠實地服從法國人的指揮，不過到了一九四〇年五月西線崩潰時，他就只好獨立行動了。在中東方面是完全由英國的中東戰區總司令指揮，但法國的國際聯盟委任統治地區——即敍利亞和黎巴嫩——爲例外。在地中海內。東地中海由英國海軍負責，而西地中海則由法國海軍負責。

當聯軍倉促地發動挪威戰役時，其指揮系統是臨時拼湊而成。由於兵力的大部分都是由英國提供，所以海陸軍的指揮也都是英國人。所以我們可以看出來在一九三九年到四〇年之間的同盟戰爭指揮組織都不過是承認當時各國在某種特定情況中的優越地位而已。

也許在軍品採購的領域中卻還有比較具有實效的合作。一九三九年十一月，英法兩國成立了一個聯合採購委員會，會址設在華盛頓由英國人充任主席，負責協調兩國向美國採購大量軍品的工作。此外，在倫敦又還設立了一個外交事務的協調委員會，由法國人充任主席，與其他國家的外交部或大使館負責連繫的工作。這一方面的工作不僅做得很好，而且也替以後美英兩國在此同一領域中的合作奠定基礎。

現在再來看法英同盟的聯合戰略。在一九三九年四月，也就是戰爭尙未爆發之前，兩國曾在倫敦舉行一次高階層的參謀會談。由雙方的軍職和文職專家共同草擬了一項文件，並經兩國政府批准。這可以說是一種眞正的大戰略，而後來美英兩國所採取的戰略，從最廣義的觀點來看，也可以說是脫胎於此。該文件建議首先嘗試擊敗義大利，而在對義大利作決定性打擊時應設法阻止德國的進攻，並同時進行經濟戰和增建同盟國本身的實力。然後再向德國發動決定性攻勢。當然，這不過是紙上談兵，英法兩國本身根本沒有計畫實行這樣的計畫。

戰爭爆發後，義大利立即宣佈中立，所以一向以尊重國際道義爲號召的英法兩國當然不能主動的向該國發動攻擊，同時他們的動員是非常遲緩，於是也就只能坐視德軍向波蘭發動閃擊而毫無辦法。波蘭滅亡之後，遂進入所謂「假戰」(Phoney War)的階段。雙方都暫時不採取任何行動。

但在這個階段之內(從一九三九年秋季到一九四〇年春季)，西方同盟國的高階層對於戰略卻又還是有很多的構想，但可惜都是空言多於實踐。在一九三九年秋季，對於在巴爾幹開闢戰場的可能性曾作冗長的辯論，結果卻是不了了之。等到十一月間，蘇俄向芬蘭發動攻擊時，同盟國遂又考慮採取聯合軍事行動以來援救芬蘭。但是英國人卻另有一種目的，即利用援芬爲掩護而順便佔領瑞典的鐵礦地區，以來阻止其對德國的輸出，同時還更想在斯堪地納維亞半島上建立基地，以來威脅德國在波羅的海方面的側面。經過許多的曲折之後，一九四〇年二月五日，最高戰爭會議終於批准了這個計畫。但芬蘭戰爭卻已經進入尾聲，而西方聯軍何時能採取行動還是遙遙無期。三月十五日芬蘭接受蘇俄所提出的條件，簽訂和約並結束戰爭。於是英法兩國遂得免於對蘇俄的戰爭。實際上，這對於他們來說，也可謂幸事，因爲他們連德國都應付不了，自不宜樹敵過多，何況勞師伐遠，勝算極爲渺茫，而且也會遭到瑞典、挪威的反對。不過，由於聯軍已有經入斯堪地納維亞地區的明顯意圖，遂不免刺激希特勒想先下手爲強。關於對挪威的作戰，西方同盟國可以說是「先人發，後人至」。嚴格說來，在希特勒當初是無意破壞挪威的中立，而邱吉爾則有此種意圖，不過由於同盟國行動的遲緩，遂反而讓希特勒著了先鞭。總結言之，用當時所謂最高戰爭會議的方式來決定同盟戰略實在是效率太差，結果遂不免「議論未定而兵已渡河」。

在一九四〇年法蘭西和低地國家戰役中的一切戰略都完全是法國人所一手控制。當時的英國遠征軍實在是太小，所以英國人也就根本不夠資格對聯合戰略要求眞正的發言權。這也可以說是非常的諷刺，眞正最重要的戰略反而不是由同盟國所聯合制定的。隨著西線的崩潰，英法同盟也就無疾而終。於是接著一個新的西方同盟遂脫穎而出，並終於贏得戰爭的勝利。

伍、美英同盟

當第二次世界大戰在歐洲爆發，美國就立即宣佈中立，但實際上，基於思想、傳統和利害的考慮，美國不僅是同情英法兩國，而且也開始暗中給予援助。爲了保持中立的姿態，羅斯福遂宣佈所謂「付現自運」(Cash-and-Carry)的原則，那也就是說任何國家都可以向美國購買物質，但必須付現款並且用其自己的船舶運輸，這在表面上似乎無所偏袒，當實際上卻是只賣東西給西方國家，因爲軸心國家不僅缺乏美元而且也無法自運。

在敦克爾克之後，英國遠征軍雖然能安全撤回，但卻把所有的武器都丟光了。於是羅斯福遂又立即把美國所庫存的大量舊武器運往英國，這些武器都是第一次大戰末期所生產，一直保管得很好，可供立即使用：共有步槍五十萬枝，機關槍八千挺，野砲九百門，以及大量彈藥。接著又同意英國用若干海空軍基地來交換五十艘美國舊驅逐艦。他並且又派美國部隊進駐冰島，並用美國軍艦在大西洋航線上巡邏，以保護英國運輸船的安全。嚴格說，這已經要算是戰爭的行爲。

但是英國的「美元」究竟有限，不久就到了羅掘俱窮的程度，如果美國仍堅持付現的原則，則英國也就會被迫向德國投降了。在邱吉爾的緊急呼籲之下，羅斯福遂決定要求國會通過所謂「租借法案」(Lend-Lease Bill)。一九四一年三月底完成立法手續並立即開始實施，於是英國也就可以不花一塊錢而獲得美國的巨大補給。

雖然美國的正式投入戰爭是在珍珠港事變之後，但在一九四一年中，英美雙方的參謀首長早已開始會談並擬定聯合戰略計畫，而美國海軍也開始在大西洋中擔負護航和反潛的任務，換言之，實際上已對德國潛艇作戰。不過由於希特勒的容忍，所以雙方尚未宣戰。

美英同盟國關係在組織方面是有其特點。首先要指明的是在羅斯福與邱吉爾之間有其深厚私交之存在，但在戰爭初期，英法兩國政府首長之間卻從未有過這種關係。其次，邱吉爾認為一九三九年的老辦法已經不能再用，整個戰爭需要一種聯合的控制，不能聽任同盟國各劃勢力範圍。所以他遂建議兩國之間組成一個聯合參謀首長會議(Combined Chiefs of Staff)。會址設在華盛頓，實際上英國參謀首長僅在必需時始出席會議，一般均由狄爾爵士(Sir John Dill)所率領英國聯合參謀代表團(British-Joint Staff Mission)每周與美國參謀首長聯席會議的幕僚組織舉行會談。聯合參謀首長會議的主要任務有二：㈠協調兩國的戰略歧見；㈡向政府首長提出專業性的建議。但對於戰略作最後決定的人又還是兩國領袖。最後在重要戰略決定作成之後，聯合參謀首長會議又成為一個最高的指揮部，將廣泛的訓令下達給各戰區或軍種總司令，後者現在已不向其本國政府而改向聯合參謀首長會議負責。

儘管在這種組織中仍然有不少的摩擦，不過概括言之，此種對戰爭作聯合控制的辦法仍要算是相當的成功。但是這種成功卻又應歸功下述幾項特殊因素，而不一定是制度本身有其優點：㈠羅斯福與邱吉爾有直接密切的關係；㈡美英兩國人員使用共同的語文；㈢在這個系統中只有兩個國家，不像一九一八年有四個，而目前的北約組織更高達十五個之多；㈣在一九四一年到四二年這個重要階段中，英美兩國的有效權力還是大致平衡，所以雙方也就可以處於匹敵的地位。這最後一點可以給與我們以很大的啓示，因爲自從一九四三年以後，在此種聯合組織中美國人遂逐漸居於支配的地位，而英國人就只好順從美國人的意見。

現在再談到戰區的聯合指揮系統，一個卓越的例子就是艾森豪的聯軍總部。毫無疑問，此種試驗對於高級指揮參謀單位的整合以及聯合作戰的控制都相當的成功。當然在總部階層之下，軍團或集團軍的組織還是以國別爲基礎，海空軍的兵力也是一樣。

我們又必須指出艾森豪總部的安排（最先是用在北非戰場上，以後方擴大用於歐洲）也許只能算是一個例外。因爲在義大利雖也有一個類似的聯合司令部，但東地中海和愛琴海則仍純粹爲英國的勢力範圍，舊有的中東戰區也是如此。再說到對日本的戰爭，所謂中太平洋和西南太平洋戰區都是完全由美國人控制，英國人根本上就沒有發言權，甚至於連戰況的情報都不太知道。當麥帥從澳洲發動反攻時，雖然有相當大量的澳洲部隊在其指揮之下，但他的總部卻是完全是美國人所組成。

陸、基本戰略決定

美英同盟的基本戰略是如何的形成，以及如何的執行？首先要討論的就是「德國第一」（Germany First）的眞正重大決定。一般人常誤以爲這是英國人的主張，而美國人則是受到英國人的影響或說服，才作下此種決定；否則照理說，美國人是應該採取「日本第一」（Japan First）的路線，事實與上述的想法恰好完全相反。

遠在一九四一年一月十六日，羅斯福即曾召集其國務卿、陸海軍兩部部長及參謀首長開會（當時尙無像國家安全會議這一類的組織）決定美國所應採取的基本戰略。其主要觀念是由當時的海軍軍令部長史塔克(Adm. Stark)所提出：即一旦美國參加戰爭，其首要目標應爲擊敗德國，所以應立即集中全力在大西洋方面發動最大攻勢，而在太平洋方面則暫取守勢。因爲美英兩國參謀首長即將在華盛頓舉行第一次會議，所以美國政府必須先作成基本決定以來作爲對美方代表的指導。同時又還告誡其代表在與英國人談判時必須記著下述的原則：「我們不能夠，也不需要，將我們的國家前途交由英國人指導……英國人內心裏永遠記著戰後利益，包括商業和軍事兩方面都在內，所以我們也應留心保護我們本身的利益。」

爲什麼美國人會作「德國第一」的決定？其解釋只能從當時美國人對於情況的研判中去尋找。美國人認爲德國爲最大的威脅，而歐洲是絕不可以喪失，僅憑英國不特不可能擊敗德國，甚至於自身也都難保。所以美國必須保持不列顚三島，並用其作爲反攻的跳板。反而言之，在遠東方面，日本的力量最多只能達到西太平洋，並不足以威脅美國的安全，所以可以列爲第二優先。在珍珠港事變之前，甚至於在其後，此種研判都不能說是不合理。

一九四一年一月二十九日，美英參謀首長在華盛頓舉行第一次聯合會議。英國代表對其立場作了下述三點說明：㈠歐洲爲主戰場應在此尋求決戰；㈡應先擊敗德義然後再對付日本；㈢遠東地區（包括澳紐）對英國利益具有重大關係。對於前兩點美英意見完全一致，但第三點卻引起爭論。英國人視新加坡爲其帝國安全的鎖鑰，對於印度、澳洲、紐西蘭的防禦都具有必要性。美國人則認爲既然要把全力集中在大西洋方面，則太平洋方面即令有所犧牲也必須忍受。換言之，他們寧願讓日本人暫時猖狂無忌而不願分散其主力。

經過若干爭議之後，雙方代表遂作成下述三點決議：㈠確定歐洲爲主戰場；㈡維持英國在地中海的地位；㈢在遠東保持防禦態勢。此項決議對兩國並無法定拘束力，只代表雙方一致的看法而已。基於以上的敍述，可以斷定：㈠美國人對「德國第一」的觀念甚至於比英國人還更重視，在會議之前即已作決定，自毋需英國人的說服；㈡英國人對於遠東的利益反而比較重視，他們不願因爲在歐洲求速勝遂使其帝國的戰後地位受到損失。

在此應進一步指出美英兩國在戰略思想上的一項基本差異。英國是一個標準的島國，在其與大陸國家的戰爭經驗中都是以海制陸，慣於作長期戰爭而不汲汲於一時的得失，他們有一句老話：英國可能輸掉一切的會戰但終於仍能贏得戰爭。他們的傳統戰略是以極小犧牲和極小冒險以追求最後勝利。同時也誠如美國人所痛惡的，他們是隨時都注意到其殖民帝國的戰後利益。

反之，美國人是一個地大物博人衆的新興國家，他們不僅自信有壓倒的物質優勢，能迅速贏得勝利，而且也厭惡長期戰爭和英國人的權力觀念。簡言之，他們只願意拯救約翰牛(John Bull)的老命，而無意保全大英帝國。美國人對於戰後的新世界是另有一套構想，所以到了一九四三年以後，美英之間的思想差距也就變得越來越大了。

珍珠港事變後，美英兩國領袖在華盛頓舉行第一次正式同盟會議，此時日軍在太平洋中的攻勢正如火如荼，但雙方仍迅速決定「德國第一」的原則不變。這種情形曾令若干人感到驚訝，但實際上是理所當然，毫不足怪。因爲美國當局早已決定在太平洋方面忍受暫時的挫折，心理上早有準備，自不會因爲感情的刺激而改變經過理智考慮的決定。

柒、結論

在美英同盟之間的最大爭論是入侵法國的時間以及其與地中海作戰的關係。很明顯美國人是一開始就主張採取直接路線，他們希望趕緊把一切的力量都集中在英國，然後立即渡過海峽進入西歐。至於發動作戰的時間是愈早就愈好，如果一九四二年辦不到，至遲也不能超過一九四三年。英國人則主張採取間接路線，先發動地中海方面的作戰以來減弱德軍，然後再向西歐發動決定性的攻擊。在一九四一年十二月的華盛頓會議中，由於英國人有較好的準備，遂使美國人同意在北非登陸的計畫，但雙方又仍然決定渡海入侵法國的作戰應在一九四三年發動。

又經過一段時間，「火炬」(Torch)作戰才終於定案，統帥人選也已決定，但關於登陸時間和地點的問題仍然引起很多爭論，這可以證明同盟戰略的協調的確是非常困難。最後D日是在一九四二年十一月十八日，在北非的登陸雖然很順利，但聯軍登陸之後的行動卻異常遲緩。所以到一九四三年一月卡薩布蘭加(Casablanca)會議時，英國人遂又主張把入侵法國的時間延到一九四四年，美國人雖然無可奈何地只好同意，但內心中卻有受騙上當之感。

美國人認爲英國人根本上是想逃避渡海入侵的風險，他們認爲英國人那一套間接路線戰略理論——由西西里、義大利、以達巴爾幹——實在是一種欺人的神話。所以在一九四三年八月的魁北克(Quebec)會議中，以及在一九四三年底的開羅和德黑蘭會議中，都曾因此而一再發生激烈的辯論。平心而論，美國人對英國人的指責也並非毫無理由，因爲從英國陸軍（帝國）參謀總長亞倫布羅克（Gen. Alanbrooke）的日記中可以發現他當時的確希望地中海方面的成功可以取消入侵法國的需要。

不過到德黑蘭會議時，這個爭論也就終於作一了斷，渡海入侵法國的時間遂定爲一九四四年夏季。從此次會議時開始，由於史達林的介入，邱吉爾在羅斯福心目中的比重也就急劇降低。於是美英同盟關係也就開始變質，美國已經據有支配地位，而英國則屈居下風。

從歷史記錄上看來，美英同盟之間的聯合機構雖不能算是完全的成功，但仍差強人意，至少比之過去的任何其他企圖，都要算是較爲進步。其中有一點値得注意的是在各種會議時，其辯論又不一定是以國籍爲分界，有時在兩國代表團內，軍種代表之間也會發生歧見，於是同軍種的代表遂又穿越國界而織成聯盟。譬如說，在討論有關反潛作戰和轟炸德國的優先時，就形成了英美海軍聯合對抗英美空軍的形勢。

聯合參謀組織的優點是能夠經常集會，對於許多眞正棘手的問題，可以平心靜氣地作有系統和有秩序的研究和討論。雖然在融洽友好的氣氛之下，仍然不免隱藏著以國家利益爲基礎的暗鬥，但對於同盟國之間的合作總還是貢獻良多。

當然眞正重大問題的決定又還是出於最高階層，聯合參謀組織固然對國家領袖是有相當影響作用，但有時也可能完全不生作用。因爲在政策的領域中決定之權究竟還是操在「人」的手中，任何制度都不能代替「人」。尤其是在同盟關係中，「人」的因素尤其重要。

當然，最後還有一個更重要的因素，那就是國家之間的權力平衡，在任何同盟組織中，總還是強國扮演主角，弱國扮演配角，甚至於只夠資格跑龍套。所以欲求立國於世，必須發奮自強。

第四章 一九四〇年挪威戰役的檢討

壹、引言

一九四〇年四月的挪威戰役，對於整個第二次世界大戰而言，眞只能算是一段極短的插曲。但從戰略家和戰史家的眼中看來，又還是一個很值得作較深入分析的課題。這個近似孤立事件的戰役，對於以後的戰爭發展能提供很多的暗示。有許多教訓是當時交戰雙方都不曾認清的，這也很難怪，因爲在那種緊急動盪的環境中，冷靜的思考應該說是幾乎不可能。不過，前事不忘，後事之師，儘管這已經是幾十年前的舊賬，把它結算一下，也仍然有其新的意義，而並非徒然浪費筆墨。

本文擬根據德英雙方的資料，來對挪威戰役作一個概括的檢討，重要是放在戰略方面，至於作戰經過及戰術細則只準備作簡述的敍述。首先將說明此次戰役的起因，其次分析作戰計畫及戰役經過，然後再指明這次戰役的特點以及其教訓。

貳、戰役的原因

挪威是一個北歐國家，一向與世無爭，對於英德雙方都維持相當友好的關係，至少是無所偏袒。第二次世界大戰於一九三九年爆發後，該國就立即與瑞典、丹麥、芬蘭等國一同宣佈中立，這也正是斯堪底納維亞國家自從十九世紀中葉以來所堅持的傳統政策。在第一次世界大戰時，他們也是如此，並平安的度過了那一次浩劫，所以也就更堅定了恪守中立的決心。德國於九月二日宣稱絕對尊重挪威的領土完整，不過絕不容許第三國家侵犯該國的中立。

事實上，在戰爭開始時，挪威的中立的確對德國有利。德國在平時也要從瑞典輸入六百萬噸鐵苗，其中有一半是經由挪威西部的不凍港那維克(Narvik)。只要挪威維持中立，則運輸鐵苗的德國船隻就可以自由地出入該港，並沿著該國西岸航行。那條航線是外側有許多小島的保護，極爲安全。而且這條航線也使英國難以封鎖德國，因爲德國船隻可以一直沿著挪威的綿長海岸北駛，直到超過北極圈的位置再進入英國海軍無法作最嚴密巡邏的水域。所以挪威的中立是對德國有利，當然，這種事實也不會不爲英國人所注意。

然則德國又爲什麼終於還是自毀諾言而侵佔挪威呢？這種發展的因果關係是非常的曲折微妙，對於後世可以提供很多的啓示，是深值得加以追溯。概括的說，挪威戰役的起因有兩個來源：㈠是德國的海軍總司令賴德爾(Adm. Raeder)；㈡是英國的邱吉爾。

戰爭在一九三九年爆發，德國陸空軍都有輝煌的戰果，而海軍卻無所表現。照賴德爾的計畫，德國海軍要到一九四四年才能一戰。在一九三九年，是既無足夠的水面軍艦，又無足夠的潛艇，根本不夠資格向英國的海權優勢挑戰。所以賴德爾不僅深感失望而且還必須另覓途徑以來增強德國海軍的威望，甚至於也可以說是挽回面子。

這樣他就想到挪威的頭上。十月三日賴德爾要求海軍參謀本部研究挪威問題，十月十日在希特勒所主持的海軍會報中，賴德爾首次提出在挪威建立基地以攻擊英國海路的觀念，但希特勒不感興趣。此時，他一心想在十一月發動西線大攻勢並乘勝結束戰爭，所以當然無暇及此。於是直到十二月中旬為止，也就不再有人提到挪威問題。

十二月蘇俄進攻芬蘭遂又引起新的發展。英法兩國開始討論援芬問題，而德國則害怕聯軍有假道挪威，甚至於佔領挪威的可能。在德國戰時經濟中，最脆弱的一環即為鐵苗的供應。以一九四〇年而言，總消費量為一千五百萬噸，其中有一千一百萬噸都是來自瑞典。西方國家若佔領挪威，則此種來源就有被切斷的危險。所以賴德爾也就利用此種情況以來加強他的辯論。

賴德爾雖然是危言聳聽，但並非捕風捉影。因為自從邱吉爾出任英國海軍部長以來，他一直都在想對挪威採取行動。九月十九日，邱吉爾曾要求內閣批准在挪威水域佈雷的計畫，但英國外交部卻指出應考慮破壞挪威中立所可能引起的後果。其事遂不果行，使他深感失望。芬蘭戰爭爆發，邱吉爾又大感興奮，立即主張以援助芬蘭為偽裝而進兵北歐。不過英國內閣中的多數仍反對破壞挪威中立，僅授權參謀本部擬定派兵登陸那維克的計畫。此一計畫雖以援助芬蘭為藉口，但眞正目的卻是想要支配瑞典的鐵礦。

法國人也很希望在北歐去開闢新戰場，因為那也許可以牽制德軍並使戰火遠離法國。一月十五日，法國統帥甘末林（Gen. Gamelin）也擬定一項送聯軍在芬蘭北部登陸的計畫，其中指出必須首先佔領挪威西部一切港口機場，此外他也想到把戰爭擴大到瑞典和佔領鐵礦區的可能。

一月二十日，邱吉爾在一次廣播中呼籲中立國基於對國際聯盟公約的義務，自動與英法合作以來對抗侵略。結果引起嚴重的國際反感，比利時、荷蘭、挪威、丹麥、瑞典、瑞士等國輿論都為之大譁。英國政府十分尷尬，只好宣佈那僅代表邱吉爾先生私人的意見。總括言之，同盟國給與德國的暗示實在是太多了。

參、計畫的決定

在此同一時間，挪威民族統一黨（即為挪威的納粹黨）領袖奎斯林（Vidkum Quisling）也祕密來到德國，透過賴德爾的關係，晉謁希特勒。他表示若有德國的支援，他能發動政變。希特勒對政變頗感興趣，不過他還是強調仍希望挪威維持中立。這是十二月中旬的事情。

由於天氣的影響和德國陸軍總部的故意拖延，希特勒所盼望的西線大攻勢在一九三九年之內始終不曾發動。到一九四〇年一月十日，希特勒還是決定在一月十七日發動攻擊，但非常巧合，就是在那一天，一架載有聯絡軍官，攜帶作戰計畫的德國飛機迫降在比利時領土上，使那些機密文件都落入比利時人手中。此一意外事件使德國不得不重新擬定計畫，那至少需要一兩個月的時間，希特勒也感到無可奈何。於是他才考慮利用這個空檔去解決挪威問題。一月二十七日，他命令成立一個聯合作業小組去擬定「必要時入侵挪威」的計畫。這個小組在二月五日開始工作。

同一天，英法兩國也在巴麥召開最高戰爭會議，通過兩國合組「志願軍」援救芬蘭的計畫。英國首相張伯倫接受邱吉爾的建議，特別強調在那維克登陸的必要，結果是英國的意見被採納，並決定這支兵力在三月初出發。

於是二月十六日，又發生一件決定命運的意外事件。一艘德國商船「老馬克」(Altmark)號，從南大西洋運回一批英國戰俘，受到英國驅逐艦的追逐，駛入挪威水域避難。邱吉爾直接命令那艘驅逐艦進入挪威水域，派兵登上「老馬克」號將戰俘救出。事後挪威雖提抗議，但英國置之不理。希特勒深信挪威與英國有默契，抗議不過是以一種姿態。所以激發了他的怒火，遂不再猶豫。

希特勒認為他必須先發制人，二月二十日，遂命令曾在我國任總顧問的法爾根霍斯特將軍（Von Falkenhorst, 當時在中國正式之譯名為法根豪森）為遠征軍司令。積極準備行動。但事實上，他仍未作最後決定，其原因有二：㈠挪威中立對德國實最有利；㈡此種作戰所冒危險極大。誠如賴德爾在三月九日所云：「沒有制海權而作如此企圖實違反一切海軍作戰原則。」所以，一切關鍵在於奇襲。

德國方面此時最著急的就是西方國家可能會比他們行動更快。但事實又是怎樣呢？英法本已決定三月二十日發動作戰，但三月十三日，芬蘭已向蘇俄要求休戰，於是他們也就喪失了假道挪威的理由。一切行動遂暫時停頓。接著法國內閣又改組，三月十八日，法國新總理雷諾(Paul Reynaud)前往倫敦出席同盟國最高戰爭會議，會中決定四月五日開始在挪威水域佈雷，登陸部隊則定四月八日出發。但英國又提出邱吉爾的另一項新計畫——向萊茵河及其他德國河川空投水雷——並堅持應與挪威計畫同時執行，那卻遭到法國的反對。最後英國雖不再堅持，但挪威作戰的發動遂又順延了三天，即延到四月八日才開始在挪威水域佈雷。這樣也就斷送了一切成功的希望，因為德軍恰好趕在聯軍之前進入挪威。

在德國方面，芬蘭的休戰只使希特勒略感猶豫而並未影響其決定，四月二日他批准了代字為WESERÜBUNG的作戰計畫，並定四月九日為W日，上午五時十五分為W時。第一批補給船四月三日出發，軍艦在四月六日午夜駛出德國港口。

肆、戰役的經過

雙方的兵力幾乎是同時開始行動。希特勒可能不知道對方已經開始行動。假使他知道英國海軍已在升火待發，則他也許會不敢冒險。事實上，賴德爾是把德國全部海軍兵力拿來作孤注一擲。如果他運氣不佳，碰上英國艦隊，則一定會全軍覆沒。

德軍先遣部隊大多數都乘軍艦，分為六個集團，於四月九日黎明前到達挪威各主要港口，除奧斯陸(Oslo)以外，幾乎都未遭遇抵抗。德軍成功的關鍵在於奇襲，其事前的保密非常徹底。其突擊兵力極為渺小，任何地點最初登陸人數都不超過兩千。同時也曾使用傘兵攻佔挪威的兩個機場，這是傘兵在第二次世界大戰中的第一次使用，結果證明非常有效。但最具有決定性的因素還是空軍。在挪威戰役中德國空軍實際使用的兵力為作戰飛機八百架，運輸機二百五十架。他們癱瘓了敵人的抵抗並抵銷英國的海權優勢。

德國的劣勢海軍在此次戰役中是傾巢而出（只有潛艇為例外），其冒險犯難，不惜犧牲的精神是值得讚許。雖然損失頗重，但仍能達成任務。反觀英國的海軍，雖享有巨大的優勢，但卻既不能阻止德軍的行動，殲滅其艦隊於海上，而又不能在德軍登陸之後，切斷其補給增援。英國人眞是如此的低能嗎？抑或另有原因？英國海軍行動遲緩而且過分謹愼，其主因是害怕德國的飛機。當不受德國空軍威脅時，例如在那維克（那是快要超出德國飛機的作戰半徑），他們的行動就遠較敏捷，並且能發揮以大吃小的威力，所以載運部隊前往該港的德國十艘驅逐艦也就終於全部擊沉。此次戰役顯示空權對海權已產生重大的限制作用，這是第二次世界大戰以前所從未有過的現象。

德軍進佔各重要港口及機場之後，挪威戰役的勝負也就已成定局。挪威由於承平日久，武備廢弛，根本沒有抵抗的能力。當德軍發動作戰時，英國強大海軍並未能作有效的制止。等到一星期後，聯軍才分別在那維克，南蘇斯（Namsos），安達內斯（Andalnes）等地登陸，但到五月初，後述兩地的聯軍都已被逐出，於是德軍遂已完全控制挪威南部和中部。

同盟國最後只好集中人力來爭奪那維克，這並非眞想控制瑞典的鐵礦（到此時已明知無此可能），而不過是爲了保全一點面子。儘管聯軍在四月十四日即已登陸，但少數德軍堅守該城直到五月二十七日才撤退。到此時德軍在西歐戰場上已經快要大獲全勝，所以在那維克的聯軍到六月七日也就自動撤回。挪威國王與其政府也同時逃往英國，這樣就結束了這個爲期不到二月的戰役。

伍、戰役的啓示

挪威戰役對於以後的戰爭似乎是一「排演」（Scenario）這是有史以來的第一次陸海空三軍聯合作戰和第一次空降突擊，它也顯示出經濟因素對於戰略計畫的影響。精密的計畫和技巧的執行都表現德國「戰爭機器」的優秀，不過某些弱點也同樣的暴露出來，那對於其最後的失敗是不無關係。

德國的空軍在這次作戰中表現極爲出色，也象徵著空權時代的來臨。空軍在其有效的航程之內能夠對陸海軍提供密切支援，並限制敵方海軍的行動，尤其是在狹窄水域中更是威力強大。不過德國空軍也顯示了其弱點，那就是航程太短，那是一支純粹戰術性的空軍，所能執行的任務有很大的限制。

這次戰役顯示出德國軍事組織的雜亂無章以及希特勒在性格上的特殊弱點。自始至終，希特勒對於挪威問題都表示其個人的關切。法爾根霍斯特直接向他負責，一切計畫和指導都由OKW（統帥部他的直屬幕僚）承辦，而OKH（陸軍總部）則無權過問，這種安排不僅引起內部的摩擦而且也對以後的情況開一惡例。在波蘭戰役中，希特勒還是尊重參謀本部的傳統，對於作戰不曾作任何干涉。挪威戰役則完全不同，那變成了他的「私房」戰爭，好像他是想利用這次機會來試驗其自己的軍事才能，結果一戰而勝，於是也就堅定了其信念，並提高了其威望，從此他對於作戰的干涉程度也就日益加深，這對於以後的戰局發展實爲一種非常重要的關鍵。

嚴格說來，希特勒的確有相當的軍事天才，但卻不適宜於扮演總司令的角色。誠如拿破崙所云：「統帥的首要素質就是頭腦冷靜，能接受正確印象，不因消息的好壞而緊張和煩惱。若因天賦所限，對於任何事物都產生幻像，則不適宜指揮部隊或指揮戰爭。」希特勒所犯的毛病正是如此。在危機時他有沉不住氣的趨勢，而且易於衝動，和喜歡文過飾非，不肯認錯。

在這次戰役中顯示出德國人準備周詳，行動迅速，敢於冒險，所以能充分發揮奇襲之效。反過來看看同盟國方面，則所表現的是缺乏準備，行動遲緩，猶豫不決，過分愼重。這也正是兵家之大忌。挪威戰役是英法聯軍第一次與德軍的交手，即足以充分顯示前者實在不是後者的對手，所以戰爭初期，聯軍的一再敗北，實乃理所當然，毫不足怪。

不過，對於英國人來說，挪威戰役也還有其光明的一面。這次戰役充分表現出英國海權優勢，而且也再度認定「小固不足以敵大」的原理。德國海軍雖英勇善戰，但仍然不足以向強敵挑戰，此項事實即可暗示大英帝國是立於不敗之地。其次，在海權的掩護之下，部隊不僅可以順利的登陸，而且也可以安全的撤退，挪威戰役第一次表現出此種戰略彈性。有人諷刺著說，英國人最拿手的就是撤退，在第二次世界大戰中，英國人的確是作了多次「成功」的撤退，而那維克可能就是第一次。

陸、結論

挪威戰役的勝利對德國又有一些什麼貢獻？第一，在佔領了挪威之後，德國人也就可以確實控制瑞典鐵苗的運輸線，而不必再害怕有一天補給會被切斷。同時有重兵駐在挪威，則瑞典的態度也一定會比較更合作，而不敢妄存異心。第二，在挪威境內可以建立若干新的海空軍基地，足以改善德國對不列顚三島的戰略地位。使其海軍比較易於進入大西洋，以後也使德國對於同盟國駛往莫曼斯克的運輸船隊比較易於執行空中和海上的攻擊。不過這些攻擊都不具有決定性的價值。德國仍然與公海隔絕，其海軍雖然獲得較多的基地，但卻損失了不少的軍艦，以數量劣勢的德國海軍而言，這也許要算是得不償失。

希特勒在時究竟應否發動對挪威的作戰，從戰略的觀點上來看，也值得檢討。希特勒本來認爲挪威中立是最爲有利，所以賴德爾雖一再勸說，他都無動於中。此種態度實在是正確的，但以後卻由於受到許多外來因素的刺激方使他沉不著氣而決定採取先發制人的手段。其主要動機還是害怕同盟國方面搶先下手——而這也的確是事實，並不能說他是過慮。

希特勒作此決定雖然是不無理由，但並不一定合理。華里蒙特將軍(Gen. Warlimont)是OKW中主管作戰的重要人員之一，在其回憶錄中曾指出：即令同盟國能在挪威建立一個立足點，但對德國也最多只能構成一種暫時的威脅。因爲當西線大戰發動之後，他們勢必非自動撤退不可。假使法國崩潰之後，他們還不退出，德國人要把他們趕走，那眞是不必費吹灰之力。這種評論雖多少是「後見之明」，但事實卻的確如此。因爲眞正具有決定性的戰場是法蘭西而不是挪威。

在以後的戰爭中，德軍曾以挪威爲基地越過芬蘭進攻蘇俄的莫曼斯克港及鐵路線，但受天時地利的限制，使這種勞師遠征的作戰在一九四一年春季未能達到其目的。此後，這一方面遂平靜無事，儘管德國仍繼續把超過五十萬人的兵力和大量的物資留在挪威。直到戰況逆轉，德國在兵力上已經感到捉襟見肘時，這支兵力始終都不曾抽調。希特勒仍堅持地認爲挪威是歐洲的戰略鎖鑰，他到此時頭腦已經硬化，對於任何已經佔有的地盤都不願意放棄。於是到一九四五年五月八日，挪威境內的五十萬德軍遂不曾放一槍而向聯軍投降。挪威戰役會造成這樣的後果，眞可以說是上帝對人類所作的愚弄。

再說到同盟國方面，挪威的不幸事件是邱吉爾要負極大的責任，結果斷送了張伯倫的政治生命，而邱吉爾反因禍得福，於一九四〇年五月十日繼任英國首相。所以功過是非眞是很難定論。邱吉爾這個人雖然的確是一位偉大的戰時領袖，但作爲一位戰略家卻是瑜不掩瑕。他的個性與希特勒很相似，但天才卻不免稍遜。他好大喜功，注意力不集中，敢於幻想，有時簡直是想入非非。所幸民主國家在制度上是比較健全，所以他不能像希特勒那樣爲所欲爲，至少他不曾親自指揮作戰（干涉還是難免），否則後果將不堪設想。

從戰略的觀點來看，邱吉爾的思想是代表海權國家的傳統，即所謂周邊戰略(Peripheral Strategy)。但在一九四〇年，這種戰略眞可以說是文不對題。英國既已與法國締結同盟，則決戰戰場當然是在西歐。此乃常識，而邱吉爾竟計不及此，誠屬怪事。至於甘末林想把戰火移向北歐的想法則更屬荒謬。德國在挪威所用的兵力極爲有限（不到五個師），對於西戰場的作戰可謂毫無影響。

再總結言之，挪威戰役還有兩點教訓應特別指出：㈠有人說歷史是比小說還更神奇，因爲寫小說的人在思想上是不會越出理性的範圍，而製造歷史的人卻往往會採取不合理的行動。因爲人究竟是人，他會受到許多外來因素的影響，他會受到感情的刺激，他會考慮個人的榮辱得失。這都是非常自然而無可避免。所以戰略家和政策決定作爲者必須瞭解人性因素的重要。㈡立國於世必須重視國防，挪威是一個非常可愛的小國，與世無爭，但卻慘遭蹂躪，足以證明天下無公理之可言，假使挪威能像瑞士或瑞典那樣的重視國防，則其中立也許將不至於遭到破壞。所以當國政者若不重視國家安全，而一心似和平繁榮爲務，實乃歷史的罪人。

第五章　曼斯坦及其計畫

壹、引言

從戰史的觀點來看，所謂「曼斯坦計畫」(Manstein Plan)至少是像「希里芬計畫」(Schlieffen Plan)一樣的偉大和著名。事實上，後者的故事要比前者還較曲折，其所產生的戰略後果，以及其對後世所能提供的教訓可能也要比前者更爲重大。尤其是有關二者之間的關係以及名詞的來源更曾引起若干誤解，所以應予以澄清。儘管這已經是五十餘年前的往事，但其經過還是很值得深入分析，並且也的確能對從事戰略研究者提供一些非常有意義的啓示。

本文內容是依據原始資料來對於「曼斯坦計畫」的形成經過作有系統的分析，並對於若干誤解和疑問加以澄清的解釋。最後，再綜合說明這一場公案對於後世所能提供的重要教訓。

貳、曼斯坦生平簡介

因爲第二次大戰已經是五十多年前的舊事，現代的青年軍官們可能對於當時的風雲人物，甚至於都已有陌生之感。所以在尚未進入本題之前，必須對於此一代名將的生平略作簡單的介紹。這也是很重要的，因爲要了解一位戰略家的思想和事業，必須先了解其個人的時代和生活背景。

曼斯坦(Erich von Manstein)元帥生於一八八七年，他的父親是一位二級上將，他的姑母爲興登堡元帥(von Hindenberg)的夫人，所以，可以說是系出名門，家學淵源。他從小就接受普魯士貴族式的傳統軍事教育。一九〇六年加入德皇的御林軍步兵第三團充任見習官。照當時的慣例，凡是分發在這一團中服務的青年軍官，都是被預定將來要升到顯要地位。

一九一三年，他在戰爭學院(War Academy)求學，次年第一次大戰爆發他立即參加作戰。一九一四年曾負重傷，一九一五年再返回前線。一九一六年被派接掌軍團級的參謀職務，儘管他尚未取得參謀本部參謀軍官的資格，但到第一次大戰結束時，他已經是資深的參謀軍官。

戰爭的失敗導致德意志共和國的建立和舊帝國陸軍的解散，但曼斯坦的軍人生涯並未因之而中斷。德國雖然受到凡爾賽和約的限制，其軍事組織 (包括參謀本部在內) 卻仍然暗中存在。曼斯坦從一九一九年起，就進入當時的地下參謀本部，參加戰後的祕密建軍工作。他始終不曾完成其學業，其進入參謀本部的唯一資格就是其長期經驗。

在宦海浮沉若干年後，到一九三五年七月，曼斯坦始出長陸軍參謀本部(OKH)的作戰廳長(QP Abt I)。一九三六年十月又升任參謀次長(Oberquartiermeister I)。他充任這個重要職位直到一九三八年二月爲止。那也正是希特勒一帆風順的階段。在此階段中，希特勒曾廢除凡爾賽和約，恢復徵兵制，重佔萊茵地區。許多軍事計畫都是由曼斯坦負責執行。他在此時即已享有盛譽，且已獲希特勒的賞識。

但由於內部的人事摩擦，當時的陸軍總司令弗里希(von Fritsch)被擠下台，曼斯坦也因此而離開參謀本部。到一九三九年八月德國開始動員時，他奉派爲倫德斯特(von Rundstedt)南方集團軍(Army Group South)的參謀長，準備對波蘭的作戰。曼斯坦與倫德斯特的配合可謂非常恰當。那是正像魯頓道夫(Erich Ludendorff)之於興登堡一樣。倫德斯特是一個不問軍務瑣事的人，對於曼斯坦非常信任，一切交由曼斯坦負責，言聽計從。波蘭戰役結束後，這個集團軍總部調往西線，改名爲A集團軍。

一九四〇年的西線戰役爲本文的主題，留待下文中再詳細分析，此處暫時不談。一九四一年希特勒發動征俄戰役，曼斯坦此時還只是一個裝甲軍的軍長，但不久即升任第十一軍團司令，並且有機會獨當一面，指揮克里米亞(Crimea)半島上的作戰。從一九四一年到一九四二年，他終於攻佔了這個半島，完成其使命。這也是其事業的最高峰，由中將、上將而升到元帥。從一九四二年到一九四四年，德國已經由盛而衰，曼斯坦此時已升任集團軍總司令，在俄國南部力撐殘局，其成就從戰略的觀點來看，可以說是十分難能可貴。尤其是在史達林格勒慘敗之後，仍能疲兵再戰，還贏得一次「卡爾可夫會戰」(The Battle of Kharkov)。

希特勒到此時早已心理失常，喪失理智，所以儘管曼斯坦竭志盡忠，也還是回天乏術。最後，由於無法和希特勒相處，遂在一九四四年三月被免職。戰爭結束後，曼斯坦曾受聯軍監禁審判，但終於以無罪釋放。他的回憶錄在一九五八年出版，名爲《失去了的勝利》(*Lost Victories*)。

曼斯坦在德國被公認爲是第二次大戰中的最偉大戰略家。戰爭末期，有許多德國將領，包括「閃擊英雄」古德林(Heinz Guderian)在內，都認爲應請他出任總司令，指揮全局，庶幾可以力挽狂瀾。

事實雖未能如此，但衆望所歸仍堪認定。

基於以上的簡略敘述，可以獲得兩點認識：㈠曼斯坦是一位軍事天才，受人敬佩，但也受人妒忌；㈡戰爭初期希特勒尚未喪失理智，並且能夠重用才智之士，與戰爭後期判若兩人。

參、西線的攻勢計畫

當希特勒在一九三九年九月發動戰爭時，其所採取的基本戰略是東攻西守。他料想西方國家行動遲緩，所以決定首先集中全力，迅速解決波蘭，然後再回過頭應付西方。到那時即無後顧之憂，於是在行動上也就可能保持較大的彈性。照希特勒原有的想法，波蘭戰役結束之後，也許能夠說服西方接受此一既成事實，於是最後將可經由談判恢復和平。

波蘭戰役的結束比希特勒所預計的時間（兩個月）還要快，十月六日，他就在德國國會中致詞，除誇耀軍事勝利以外，並乘機提出謀和的建議。不過，他除暗示必須承認德國征服的結果以外，並未提示任何其他具體條件。過了幾天，英法兩國對於他的建議都表示不予考慮，於是戰爭的巨輪遂又繼續向前滾動。

事實上，希特勒的謀和可能只是一種姿態，因爲他深知德國陸軍中的高級將領，以陸軍總司令和參謀總長爲首，幾乎都反對擴大戰爭和立即向西發動攻勢。所以，西方國家的拒絕正是他所希望的。十月十日，希特勒召集高級將領開會，宣示既然謀和不成，應趕緊先發制人。他決定在秋季結束以前開始行動，並命令陸軍總部立即準備作戰計畫。

圖一　陸軍總部研擬定之作戰計畫

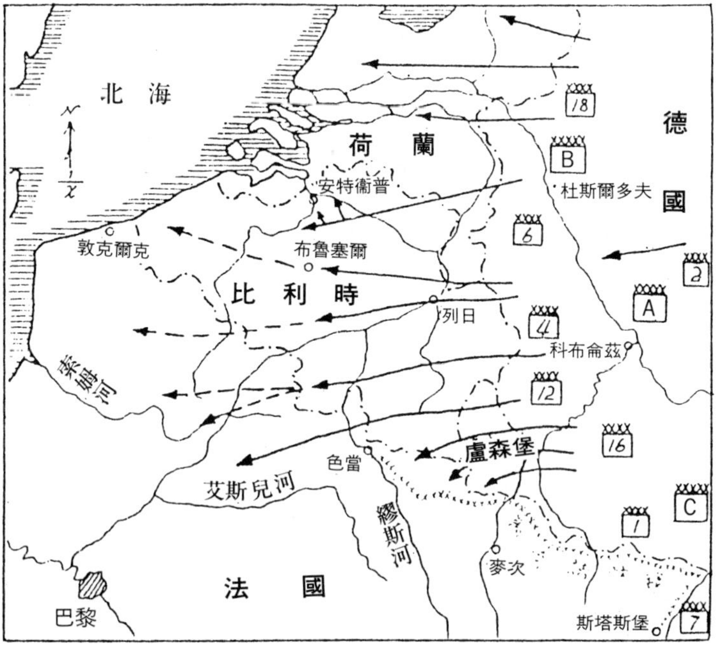

陸軍總部在嚴命之下，立即開始計畫作爲的工作，十月十九日提出其初步草案，它被定名爲「黃色作戰」(Fall Gelb)。其內容可以簡略地概述如下：

由於雙方在邊界南部都已構築堅強防線：法方馬奇諾防線(Maginot Line)，德方爲西方長城(West Wall)，所以正面突穿殊少成功希望。陸軍總部，遵照希特勒的指示，遂建議用一支較強的北翼兵力(B集團軍）通過比利時向西進攻，而其側面則由較弱的南翼兵力（A集團軍）來加以保護。攻擊重點放在列日(Liege)以北，大致方向指向比利時的海峽海岸。其目的爲切斷英法兩軍交通線，並儘可能佔領海空基地以供對英作戰之用。(如圖一）

從根本上來說，此一計畫缺乏遠大的戰略構想。即令其初步作戰目標（海岸線）可以達到，以後將如何行動也完全沒有提到。此外，它也缺乏組織上的縱深，同時也未提供適當的預備隊。所以，在草案提出之後，立即在陸軍總部與各集團軍總部之間引起熱烈的討論。希特勒對於這種發展保持密切的注意，他也一再召集高級將領徵詢他們的意見。

十月二十五日，希特勒突然詢問陸軍總司令布勞齊區（von Brauchitsch），可否以主力在繆斯河（Meuse）以南取攻勢，然後透過阿登山地（Ardnnes）向西再轉向西北，從南面繞過比利時的要塞，並截斷和摧毀在該國境內的聯軍。這的確是一個勇敢的建議，值得研究。

不過，他又立即表示懷疑：「我們能通過嗎？」於是命令陸軍總部詳細研究，並讓他知道其考慮的結果。這是迂迴運動的可能性第一次受到考慮。但陸軍總部依然表示反對，此議遂不了了之。此時的希特勒還並不那樣專橫，尤其是在作戰方面還是相當地尊重所謂專家的意見。不過，他又仍然繼續尋求新觀念，並經常都想把攻勢重點放在列日之南。

十月二十九日，陸軍總部頒發其作戰計畫修正案，大致說來，只作了若干細節上的修正，至於主旨並無改變。綜合地說：強大的右翼兵力應從正面上擊滅在比利時境內的聯軍，而較弱的左翼兵力則掩護其側面。地理目標爲海峽海岸。至於第一擊之後應如何行動則並無任何指示。

肆、曼斯坦的意見

對於陸軍總部的計畫表示不滿的人固然很多，但其中主動地提出具體反對案的人可能僅爲曼斯坦一人。他首先指出該計畫根本不包括一種使戰役獲得勝利結束的意圖在內。其目標僅爲下述二點：㈠

部分的勝利，即擊敗在比利時北部的聯軍兵力；㈡地理的目標，即佔領海峽海岸來當作未來作戰的基地。曼斯坦認爲陸軍總部也許是堅持老毛奇的遺訓，把計畫只做到第一次遭遇時爲止；不過，他又根據其個人的印象，認爲陸軍總司令和參謀總長對於在法國戰場上獲致決定性戰果的希望是相當地缺乏信心。他甚至於也懷疑希特勒在當時是否眞正相信這樣的計畫能夠徹底擊敗法國。

曼斯坦認爲敵人既無妥協之意，則德軍也就必須尋求決戰。若僅只追求有限目標，則政治和軍事上所投下的巨大賭注而言，似乎都不合理。德國陸軍的攻擊能力爲德國在歐陸上的一張王牌，若聽任其在不徹底的行動中消耗殆盡，則將無以善其後（包括對蘇俄的因素在內）。

因此，非常明顯，西線作戰應以徹底擊敗法國爲目標。但一九四〇年的情況已與一九一四年的情況不盡相同，所以已經不可能像希里芬那樣希望在一擊之下就把敵人完全解決。不過，雖然不可能一舉獲勝。但卻可分段求勝。假定這就是德軍作戰計畫的基本構想，則現有的作戰也就至少必須與最後目標之間有必要的連繫！曼斯坦認爲至少應有下述兩點要求：㈠完全擊毀敵軍的北翼兵力，以爲第二步行動建立決定優勢；㈡同時創造有利的戰略態勢，以求便利第二步打擊的發動。

照曼斯坦的判斷，陸軍總部的計畫並不能保證達到這兩點基本要求。所以，他決定提出一項新的作戰構想，這也就是後來爲世人所稱的「曼斯坦計畫」。他當時的職務爲A集團軍參謀長，無權擬定計畫，而只能向陸軍總部提出建議，並設法說服後者予以採納。在這一方面，卻遭遇到極大困難。

曼斯坦在一九三九年十月三十一日向陸軍總部提出其第一次建議，當這次碰了釘子之後，他並不灰心而仍繼續努力，總計到一九四〇年一月爲止，他一共提出了六次請求，其所採取的形式，或爲以A集團軍總司令名義上書陸軍總司令，或爲用參謀通報的方式來作細節的補充說明。這些經過在其回

圖二 曼斯坦建議之作戰計畫

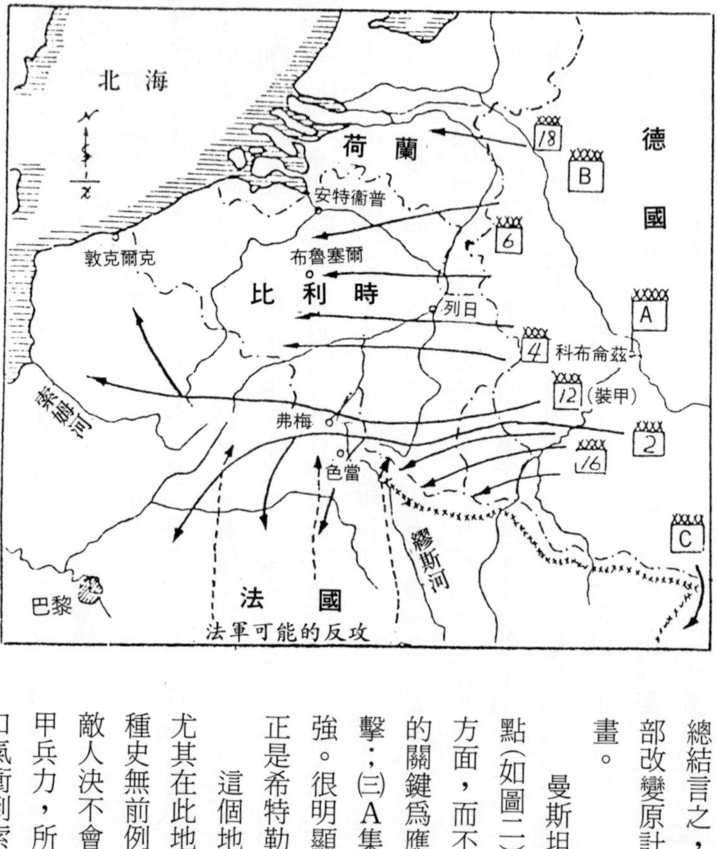

憶錄中都有詳細的記載，在此毋需贅述。總結言之，曼斯坦是在傾全力說服陸軍總部改變原計畫並接受他的構想來重擬新計畫。

曼斯坦的建議大致可以歸納爲下述三點(如圖二)：㈠攻勢重點應置於A集團軍方面，而不應放在B集團軍方面；㈡主要的關鍵爲應通過阿登森林地區發動奇襲攻擊；㈢A集團軍兵力，尤其是裝甲必須增強。很明顯，眞正的問題是第二點，那也正是希特勒所懷疑的：「我們能通過嗎？」

這個地區一向被歐洲軍人視爲天險，尤其在此地區中使用大量裝甲兵力更是一種史無前例的冒險。但誠如曼斯坦所云，敵人決不會想到德軍會在這裏使用任何裝甲兵力，所以才能產生奇襲作用。這樣一口氣衝到索穆河下游，切斷比國境內聯軍的交通線，然後始能殲滅他們並爲徹底擊敗法國的行動作準備。

不過，當時的曼斯坦對於裝甲戰還不能算是眞正的內行，所以他也感到很不放心，直到他與當時任第十九裝甲軍軍長的古德林詳談之後，才敢認爲確有把握。他在回憶錄中說：「當我知道我的觀念能獲像古德林這樣專家的同意時，眞有如釋重負之感。」

古德林在其回憶錄《閃擊英雄》（*Panzer Leader*），中也這樣地說：「他（曼斯坦）要求我以戰車專家的觀點來研究其理想是否可行，在詳細研究地圖和回憶我在上次大戰時的個人經驗之後，我就明白表示其計畫絕對可行，不過我又加上唯一的附帶條件，即所用機動部隊在數量上必須足夠。」

有了足夠把握之後，曼斯坦遂在兵力方面提出下述具體要求：㈠A集團軍方面應再增加一個軍團的兵力（原爲兩個軍團）；㈡應有強大的裝甲兵力來充當攻擊矛頭（曼斯坦認爲至少應有兩個機動軍）。

曼斯坦雖言者諄諄，但陸軍總部則聽者藐藐。最後由於感到不勝其煩，遂用釜底抽薪之計，把他調爲第三十八步兵軍的軍長，使其離開A集團軍總部，以免他再喋喋不休。照理說，到此時（一九四〇年一月二十七日）曼斯坦要算是輸定了，但世事多變化，山窮水盡之後，往往出現柳暗花明。

爲什麼曼斯坦的觀念會如此受到陸軍總部的強烈反對，其理由有若干不同的解釋，概括言之，不外下述三點：㈠德國陸軍內部的人事恩怨。曼斯坦不僅是才高見忌，而且與陸軍總司令布勞齊區派系不同；㈡陸軍總部具有其威望（面子）的考慮，這也是任何官僚系統的通病；㈢大多數職業軍人在思想上都尊重傳統，而不願創新。尤其是裝甲兵在當時還是不曾經過嚴格考驗的工具，而阿登天險之說又是早已受到一致的公認。此外，當然還有一種解釋，那就是德國陸軍總部中有一股反希特勒的暗流，根本無意求勝。這種趨勢固然不能說是沒有，但卻很難斷言那是一種主因。

伍、鐮割計畫的形成

曼斯坦的理想終於能夠實現，概括地說，那是應歸功於天命。從一九三九年十月到一九四〇年二月之間發生了一系列的意外事件，遂終於造成了一種新形勢，而使他獲得敗部復活的機會。這又可以分述如下：

㈠儘管希特勒三令五申，要求陸軍總部迅速立即發動攻勢，但是有一個因素卻是希特勒所無法控制，那就是天氣。希特勒本已定於十一月十二日發動攻擊，到十一月七日，命令卻被取消，因爲氣象專家預測天氣將變壞。從此開始，就一再的延期，不下二十九次之多，一直拖到一九四〇年一月，還是未能行動。

㈡一九四〇年一月十日希特勒終於決定在十七日發動攻擊，但在其作決定的這一天，又發生了一件極富戲劇性的「插曲」。一位德國第七空降師的連絡官所乘的飛機由於天氣的影響，迫降在比利時境內，其所攜帶的作戰計畫未能完全焚毀，已落入比利時人的手中。此一意外事件的發生，迫使德國方面必須改變原有計畫。

㈢曼斯坦奉命調職，依照人事慣例，希特勒要召見賜宴，於是遂使曼斯坦獲得一次親自向希特勒解說的機會（二月十七日這也正是整個故事的轉捩點）。希特勒乾綱獨斷，於是遂終於定案。不過，這裏還有一個小關鍵應加以說明：曼斯坦在A集團軍總部中的同事，崔斯考中校(Lt. Col. Tresckow)與希特勒的侍衛長施密特(von Schmundt)頗有交情，透過這種管道，曼斯坦始能獲得這樣的安排。

曼斯坦對於當時的情況曾記載如下：「當宴會結束起身告退時，希特勒就命我隨他到書房中去。在那裏他請我把個人的意見講給他聽。我不知道他是否已經知道我的觀念，或了解到何種程度，但無論如何，卻發現他了解得非常快，並且完全同意我所說的一切。」

嚴格地說，並非曼斯坦說服了希特勒，因爲他在內心裏也早已有同樣的（至少是類似的）觀念存在。曼斯坦的解釋只是增強了他的信心，正像古德林的意見增強了曼斯坦的信心一樣。於是次日，希特勒召見陸軍總司令布勞齊區和參謀總長哈爾德(Halder)，命令他們依照曼斯坦的意見修改作戰計畫。其最後的產品就是以「鎌割」(Sichelschnitt)爲代名的計畫。這個代名頗具深意，暗示德軍像一把鎌刀，要一下就把敵軍的根部割斷。

此一計畫的作爲還是由陸軍總部負責，雖然大致採用曼斯坦的觀念，細節上仍略有出入，所以稱之爲「曼斯坦計畫」並不妥當，尤其是曼斯坦本人根本不曾參加此項工作。據曼斯坦自云，在戰時由於保密之故，誰都不曾把這些祕密洩露出來，直到戰後，英國戰略大師李德哈特與倫德斯特元帥以及其他德軍將領談話時，才發現事實的眞象。第一個把這段故事公開發表出來，並命名爲「曼斯坦計畫」的人即爲李德哈特。由於李德哈特在戰後西方軍事學術界中地位的崇高，所以這個名詞也就自然受到廣泛的使用，儘管那是不免有所誤解。

關於「鎌割計畫」的本身，很少有人加以評論，不過李德哈特卻說了一句公道話。他說：「哈爾德雖然頭腦非常頑固，但是一位極能幹的參謀軍官，所以這個計畫的細部草擬可算是後勤計畫作爲的傑作。」德國裝甲兵後起之秀，麥倫新少將(von Mellenthin)曾經評論如下：「戰爭後期的連續慘敗並不能改變下述的事實，德國參謀本部在一九四〇年曾完成軍事上的傑作，比起戰史中任何偉大將領的偉大戰役也都毫無愧色。」

陸、分析與教訓

有一個糾纏不清的問題必須予以澄清，那就是一九四〇年的計畫與「希里芬計畫」之間的關係。那是有許多的誤解，甚至於李德哈特都不例外。他說曼斯坦認為陸軍總部的原始計畫幾乎是照抄希里芬的舊案，事實上，曼斯坦的看法並非如此。

曼斯坦曾指出只有兩點是相同的：㈠德軍攻勢重點是放在北翼上；㈡準備通過比利時前進。除此以外，這兩個計畫的內容可以說是差得很遠。他又說希里芬在擬定計畫時是以徹底擊敗法軍為戰爭焦點，但陸軍總部則根本不曾作這樣的考慮。

反而言之，曼斯坦本人的思想卻與希里芬有其暗合之處。他說固然老毛奇認為作戰計畫只應做到與敵軍主力第一次接觸時為限，但老毛奇又曾同時指出，軍事指揮官的眼光必須越過這種第一次接觸，而固定在最後目標之上。由此也可明瞭希里芬與老毛奇在思想上的差距也並不像一般人所想像的那樣巨大。

照李德哈特的思想來看，曼斯坦是精通「間接路線」的精義。這也正是歷史的教訓：任何天然障礙物都不如人為的抵抗那樣難以克服。同時，只有採取期待最低的路線(line of least expectation)時始能產生奇襲效果。

美國已故戰略名家康恩(Herman Kahn)對於曼斯坦的故事曾有兩點評論。他首先指出：所謂「決策」(decision making)是一種非常微妙的過程,在這種過程中能產生影響作用的因素是非常的複雜,往往會出乎當初預料之外。尤其是偶發的因素,其重要性更是無從估計。最值得注意的教訓是:假使一個人或少數人有一種好的觀念,而他又能與最高決策者發生接觸使其意見直達「天聽」,於是他的計畫即可能會被採取,儘管其他的決策者或顧問當中有百分之九十都不表同意。

其次,幾乎所有的人都是透過過去來看未來,換言之,其對未來的認知都是以過去的經驗為基礎。但是時代是進步的,尤其是科技的進步更是前人所很難想像。所謂「低地國家」(Lowlands)本是歐洲的古戰場,歐洲各國的參謀本部軍官對於這個地區眞可說是瞭如指掌,儘管如此,還是有許多人作下錯誤的判斷,認為裝甲部隊無法通過阿登地區。其原因是以過去的經驗為基礎的判斷就當時而言應該是正確的,但科技的進步已經改進了戰車和其他運輸工具的能力,於是遂使此種傳統的認知喪失了其意義。從一九四一年到今天,時代又已前進五十五年,所以從事戰略研究的人應該牢記取路阿登天險的教訓,嚴防新的技術奇襲。

第六章 第二次大戰中法國失敗的檢討

壹、引言

在所有一切有關第二次世界大戰的研究或著作中，法國的部分是顯然已被大家視爲不重要，甚至於可以說是受到過分的漠視。其理由是很容易解釋：在戰爭尚未爆發時，尤其是在其前夕，法國在歐洲的國際舞台上即早已降居配角的地位。以慕尼黑會議爲例，扮演主角的是希特勒和張伯倫，而法國總理達拉第的地位甚至於還不如義大利的墨索里尼。戰爭發生之後，法國的表現更是差勁，而且也過早的退出戰爭。自從一九四〇年六月二十二日以後，法蘭西即實際上已經不再是戰爭棋盤上的一顆棋子。所以研究第二次大戰的人不太注意法國的部分也的確是理所當然。

法國雖然是失敗了，但其失敗所造成的後果，對於歷史而言，卻具有重大的影響作用，尤其是其失敗所帶來的教訓，對於後世而言，更是有極深遠的意義。關於第一點，法國薄富爾將軍(Gen. Beaufre)在其所著《一九四〇——法蘭西的淪亡》(*1940-The Fall of France*)中所作的評論可算是最佳說明：

法蘭西第三共和國的崩潰是二十世紀的最重要事件。我們的傾覆破壞了許多年所建立和維持的平衡。歐洲，近代文明之母，發現它本身已經喪失了其西面的屏障。接著就是德國的毀滅，於是傳統的歐洲現在所留下的只是一個衰弱的地區，而美國和蘇俄，則已變成了巨強，並彼此爭奪歐洲所喪失的世界霸權。所有這些後果都是法國的領袖和人民所造成的，如果當年他們能夠比較奮發有爲，則今天的世界一定會和現狀完全不一樣。所以站在歷史法庭的前面，我們是負有一種可怕的責任。

關於第二點則更値得作較詳盡的分析。法國的失敗固已爲不爭之事實，但其原因安在，以及其所能提供的教訓是什麼，卻又不僅是很少有人研究，而且也還有許多問題仍大有爭論之餘地。古語云：「前事不忘，後事之師。」又云：「以古爲鑑，可知得失。」歷史的研究不僅是爲了學術性的興趣，而更有較積極的意義。誠如俾斯麥所云：「愚人說他們從經驗中學習，我則寧願利用他人的經驗。」又如羅馬偉大史學家波里比奧(Polybius)所云：「最具有教育意義的事情即莫過於回憶他人的災難。」

本文的主旨是想從大戰略的觀點來分析一九四〇年法國崩潰的根源，並進一步指出有那些教訓是値得特別注意。從歷史上看來，人類似乎是非常健忘，重蹈前人覆轍的例證眞可謂不勝枚舉。因此，法蘭西悲劇雖早已落幕，但其教訓卻具有永恆的價值。

貳、經濟

首先說明一項經常爲人所遺忘的事實。在兩次大戰之間的階段中，法國的經濟情形，概括的說來是相當的良好，比之任何其他歐洲國家，都可以說是有過之無不及。儘管在第一次大戰中，法國死傷慘重，其工業和農業也受到嚴重的損毀，而國家財政方面也債台高築，但是在戰後的第一個十年內，法國的經濟卻有了驚人程度的恢復。其受到戰爭蹂躪的北區和東區，迅速而徹底的完成了重建工作。尤其是由於德國的戰敗，不僅使法國獲得了相當巨大的賠償（包括亞洛二省的「收回」，以及薩爾地區的煤礦開採權），而且更使它在對外貿易的競爭上少了一個勁敵。

就整個歐洲而言，一九二五年的羅加諾會議恢復了德國在國際社會中的地位，而「道斯計畫」的實施也安定了德國的經濟情況。所以到一九二九年，在歐洲是呈現著一片曙光。但是不幸，世界性的經濟不景氣卻接踵而來，法國在這樣的衝擊之下，當然也受到不利的影響。不過平均說來，法國的情況又還是要比許多其他的國家都好（尤其是德國）。一九三二年以後，不景氣已成尾聲，法國的經濟遂又繼續成長和繁榮，直到第二次大戰的前夕，法國在經濟方面還是相當的安定，其人民也過著富庶安樂的生活。

在今天的世界上有許多過分強調經濟的思想和言論，好像一個國家只要經濟能安定成長，則其他的問題都可迎刃而解。重視經濟固然沒有錯，但這樣的過分強調則不僅是不切實際，而且也還可能造成不利的後果。從國家戰略的觀點來看，經濟固然是立國之本，但立國之本卻又不僅限予經濟一項。國家權力的基礎是多方面的，僅憑經濟成長，不特不足以確保國家的安全，甚至於也不一定能免於危亡。第二次大戰之前的法國就是一個很具有啓示性的例證。

參、政治

假使說法國的經濟是相當的良好，則其政治情況就應該說是惡劣不堪。也許可以說，在歐洲近代政治史中是很難找到像第三共和國那樣的情況。法國政治的特點是內閣的變換頻繁，國會的爭吵不休，政客的操守不佳，以及政府的癱瘓無能。法國與英國一樣是採取所謂「內閣制」，但二者之間有一極大差異，在英國只有三大政黨（實際上只有兩個最重要）而法國政黨則多於牛毛。所以英國的內閣是相當的安定，而法國的內閣幾乎都是短命的。第三共和國的憲法有一基本缺點，那就是國會可以倒閣而內閣卻不能解散國會。其結果是內閣對國會毫無辦法，議員一當選就是四年，在此期中他可以作威作福，無所顧忌。在多黨林立之下，所有的內閣都是聯合內閣，這種內閣的基礎極爲脆弱，只能過一天算一天，當然不可能有任何作爲。

由於歷任政府都懦弱無能，遂使許多法國人也日益感到厭惡，因而支持趨向獨裁制度的政治運動。到三〇年代初期，羨慕國外獨裁政權的人也就越來越多。一九三五年有一個號稱「火十字」（Croix de Feu）的類似法西斯組織出現，最初其政策是反對社會主義和共產主義，但後來卻陰謀政變，企圖推翻共和政府，在另一方面，十個左傾政黨爲了對抗他們所謂的法西斯威脅，也在一九三六年組成一個「人民陣線」（Front Populaire）。其所公開宣佈的政策是政治改革和社會立法。不幸同年七月，西班牙內戰爆發，人民陣線遂又發生分裂：共產黨及其同路人主張介入，而社會黨則堅持不介入的原則，結果他們所提倡的社會改革也就不了了之。

德國再武裝和進軍萊茵地區迫使法國必須開始關心其防禦和安全問題。從一九三六年到一九三九年，再武裝和國防問題是已經變得日益嚴重，但是由於國內的分裂和政治的癱瘓，所有的問題又都是一拖再拖，根本沒有任何解決的希望。

所以當第二次世界大戰在一九三九年九月爆發時，法國人不再像一九一四年那樣一致團結起來效忠祖國，法國沒有任何傑出的領導人物，全國上下在政治混亂的氣氛中，糊糊塗塗的投入戰爭。各黨各派仍然繼續爭吵不休，而尤其是共產黨還在製造工潮。概括言之，在法國國內是充滿了厭戰的心理，有許多人都寧願忍受任何的屈辱而不想拚死一戰。

孫子在〈始計篇〉曾經指出：「道者，令民與上同意，可與之死，可與之生，而不畏危也。」一個政府在危難中若達不到這種標準，也就是「無道」。第二次大戰爆發時的法國政府即爲典型的例證。從戰略的觀點上來看，國家政治的安定，行政效率的良好，各種黨派的團結合作，對於國家安全都是極關重要。法國政治基礎的衰朽潰裂遂已決定了其國家的命運，第二次大戰的爆發不過是爲它敲響喪鐘而已。

誠如戰前某一德國作家所作的刻薄評論：「法蘭西是一個標準的垂死民族。這個民族已無目的或價值。其人民早已喪失其傳統的榮譽和精神。大可聽其自生自滅，而不必予以重視。」一九四〇年的迅速崩潰也就證明了這種看法是一點都沒有錯。

肆、國防

政治的癱瘓也就自然使國防受到直接的影響。法國政府與人民並非不重視國防，但是由於精神萎靡，惰氣太深，所以一切的努力不是效率太差，就是有名無實。只要略舉數例即可以令人獲得深刻的印象。

建築馬奇諾防線的決定是在一九二八年即已作成。到一九三二年，還只有少許的工程已經接近完成；到一九三六年，其所應裝置的武器均未完成。一直等到一九三八年，那已經是十年之後，這道要塞防線才算是已經照原定計畫完工。至於向比利時方向的延伸線仍在設計之中。反過來看，德國人只花了十八個月的時間就已經完成了齊格飛防線（Siegfried Line）。當然這兩條防線性質和構造並不相同，但是從時間上來比較，多少是可以顯示雙方在效率上的巨大差異。

在一九二四年，法國陸軍決定採用一種新型輕機槍，並同時決定統一步兵所用的槍彈。此種新型輕機槍在一九二六年到一九三二年之間已經開始使用，但設計一種能用同樣槍彈的步槍直到一九三六年還沒有定案——已經拖了十二年的時間。到一九三九年，這樣的新步槍還只完成了十萬枝，每月生產量只有一萬枝，而法國陸軍卻有幾百萬人。

法國空軍在一九三〇年取得獨立軍種的資格，並立即擬定一個一千架飛機的建軍計畫。以後儘管眼看著德國空軍在作迅速的增建，這個計畫仍然一成不變直到一九三九年爲止。原定計畫所擬建造的飛機是一種速度緩慢，乘員人數相當多，武裝相當重的型式。這是在一九三〇年所設計，直到一九三六年才正式生產。但到此時根據西班牙內戰的經驗已經發現此種設計有很大的錯誤。於是才又決定仿傚其他國家的快速飛機。到一九四〇年，這又是四年之後，而且戰爭也已經進行了六個月，法國還只有五百架戰鬥機和九十架轟炸機可以算是眞正符合近代化的標準。再反觀德國空軍，它是在一九三二年開始建軍，到一九三六年才加速發展，但到此時卻已經可以集中七千架第一線飛機。

以上所云不過是聊舉數例而已，事實上，在所有一切部門，情況都差不多，包括重砲、戰防砲、高射砲、重機槍、戰車等都在內。最荒謬可笑的事情是在一九三九年，當法國當局決定把裝甲單位的數字增加一倍時，實際上卻只是把原有的一個單位分割成爲兩個單位而已！

這並非由於缺乏經費，雖然軍事預算並不寬裕，但自從一九三六年以來，法國國會對於它總是照案通過，不加削減，甚至於連討論都免了。所以眞正的問題是整個政府的癱瘓無能——軍隊不過是其中的一部分而已。法國是一個古老的國家，其制度是傳統的遺產，無法適應新的時代要求。

伍、戰略與政策

法國人雖然有極光榮的軍事傳統，可是到了近代，其軍事思想眞是令人不敢恭維。不僅是狹隘的，而且更是盲目的。法國軍人，大致說來，都缺乏把戰爭當作一個整體來考慮的能力，而尤其是不知道如何考慮戰略問題。法國的軍官教育排斥任何抽象觀念，強調應把研究限制在現有的經濟和具體問題上。一切的思考都必須以技術爲基礎而且只限於戰術。經過兩次大戰，這種思想路線的弱點實已暴露無遺。

在第一次世界大戰之前，法國人由於受到普法戰爭失敗的刺激，在思想方面遂產生了兩種反應：㈠全國上下莫不以雪恥復仇爲念；㈡決心向敵人（德國）學習。就理論而言，這兩種反應都很正常，而且也無可非議。但事實上卻造成非常嚴重的錯誤。一方面由於受到感情的衝動，所以也就喪失了理智；另一方面是雖然想向敵人學習，卻對敵人的思想作了錯誤的解釋，而尤其是克勞塞維茨的思想。上述兩種因素的結合遂使法國人沉醉在「攻勢至上」的思想之中。

這種思想在一九一四年曾經使法國幾乎敗亡，以後雖然由於各種因素的參加，法國在第一次世界大戰中終於獲得了勝利，但其所付出的成本仍然還是高得可怕。所以到了戰後，在軍事思想領域中也就自然產生了新的反應，「攻勢至上」變成「守勢至上」，全部思想作了一個一百八十度的大轉變。雖然可以說物極必反，似爲事理之常；但是過猶不及，這樣徹底而突然的改變，也完全是一種心理衝動，並不曾經過深思熟慮，所以以後事實證明出來，後者爲害之烈甚至於有過前者。

首先要指出的就是此種軍事思想（戰略）與外交政策（大戰略）完全背道而馳。自從凡爾塞條約簽訂以後，法國即開始在歐洲設計一套新的安全體系以來防制德國再起，其成果即所謂「小協約國」(Little Entente)，其中包括波蘭、捷克斯拉夫、羅馬尼亞、和南斯拉夫等東歐國家在內。這些國家變成了法國的衛星國家之後，也就顯明的暗示將來有一天法國會保護它們以來對抗一個復興的德國之必要。基於此種大戰略的要求，法國也就必須準備建立一支攻勢兵力，能夠於必要時立即越過其國界向德國發動猛烈的攻擊，這樣始能收東西兩面相互應援之效。但是第一次大戰之後的法國，在軍事戰略方面是完全採取消極的守勢思想，防禦不僅是手段，而且其本身也變成了目的。這樣的軍事戰略也就與國家（外交）政策完全脫節，當然不能給與國家政策以有力的支持，於是這種政策也就逐漸變成了紙上空文，根本上達不到其理想的目的。

當古德林在德國還未能編成其第一個裝甲師之前，戴高樂（上校）在一九三四年即曾建議編組六個大型裝甲單位，每一個單位應有五百輛戰車，換言之全部需要三千輛戰車，而那個時候法國重戰車的產量每月僅為四輛，所以他的這種建議也就根本不可能付之實施。到一九三八年，法國陸軍才開始編組裝甲師，到一九四〇年也一共只有三個可用的師，而且每個師也只有戰車一百五十輛。

既然沒有攻擊的工具，而且又更缺乏攻擊的意志——馬奇諾防線的建造被認為是一種事實證明，於是法國的東歐同盟國也就自然從散約解，除了學習法國的榜樣，也著手建造它們本身的「小」馬奇諾防線以外，即再無其他的選擇。

陸、馬奇諾防線

馬奇諾防線已成法國淪陷在歷史上的紀念碑。從一九四〇年起，一直到今天，它也在西方軍人的心靈上投下了一道陰影。許多人一談到它就會產生厭惡的反感，好像是認為如果法國沒有馬奇諾防線則也就不會失敗一樣。這種想法又是受到心理因素的影響，幾乎可以說是完全不正確。美國的布萊德雷將軍(Gen. Bradley)多少也可算是第二次大戰中名將之一，他曾在其回憶錄中對於固定防線的價值作過比較客觀的評估。

> 它可以擋住我們的攻擊並分散我們的兵力，於是敵人也就可以有時間來組成其預備隊並發動反擊。但採取這樣的方式用來作為機動預備隊的屏障時，則一道要塞化的固定防線價值可以相當於許多個師。不過，若無機動預備隊則固定防線也就會變得毫無用處。僅只由於此種機動預備隊的缺乏，所以馬奇諾防線才對法國陸軍變成了一座陷阱。

法國人既已決定採取守勢戰略，則建立一道要塞防線以來作爲此種戰略的基礎，實乃合於邏輯的引伸，而且依據現實的情況，對此也無可非議。法國人力僅及德國的一半，所以在全面戰爭中必須用要塞防線封鎖亞洛二省的邊界，然後始能把陸軍的主力集中在比利時的國界上以來應付決定性的會戰。時常有人認爲要使法國變得無懈可擊，馬奇諾防線應再延長，沿著法比國界直達英吉利海峽。這種說法並不一定合理，因爲這樣長的一條防線將把法國的全部野戰軍都吃光，於是任何形式的攻擊也都會變得不可能。拿破崙曾經說過：「躲在塹壕後面的人終於會被擊敗」，任何防禦必須有攻擊與之配合，否則也就不成其爲戰略了。

事實上，馬奇諾防線是從瑞士邊界起，一直延伸到南格威(Longway)爲止，從那裏到海峽海岸之間即無防線之存在。因爲如果要在法國工業區之北通過，則必須穿入比利時的領土，這是不可能的（比利時爲中立國），否則就必須穿過工業區或完全位置在工業區以南（即其後方）。若採第一案則在戰時工業區大部分將遭毀滅，若採第二案則將全部喪失，所以法國遂決定只把防線做到南格威爲止。

此外，又有人說有了馬奇諾防線則法軍就再也不可能採取攻勢行動，因爲如果法軍前進，他們也就會喪失防線的庇護。這種說法實乃似是而非。防線的建立是爲了能使兵力獲得有效合理的分配，換言之，只要用較少的兵力去據守防線，即可抽出較多的兵力以便在其他地區從事攻勢作戰。這些兵力並非防線的守軍，自然也不在其庇護之下。

眞正的錯誤是法國人不曾將其裝甲兵力集中在法比二國的邊界地區中。法國人並非沒有戰車但他們卻不曾將其組成完整的單位，主要原因是其高階層的軍事思想落後了二十年。以數量和技術而論，法國的戰車比德國的還佔有相當優勢。其中有許多是體型較大，裝甲較厚，雖然速度可能較慢。但法國高級指揮當局卻透過一九一八年的眼光來看戰車，把戰車當作支援步兵的工具，又或用作搜索工具以補騎兵之不足。在此種舊思想束縛之下，他們對於戰車的用法也就和德國人完全不一樣。德國人把他們所有一切的戰車都集中編成裝甲師和裝甲軍，而法國人卻把絕大部分的戰車都分散在步兵師中，到戰爭爆發時甚至於連一個可用的裝甲師都還沒有。至於有關裝甲戰的理論和思想，德國方面在古德林倡導之下，是已經發展成為相當完整的體系，而在法國方面則可以說是幾乎完全不存在，儘管這種理論和思想本來就是發源於西方。專憑這一點即可解釋法軍慘敗的理由。

地面部隊在組織上和思想上的弱點又因為空軍支援的缺乏而變得更為嚴重。法國並不缺乏工業基礎，其空軍的落後不能以此為藉口。主要原因是陸軍在國防體系中具有支配地位，所以在軍事預算的分配上，空軍所應得的部分都給陸軍強佔了。那些思想落伍的陸軍將領們根本上不明瞭空權在近代戰爭中的重要性。總結言之，馬奇諾防線對於法國的失敗並不負有任何責任，但是眞正應該負責的卻是比馬奇諾防線還要更硬化的法國軍人頭腦。

柒、動員制度

法國軍人的頭腦為什麼會這樣硬化？自我陶醉是其主因。第一次大戰的勝利培養了他們的驕氣，使他們大有不可一世之感，於是一切的思想都是以一九一八年的勝利為基礎，而忘記了時間和潮流都在不斷的向前推進。儘管青年軍官中不乏有識之士，例如戴高樂和薄富爾，但他們都官卑職小，對於國家的戰略和高階層的思想根本不能發生任何影響作用。

第一次大戰的經驗帶來了戰爭是由預備役人員組成的大軍所贏得的觀念。於是動員也就成爲國防的唯一基礎。基於此種觀念，平時的陸軍根本上就不是軍隊而只是一種訓練預備人員的學校。這種觀念雖非完全錯誤，但若執行得太徹底則國家在平時也就會毫無軍事權力之可言。一旦國際危機發生時也就會毫無應變能力。

當一九三七年希特勒進兵萊茵地區時，法國所面臨的情況就是這樣。儘管法國政府威脅著說要採取軍事行動，但參謀總長甘末林和他手下的專家們會商之後，所獲的結論是法國必須首先動員，召集約一百萬名預備役人員，並征發車輛，否則就無法組成一支派遣兵力——法國政府對於此種意見深感駭異，要求參謀本部研究一種比較有限的動員方式，但後者的答案是「不可能」。其理由是：如果法國出兵則情況的發展無法預測，所以法國不能用拼湊應急的方式來調動兵力，否則整個動員計畫都將受到破壞，也就無以應付可能發生的戰爭，因此唯一合理的行動就是照計畫動員一百萬人。於是法國政府感到猶豫不決，一拖又是幾天，德軍早已在萊茵河西岸完成了他們的部署而讓法國人去面對既成事實。

這是希特勒的第一次冒險，也是他的第一次成功。假使當時法國有一支小型的常備職業化精兵，則結果將會完全不一樣。因爲希特勒事後曾自己承認：「在進兵萊茵地區之後的四十八小時是我一生神經最緊張的時刻，假使法國此時出兵則我們就只好夾著尾巴就跑，因爲我們的軍事能力是連輕微的抵抗都不夠資格。」

重佔萊茵地區對於希特勒的大戰略而言要算是一次空前的成功。爲了對抗德國的再起，非軍事化的萊茵地區爲法國手中所留下的最後保證。法國此時對德國仍享有明顯的軍事優勢，而居然不採取任何行動，也就無異於承認準備放棄其在一九一八年以後所辛辛苦苦建立起來的集體安全體系。於是在中歐和東歐也會產生重大的衝擊。一旦德國在西面建築了一道堅強防線之後，法國與波蘭、捷克的同盟關係也就會喪失其價值，因爲那道防線可以使法國無法迅速救援其同盟國，並且容許德國可以抽調較大兵力用之於東線。薄富爾說：「法國的安全本來是建立在兩堆紙上，那就是條約與動員，現在是已經兩頭落空了。」

從一九三六年到一九三九年，法國的軍事思想和制度並無任何改進。到了第二次大戰在九月一日爆發時，從表面上看來，法國似乎享有充分的優勢足以壓倒西線上的德軍，一直衝過萊茵河。但事實完全不如此。法國人準備在九月十七日左右發動大規模攻擊，到那時波蘭早已崩潰，於是也就不了了之。爲什麼不能早一點？其原因是受到落伍的動員制度的限制。尤其是法軍統帥部堅持其古老的戰術思想，認爲必須有重砲始能發動攻勢，但重砲都在倉庫裏，要提出加以維護然後始可使用，這些手續要到動員後第十六天才能完成。

捌、結論

誠如薄富爾所云，法蘭西第三共和國的崩潰是二十世紀的一件大事，造成此種事實的原因很多，也許根本上無法加以列舉，本文所分析者不過是其中幾個比較最重要的因素而已。但綜合言之，有兩點教訓是最具有啓示性和最值得注意：㈠作爲國家安全的基礎，政治因素是第一重要，其他因素都不足以與其比擬，尤其對於經濟的重要性不宜作太高的估計。政治制度必須健全，行政效率必須良好，政治家不分黨派都必須尊重國家利益，公而忘私，整個民族必須有發奮圖強，不惜犧牲的意志。㈡軍事思想（包括戰略和戰術都在內）必須能夠適應時代精神，軍人的頭腦尤其不可硬化，戰略必須與政策配合，一切制度不可以變成了對行動的障礙。嚴格說來，這也是整個歷史的教訓，不過法蘭西的悲劇距離今天還不過五十多年，記憶猶新，所以更足以令人感到警惕。

第七章　希特勒爲何未能擊敗英國？

壹、缺乏戰爭計畫

一九四〇年六月二十二日要算是希特勒一生事業的最高峰。他已經在一九一八年十一月十一日法國福煦元帥接受德軍投降的同一地點接受了法軍的投降。法國已經完全被打倒，英國雖尙未遭受最後失敗，但也已被逐出歐陸。不過假使希特勒在當時是眞正相信他已經贏得這次戰爭，那卻又未免是大錯而特錯。

英國人對於他的招降是完全不予理會，所以當法蘭西戰役一經結束之後，德國當局遂立即面臨著次一個步驟應該如何進行的問題。當前的情況是可以分爲兩點：㈠英國尙未被擊敗而且也絕無與德國謀和的意圖；㈡蘇俄始終是一個潛在的威脅，隨時都想乘機而動。希特勒對於西線的戰事一直都在要求速戰速決，其理由即在此。現在很明顯，德國的最迫切任務就是應該迅速結束其與英國之間的戰爭狀況，只有這樣始能使史達林無隙可乘而無法獲致漁翁得利的機會。

今天事後來看，希特勒對於英國是的確有謀和的誠意，但是此種試探的必然失敗又可以說是毫無疑問。希特勒此時正是一帆風順，趾高氣揚，要他平心靜氣，用理智和正義爲基礎來和對方進行談判，這似乎是很不容易辦到，甚至於連俾斯麥在普法戰爭之後都不能貫徹其化敵爲友的政策，所以對於希特勒實不應作如此的奢望。反而言之，英國的民族性是極爲堅韌，寧死不屈——邱吉爾本人即爲其典型的代表。在打了敗戰之後，要他們甘心認輸，那可以說是絕無可能。

所以，假使德國統帥部具有深謀遠慮，則在西線戰役尚未發動之前，也許就早應考慮到如何征服英國的問題，如果不曾作這樣的考慮和準備，則也就可以說他們根本上沒有完整的戰爭計畫——事實上的確是如此。這又是納粹德國缺乏完善戰略組織的必然後果。

所有的獨裁者都犯同樣的毛病，那就是大權獨攬，不肯作一種合理的授權安排，希特勒當然並不例外，甚至於可以說他的毛病比其他的獨裁者還更厲害。在他的統治之下，德國的高階層是根本上毫無組織之可言。德國從來就不曾有一個國家階層的參謀本部來負責考慮大戰略的問題。西方的戰史家當中常有人誤以爲德國的三軍統帥部(Ober Kommando der Wehrmacht，簡稱 OKW) 即爲這樣一個機構，事實上，完全不是這樣一回事。從一開始起，希特勒就只是把這個單位當作是他的「侍從室」看待，尤其是負責人，凱特爾(Wilhelm Keitel)，更是標準的庸才，根本上沒有能力就戰略問題向希特勒提出任何建議。

至於說到三個軍種的總司令和他們的參謀總部，實際上對於大戰略也不能產生任何影響作用。雖然他們有時也會偶然在私人的談話中發表其有關國家戰略的意見，但希特勒對於他們的態度也最多不過是姑妄言之，姑妄聽之而已。最後還是由希特勒一個人憑其思考和直覺來作決定。因爲沒有任何機構曾獲授權草擬全套戰爭計畫，所以在法蘭西戰役結束之後，也就注定了要產生嚴重的後果。勝利者反而感到徬徨，不知如何是好。等到希特勒開始考慮侵英作戰時（他還沒有眞正下決心）才發現一切準備都未完成，於是也就錯過立即利用英國弱點的最好機會。此時才開始準備，已浪費不少時間，結果遂終於不免半途而廢。

貳、封鎖戰略

在尙未評述事實之前，我們應先從理論上來加以分析：假使希特勒終於發動攻擊英國的戰爭，其成功的機會又有多大呢？概括言之，希特勒有三種戰略路線可供其選擇：㈠切斷海上補給線以迫使英國人屈膝，這也就是封鎖戰略；㈡征服地中海，以來切斷不列顚帝國的生命線；㈢使用兩棲作戰的手段，直接入侵英倫三島。

第一種戰略若能徹底執行是可以絕對有效。由於德國已經握有挪威、荷蘭、比利時、法蘭西的海岸，可以用來當作空軍和潛艇的基地，所以在形勢上，德國人是已比過去遠較有利。但就兵力而言，則德國方面卻並無太多長進。在海軍方面，潛艇的數量距離適當的標準還差得太遠，而其他水面軍艦更不必談。因此，除非能使英國空軍喪失作用，否則英國人在反潛作戰中也就會居於優勢。至於德國的空軍則應能完成下述三項任務：㈠獲得制空權，至少應能阻止英國空軍參加反潛作戰；㈡癱瘓英國的港口；㈢與德國潛艇合作以來攻擊英國的船隻。實際上，也就是要擊敗英國的空軍並毀滅其補充能力。

「不列顚之戰」似乎可以證明德國空軍在一九四〇年並無能力達到這樣的目標。德國轟炸機數量非常有限，而長程戰鬥機也極感缺乏。在那個時候，要想僅憑所謂「戰略轟炸」的手段以來迫使英國屈服，那實在是一種天眞的神話。以後，同盟國空軍實力雖遠較強大，也都未能達到杜黑主義的理想，由此可以反證戈林的空軍是更不足以語此。

總結言之，要想採取此種切斷英國海上交通線的戰略，則必須準備作長期鬥爭；而爲了保證成功，德國人也就必須動員其全部戰爭潛力以來加速增產潛艇和飛機。爲了達到此種目標，也就又必須裁減陸軍以便把人力轉用到工業生產方面。因爲此種鬥爭是長期的，這也就正是其危險之所在。誰都不知道俄國人能安靜多久的時間，德國若是裁減其陸軍，並且使用其全部空軍力量以來對付英國人，則蘇俄縱不趁機發動戰爭，也至少可以敢於從事政治性的敲詐。

另外還有一個危險就是美國也許不會坐視英國慢慢地被德國絞死，所以它也就有提早出面干涉的可能。專就空軍和海軍的戰鬥而言，美國人是很快就可以參加，不過在一九四〇年，美國的軍事實力還是非常有限，所以對於德國也並不能構成嚴重的威脅。

總結言之，假使德國已有一種眞正的大戰略，並且決心予以貫徹執行，則這一條行動路線是可有成功的希望。不過必須堅持以毀滅英國空軍和切斷英國補給線爲兩大主要目標，任何分散努力的行動，例如對城市的空襲，都必須完全避免，同時更應使用一切外交手段以求預防俄美兩國的可能干涉。

參、地中海戰略

第二種擊敗英國的方法，也就是所謂地中海戰略，無論是在戰時或戰後，都曾有許多人提倡此種戰略路線，尤其是他們更曾指責希特勒——甚至於所有一切的德軍領袖——在思想上都不能跳出「大陸」的圈子，從來就不曾認清地中海作爲不列顛帝國生命線的重要性。此種指責並不完全正確，至少在德國也有若干人提倡地中海戰略，最顯著的即爲海軍總司令賴德爾，此外像隆美爾、古德林、凱賽林等人也都曾作經由地中海和中東以瓦解大英帝國基礎的主張。

不過，即令希特勒和德國大多數軍人的思想是以歐陸爲其限度，但假使英國喪失地中海內的陣地，是否就會被迫放棄戰鬥？又或地中海地區的征服，是否即能解決德國人的問題？這似乎都是不無疑問。

地中海喪失對於英國將是一項嚴重的打擊，對於印度、近東、石油供應等方面所可能產生的影響都將會十分重大。此外，地中海的封鎖也足以使英國的糧食供應更感缺乏。但這樣的打擊是否就會送命呢？那卻還不至於。英國人繞過好望角還是可以與中東和遠東取得接觸，除非使用潛艇和飛機嚴密封鎖英倫三島，否則還是不能切斷英國的生命線——換言之，也就是必須採取上述的第一種戰略不可。但當德國採取那種直接封鎖的戰略時，也就勢必要集中其一切的海空軍兵力，所以自無餘力再來在地中海方面採取大規模的攻勢行動。

英國人若喪失了直布羅陀、馬爾他島，以及在埃及和近東的地盤，那當然是災情慘重，但還是不至於送掉「約翰牛」的老命。而且照英國人的民族性來看，那只會更增強他們的抵抗意志。認爲地中海爲大英帝國的生命線只是一種空洞的口號，至少英國各自治領也決不會因爲英國在地中海的挫敗而就撤回他們對母國的支持。

第二個問題是地中海爭奪戰對於德國本身又將產生一些什麼後果？第一，義大利雖然可以當作一個良好的作戰基地，但這個國家軍事力量的微弱卻是人盡皆知的事實，所以作戰的主責必須由德國人負起，義大利人早已把地中海當作他們的私產，而且爲了面子問題，也勢必要求握有全盤指揮權，這是希特勒很難於拒絕的，但事實上，那卻會給德國人增加無限的麻煩。以後，儘管希特勒不曾以地中海爲其主戰場，但他卻還是受到其軸心夥伴的拖累，而不能對其坐視不救，結果在指揮系統上所遭遇到的困難就的確是如上文所分析者。

其次，要爭奪地中海的控制權，則必須攻佔馬爾他島和直布羅陀，並將英國人逐出埃及和希臘。這些問題都並不簡單。要想奪取直布羅陀則必須獲得西班牙的同意，而且也必須結束西班牙的中立狀態。於是德國所必要保護的海岸線又必須延長，而將整個伊比利半島都包括在內，並且還要保證西、葡兩國能維持活命的補給，因爲他們的海外補給線勢必會被英國人切斷。這兩個國家，尤其是葡萄牙，對於德國人的行動都有抵抗的可能，於是也就會把相當數量的德國陸軍坑陷在這個半島之上，拿破崙的舊事可爲殷鑑。而且德軍若強佔西、葡二國，則對美國和拉丁美洲也必然會引起惡劣的反應。

一旦把英國人逐出埃及和希臘之後，德國人又還是不能到此止步，而似乎必須有向中東深入之必要，尤其是爲了切斷英國的石油補給來源更需如此。有人認爲德軍進入中東可有兩大利益：㈠可以進一步威脅印度；㈡可以威脅蘇俄的南側面而使其不敢輕舉妄動。事實上，這都是紙上談兵的見解。僅憑補給困難的原因，德軍也無法作那樣的遠征。而且德軍深入中東也更可能促使蘇俄提前發動對德國的攻擊。

總結言之，地中海的得失並不足以決定英國的存亡；反而言之，如果德軍因此而勞師伐遠，結果可能得不償失。所以想從地中海方面來打擊英國的帝國基礎，其想法實與拿破崙企圖取道埃及以征服印度並無二致。此種玄想只會把德國的主力長期消耗在不具有決定性的方向上，於是反而使英國人可以獲得喘息的機會，同時也使蘇俄感到有隙可乘。

事實上，希特勒是堅持不把他的主力用在地中海方面，這一點應該說是毫無錯誤；但他卻不免受到墨索里尼的拖累，結果還是浪費了不少的時間和兵力，此種「半調子」戰略實一無可取。如果軸心國家在同盟戰略上能有較佳的控制或協調，則墨索里尼在非洲和巴爾幹的無意識冒險是應該都能予以制止，其結果也就會對整個軸心組織遠較有利。

肆、海獅作戰

第一條路線雖有成功的機會但卻必須曠日持久，與希特勒的速決觀念具有基本矛盾，第二條路線則根本不具有決定性，所以希特勒終於選擇第三條路線，實乃理所當然。他所作的選擇是並無錯誤，但問題卻是他的決心不夠堅定。這個直接入侵英格蘭的作戰是定名爲「海獅」(Sealion)，如果付之執行並且獲得成功，則應該是可以具有決定性。誠然，即令英倫三島淪陷，邱吉爾也還可以遷都加拿大再繼續打下去，換言之，即令征服了英國的本土也不一定等於大英帝國的完全崩潰。不過有一點卻可斷言，至少在相當長時間之內，希特勒的敵人是已經喪失從海上向歐陸發動攻擊的必要基地。即令美國投入戰爭，若無英國作爲跳板，想要越過大西洋侵入歐洲也還是絕非易事。所以，希特勒至少可以有一段時間足夠用來解決其他迫切問題而不必害怕任何牽制。

在這樣的情況之下，英國政府即令不屈服，但他們對於德國卻已經不能構成任何威脅，那些自治領是否仍能團結一致也會頗有疑問，而且至少他們是更不足以威脅德國。面對著毫無後顧之憂的德國，史達林所將採取的態度又將會怎樣呢？當德國外長李賓特洛甫力勸莫洛托夫與軸心合作，共同瓜分大英帝國的屍體時，後者還會不見風轉舵嗎？假使史達林同意希特勒的建議改向亞洲發展，則德俄之戰是有避免的可能。在另一方面，如果英國已經無可救藥，美國人還會放棄其孤立主義的傳統而向德國發動「十字軍」嗎？

誠然，這些問題都是假想的，所以也就永遠不會有正確的答案。但至少有一點卻可斷言，希特勒若能在一九四〇年攻佔英國，則德國此後在世界上的地位一定遠較有利。因此，至少就軍事的觀點而言，那要算是一項決定性的成功。

然則在一九四〇年，德國人若發動渡海的作戰，其成功的機會又有多大呢？對於這個問題當然有各種不同的看法，有人認爲在一九四四年六月，當西方聯軍發動「大君主」（Overlord）作戰時，不僅在空中和海上享有絕對優勢，而且還擁有如此大量的技術裝備，但其成敗之機仍然間不容髮，甚至於也只能說是險勝。由此看來，如果德軍在一九四〇年只想憑藉那些遠較原始化的渡海工具以來進行規模差不多相當的兩棲作戰，則其失敗也就似乎已成注定。

此種看法實乃似是而非。戰爭永遠是一個相對性的問題：一九四〇年的德軍在兩棲攻擊能力方面固然遠不如一九四四年的聯軍，但一九四〇年的英軍在海岸防禦能力方面也同樣遠不如一九四四年的德軍。一九四〇年的夏季，英國海岸幾乎是完全沒有任何有組織的防禦部署，英國的兵力也缺乏適當的裝備，訓練，領導。如果希特勒在敦克爾克能夠不讓英國遠征軍逃出羅網，則英國無防禦的程度也就可以說快要達到百分之一百了。

「海獅」作戰若欲成功，其先決條件有二：㈠應儘量提早執行，一方面乘著英國人還在無防禦的情況之下，另一面可以利用夏季的好天氣（英吉利海峽在七八兩月間都是風平浪靜的日子居多）；㈡在渡海時及登陸直後階段，德軍應有在海峽地區中阻止英國空軍及海軍採取有效干涉的能力。而這個關鍵又在於對空軍兵力的善於運用。以後由於對天氣和最低限度的空中優勢都感到沒有把握，於是德國軍事當局對於此一作戰的執行也就日益感到猶豫和不安了。

從頭說起，希特勒本人就是一頭陸獅而不是海獅，他缺乏向海水裏跳下去的勇氣。比之過去，他本人的決心是遠不那樣堅定，於是從上到下也就缺乏慣有的推動力。在三軍統帥部中主管作戰的約德爾(Gen. Jodl)是態度尤其消極，他始終認爲渡海攻英是一種沒奈何的事情。結果遂一拖再拖，把好的機會都完全拖掉了。

空軍總司令戈林所應負的責任更大，他根本就不認爲空軍的作戰是整個侵入計畫的一部分，所以不斷的分散和浪費空軍的兵力，甚至於妄想僅憑空軍就能征服英國。總括的說來，戈林對於第三帝國的敗亡，其貢獻要算是最大的，紐倫堡的戰犯審判眞可以說是不公平，對於戈林眞不該處以死刑，而應優予敍獎才對。

伍、最後機會的放棄

希特勒是根據兩項理由才在一九四〇年九月十四日決定擱置「海獅」計畫：㈠準備時間太長，第一波兵力至少要到九月二十四日始能出發，到此時天氣已經大成問題，而且即令第一波能順利登陸，後續的增援部隊也還是需要良好的天氣；㈡直到此時爲止，德國空軍仍然不曾獲得必要的空中優勢，這也是一項眞正的決定性理由。這些理由也極爲正確，不過那卻並非不可避免。

假使德國早就有一套完整的戰爭計畫，並且是以擊敗英國爲最終目標，則當西線戰役尙在進行之際，有許多侵英的準備工作也就可以同時進行，於是在時間上也就一定可以節省不少。再說希特勒是在七月中旬始決定發動「海獅」作戰，結果遂必須到九月中旬始能完成一切準備，如果他能提早四個星期作成決定（也就是在六月中旬法蘭西戰役已經結束之後），則照理到八月中旬即可以開始行動。

至於空中優勢的未能獲致，主要原因並非德國空軍人員不優秀或不努力，也非實力太差，而是作戰指導上的錯誤。在預定入侵日期之前很久，德國空軍即已在進行一種孤立的空中戰爭，那是徒然的消耗實力，而對入侵作戰毫無裨益。所謂不列顚之戰，本來是應爲「海獅」作戰的前奏，但結果卻與後者毫不配合。尤其是當雙方恰好打成平手時，德國空軍突然改變作戰目標，於九月七日把攻擊重心移到倫敦城上，那不僅是和「海獅」作戰毫無關係，而且也讓英國戰鬥空軍獲得一次難得的喘息機會。誠然，德英兩國空軍在此時大致是勢均力敵，德國人在數量和素質上都不能享有足夠的優勢，以求保證其地面兵力的登陸成功，但若能在兵力上和時間上作有彈性的運用，則至少並非絕無成功的希望。

當然，兩棲作戰是一種很大的冒險，此種作戰是含有孤注一擲的意味。不過欲求成功則必須準備付出高價，這又是千古不易的眞理。作爲一位指揮戰爭的最高統帥，希特勒的最大弱點即爲色厲內荏。表面上，他似乎是天賜神勇，萬夫莫敵；實際上，他很膽小，他害怕失敗，他不敢冒險。其主要原因是一位獨裁者對於他個人的威望十分敏感，一次軍事上的失敗將使其在國內和國際上的地位都發生動搖。

希特勒不乏自知之明，他對大英帝國一向都很感到敬畏，他不希望和英國拚死一戰，所以儘量避免和英國攤牌。他的這種想法也並無錯誤，或至少應說是可以諒解。但到了非要乾坤一擲不可的時候，他個人的心理狀態也就對於他的戰略構成一種精神的包袱。這也就是他對於「海獅」作戰最初是猶豫不決，而最後則爲不敢一試的最大理由。

由於希特勒在一九四〇年夏季未能冒險對英國發動一次決定性的打擊，遂使其終於喪失徹底擊敗英國的唯一機會。於是最後他遂轉過身來攻擊俄國，因爲他感到不能再等待，必須乘這個還可暫時不怕西方敵人牽制的機會先行解除蘇俄的威脅。

事實上，這也正像說笑話一樣：因爲怕死所以寧願自殺。希特勒不願意甘冒侵英作戰的危險，結果卻反而作了更大的冒險——實行兩面作戰，這也正是他所一向力求避免的事情。尤是拖了那樣久，才終於放棄「海獅」作戰，並且又還在毫無意義的不列顛之戰中消耗掉不少寶貴的力量。結果希特勒到一九四一年六月才開發發動侵俄戰役，換言之，也就是浪費了一年的時間，而在這一年的時間，德國人本來很可能有機會獲得一次決定性的成功。

【第二篇】

第八章　一九四一年希特勒征俄失敗的檢討

壹、引言

在一九四一年六月二十二日發動征俄戰役時，希特勒的功業眞可以說是如日中天。歷史上從未有一位元首曾在如此短促時間之內獲得這樣多的成功：二十二天之內征服波蘭，一天之內征服丹麥，二十三天之內征服挪威，五天之內征服荷蘭，十八天之內征服比利時，三十九天之內征服法蘭西，十二天之內征服南斯拉夫，二十一天之內征服希臘，十一天之內征服克里特島。其武功之盛可謂曠代所無。

對比照看，蘇俄雖爲龐然大物，花費一百多天的時間始勉強使芬蘭屈服，而其損失之慘重尤其驚人。相形之下，不僅顯示俄國之無能，而也更增強希特勒征俄的信心。他希望迅速毀滅俄軍的主力，並在三四個月之內達到伏爾加—阿干折(Volga-Archangel)之線。此後即可留下五六十個師來據守已征服地區，而集中其餘的兵力去清算大英帝國。今天事後看來，希特勒對蘇俄是未免估計過低，但以當時的情況而論，他這種想法似乎也不算太荒謬。當德軍向蘇俄進軍時，當時有許多人都認爲他是大有成功的機會。誠如他自己所云：「當巴巴羅沙(Barbarossa)作戰開始時，全世界都會屏息以待！」

但是希特勒的征俄壯舉卻終於不免以失敗收場，其原因安在，研究軍事史的人已經作了很多的解釋。見仁見智雖各有不同，但其中含有許多意義深遠的教訓值得後人警惕則一也。現在就把若干名人的意見綜合敍述如下，以供讀者研究戰史和戰略時之參考：

貳、曼斯坦元帥的意見

被公認爲第二次大戰時三大名將之一的曼斯坦元帥，也是當時德國將領們所一致推崇的第一位天才戰略家。他在他的回憶錄《失去了的勝利》中曾作下述的評論：

希特勒所犯的第一大錯就是對蘇俄的資源和紅軍的戰鬥素質作了過低的估計。因此，他一切的想法都是認爲可以速戰速決。不過即令這是可能的，也必須設法使蘇俄同時發生內在的崩潰。但希特勒的政策卻恰好足以產生相反的效果。他在東歐佔領區中的政策是由特務人員去執行，完全抵銷了軍人的一切努力。換言之，其軍事行動是以儘快摧毀蘇俄統治爲目的，但其政治行動則反而幫助蘇俄當局鞏固其統治。在其他戰爭中，政治和軍事的衝突固然常有，但卻從未有如此背道而馳的。結果是希特勒在東戰場上政治行動完全違反其戰略要求，於是也就使他喪失一切可能速戰速決的機會。

希特勒的戰略目標是以政治和經濟的考慮爲主要基礎，即爲：㈠佔領列寧格勒（他認爲這個城代表共產主義的搖籃），並與芬蘭人合作支配波羅的海；㈡佔領烏克蘭原料產地，頓內次（Donetz）盆地的軍備生產中心，高加索油田，以使蘇俄戰爭經濟完全崩潰。

另一方面，德國陸軍總部則認為必須首先擊敗紅軍始能征服和保守那種重要性毫無疑問的戰略地位。他們認為必須向莫斯科前進始能迫使俄軍主力接受會戰。因為這個城已成蘇俄權力的焦點，那是史達林所不能喪失的。其理由又可分為三點：㈠與一八一二年（拿破崙征俄時）不同，莫斯科現在是俄國的眞正政治中心；㈡莫斯科附近已建立巨大軍需工業，若喪失即可使蘇俄戰爭經濟立即受到嚴重打擊；㈢更重要的是莫斯科恰好為歐俄地區交通網中心，該城若被攻陷則俄軍防線就會被切成兩段，而使蘇俄不再能發動統一協調的作戰。

簡言之，希特勒與陸軍總部之間的戰略歧見即為：㈠希特勒希望在兩翼上尋求決戰；㈡陸軍總部則主張在中央方面尋求決戰。以蘇俄空間的巨大和德軍可用兵力的有限為判斷基礎則第二案是遠較第一案合理。但最不幸的是德軍的最高作戰指導既非以第一案又非以第二案為基礎，而是以二者的折中為基礎。希特勒雖堅持其自己的戰略觀念，但卻同意採取陸軍總部所建議的兵力部署。以致在整個戰役過程中，對戰略目標的問題始終爭論不休，結果是不僅希特勒無法達到他的目標（那是太遙遠），而陸軍總部在目標上也發生混亂和動搖。

希特勒在巴巴羅沙作戰命令中所規定的「一般意圖」只能算是一項戰略公式，甚至僅為戰術公式，但並不能代替眞正的作戰計畫，此種計畫的準備和執行都要求在最高階層必須意見完全一致，而正是和德國的實際情形相反。

參、古德林上將的意見

古德林上將是第二次大戰中的「閃擊英雄」，對於希特勒初期的勝利，他要算是第一功臣。他對於一九四一年的戰役準備曾作下述兩點批評：

對於蘇俄的實力，德國人在戰前並非不知道。德國駐俄武官柯斯特林將軍(Gen. Kostring)是一位傑出人才，對於蘇俄的軍事力量曾提出相當精確的研判，但希特勒對於客觀的報告一律不予採信。他是在內心裏先有固定的主觀，凡是與其主觀衝突的情報和建議就都拒絕加以考慮。他甚至於又還有一種魔力能使其在軍事方面的高級僚屬也都受到這種「樂觀病」的傳染。

直到八月三十一日，希特勒才開始注意冬季服裝的問題，但這個責任卻不應由希特勒單獨負起。德國高級人員都一同樣沉醉在迷夢之中，以為八個到十個星期之內即可擊潰俄軍。所以在一九四一年的秋季，已有一部分德國工業都開始從戰時生產轉向其他目標。甚至於有人認為冬季開始以前即可從東線抽回大部分兵力，只留下少數部隊即可控制俄國。這些留守兵力自然可以在很舒適安穩的環境中過冬。一切似乎都很合理想而且也很簡單，那知道他們的美麗幻想與殘酷現實是相差太遠。

其次，古德林指出德國在開戰時共有二百零五個師的兵力，其分佈情形如下：㈠西歐三十八個師；㈡挪威十二個師；㈢丹麥一個師；㈣巴爾幹七個師；㈤北非兩個師。因此在東戰場可用兵力就只剩下一四五師。此種兵力的分散實在很不合理。西歐駐兵三十八個師已經顯然是太多，因為此時英國絕無反攻能力，而已佔領的西歐國家也不可能造反。尤其是在挪威閒置十二個師的兵力則更是豈有此理。

肆、李德哈特上尉的意見

號稱「將軍之師」的英國李德哈特上尉在其所著《第二次世界大戰戰史》中曾有其獨特的見解，現在摘要敍述如下：

在俄國決定勝負的因素，戰略和戰術尚在其次，最主要的是空間，後勤和機械。正像過去的波蘭和西線戰役一樣，一切問題都決定於機械化兵力，儘管他們在總數中僅佔極小比例。十九個裝甲師僅爲全部兵力的十分之一。其餘兵力中只有十四個摩托化步兵師在良好道路上才可以趕上裝甲矛頭。德國在一九四一年共有二十一個裝甲師，而在一九四〇年只有十個，表面上已增加一倍，實際並非如此。在西歐戰役中德國裝甲師有兩個戰車團，但現在每個師都抽去一個團，而新的師就是以抽出的團爲核心來組成。

許多專家都反對這種辦法，認爲足以減低每個師的打擊威力。一個師的一萬七千人內現在只有二千六百人是眞正的「戰車兵」，其他人員都是非裝甲尾巴，對作戰的幫助有限但在行動上卻成爲很大的拖累。但希特勒非常固執，面對著俄羅斯的廣大空間，他希望能有較多的裝甲師番號以來虛張聲勢。

戰車數量的減少又造成德國裝甲師的另一項基本弱點，即大部分車輛既非裝甲而又缺乏越野機動性。一個師的履帶車輛還不到三百輛，而輪型車輛卻有三千輛之多，絕大部分都只能在道路上行駛。東線良好道路極爲稀少，遂產生極大困難，尤以在惡劣天氣中爲甚。最初之所以能獲致成功是由於對方能力太差，但不久德軍素質優勢日益降低，而環境因素則日益困難，於是攻勢也就成爲強弩之末。

李德哈特又指出以古德林爲首的戰車專家曾主張裝甲兵團應迅速長驅直入達到最大深度，至少要到聶伯河(Dnieper)之線始向內旋轉，這樣也許就可在第一次大包圍中就把敵軍中央方面的兵力一網打盡。於是向莫斯科前進的路上也就不會再有障礙的存在。但希特勒卻採取正統派的意見，不讓裝甲兵孤軍深入而要他們過早的與步兵合作從事於不成熟的包圍戰。結果遂使德軍愈陷愈深，雖然俘獲不少敵軍，但冬季的來臨遂阻止德軍擴張戰果。換言之，為了實現戰術理想反而喪失戰略目標。

伍、富勒將軍的意見

英國富勒少將(Gen. Fuller)在其所著《西洋世界軍事史》中認為希特勒指責其將軍們思想落伍也並非沒有理由。他知道他所面臨的問題和拿破崙所面臨者並不完全相同。簡言之，那不全是一個軍事問題，即毀滅蘇俄的陸軍；而更是一個政治問題，即推翻共產黨的統治。他這種認識實比一般職業軍人較高一等。但可惜他空有此種認識，實際行為卻與其理想背道而馳。僅僅由於地名之故，遂認為列寧格勒和史達林格勒是共產主義發祥之地，只要佔領這兩個城市即足以粉碎蘇維埃政權，那實在是神話式的幻想。

事實上，作為思想性和政治性的目標，莫斯科的價值也不在那兩個城之下。它是世界共產主義的「麥加」(聖城)，也是高度中央集權政府的所在地。假使說不應以佔領城市為手段，則也就應以製造革命為手段。如果希特勒能自開戰之日起即以解放者自居而不以征服者自居，則他責罵將軍們頭腦落伍也就可說是理直氣壯。希特勒除堅持其思想戰的觀念以外，又進一步將經濟目標加在一起，即征服烏克蘭和高加索，於是他的思想也就變得更為混亂。希特勒時常指責德軍將領不明瞭經濟因素的重要性，但戰爭中最重要的事情還是擊敗敵軍的主力，否則也就不可能征服和保持經濟目標。

雖然已經浪費不少時間，但在八月初斯摩稜斯克會戰結束時，德軍若只停留一段合理的喘息時間，即繼續向莫斯科前進，則在冬季來臨和西伯利亞部隊趕到之前仍有攻陷莫斯科的良好機會。但希特勒卻突然決定中央方面停止不進而抽出其兩個裝甲兵團增援南北兩面的作戰。北面的作戰完全沒有成功，而在南面卻獲得基輔會戰的大捷。這是第二次大戰中的最大包圍戰，希特勒稱之爲「世界戰史中最偉大的會戰」，而他的陸軍參謀總長哈爾德則認爲那是「東線戰役中的最大戰略錯誤」。等到基輔會戰結束，德軍再向莫斯科前進時已經是九月三十日，換言之，已經整整遲誤兩個月的時間，於是也就終於斷送了進入莫斯科的機會。

不過希特勒若能認淸烏克蘭的政治意義，則仍有機會把基輔會戰變成一次決定性會戰，甚至於已經把共產政權打倒。寫《希特勒征俄之役》的波蘭人安德爾斯將軍(Gen Anders)曾指出從六月二十二日開戰起，到九月二十六日基輔會戰止，德軍所俘虜人數已達一百五十萬，到聖誕節時幾乎又增加一百萬；怎麼會這樣多呢？安德爾斯所作的解釋爲：「許多軍人都認爲這次戰爭可使俄國改朝換代。他們希望德軍勝利，遂集體投降，高級軍官也不例外（包括提摩盛科元帥的參謀長在內），並自願加入反共戰爭。」

高爾立茲(Walter Gorlitz)在所著《德國參謀本部》中說：「德國人不想毀滅共產主義，而想奴役斯拉夫民族，實乃整個戰役中的最大錯誤。」戰後有一位德國軍官說：「在基輔我們所升起的是一面卐字旗而不是烏克蘭的國旗，即足以暗示我們已經失敗。」假使希特勒能以斯拉夫民族的救星自任，則即令他在軍事戰略上犯了很多錯誤，他也仍然能輕鬆的把蘇俄奴役的大帝國炸成碎片，而在鮮花如雨點之下進入莫斯科。

希特勒之未能攻佔莫斯科，概括言之，都是他自己的過錯。不過即令希特勒能夠佔領莫斯科，戰手卻也不一定就會結束，因爲在莫斯科的後面還有長達四千五百哩的未征服領域，又何況從十二月十一日起，美國也已經投入戰爭旋渦。只有一個辦法可以解決一切的問題，那就是希特勒知道利用蘇俄的內在弱點。若能如此，則他在一九四一年之內即可能已經使蘇俄陸軍瓦解，使共產黨的統治崩潰。於是西方國家即令要想給與蘇俄以援助也都會來不及。

陸、結論

綜觀上述各家的言論，即可以明瞭在一九四一年的俄羅斯戰役中，希特勒是該贏而沒有贏，史達林是該輸而沒有輸。史達林頗有自知之明，他心裏完全明白他那個大帝國正像戲臺上的「架子花臉」，只能擺擺架子並無眞實的工夫。所以他曾經儘量的避免與希特勒發生衝突。反而言之，希特勒在當時假使不犯那樣多的錯誤，則他的確至少是有贏得第一回合（攻佔莫斯科）的良好機會。甚至於能達到伏爾加，阿干折之線亦非不可能。

在許多的錯誤中，從軍事戰略的觀點上來看，最嚴重的即爲沒有明確的目標，和浪費太多的時間。不過若從國家戰略的觀點上來看，則更大的錯誤還是他完全不知道利用蘇俄的內在弱點。有人說擊敗希特勒的是泥將軍（General Mud）和冬將軍（General Winter），那只不過是一種戲劇化的說法，眞正使希特勒走向失敗途徑的原因還是他的愚昧無知。

第九章 論一九四二年南俄戰役

一九四一年的德軍東線大攻勢以莫斯科會戰爲其最高潮，但成就卻極有限，只不過把俄軍逼退一步而已。由於受到天候地理的限制，俄羅斯的春季不可能有大規模的軍事行動，所以自從一九四二年三月以來，雙方都乘機喘息以便準備下一回合的決鬥。

儘管莫斯科既未攻克而美國又已參戰，但希特勒對於最後勝利的信心並未動搖。他認爲美國參戰不過是把既成事實予以合法追認而已。美國早已對英俄二國提供援助，對軸心國家宣戰，但短時間內不特不會增加此種援助，反而還會產生減少作用。因爲一方面美國爲了增建其本身兵力需要大量資源，另一方面日本在太平洋中也可構成相當牽制。至於美國兵力投入戰鬥則更言之過早，而且德國人對美國的軍事能力一向有輕視的趨勢。

所以在一九四二年，希特勒的戰略構想和一九四一年並無太多差異。問題的關鍵還是要趕在這一年內徹底擊敗俄國；於是他也就可以在一九四三年集中全力以來應付西方同盟國的反攻。從紙上談兵的觀念來看，希特勒的想法並非不合情理，所不幸者是戰爭並非紙上談兵。希特勒最壞的毛病就是不肯承認事實，而愛作一廂情願的想法。對敵人實力往往估計過低，對自己實力的估計又往往失之過高。他甚至於自欺欺人，凡不合其理想的情報都一律拒絕採信。當一九四二年春季希特勒設計其新攻勢時，其地位也和一九四一年不盡相同。他現在身兼陸軍總司令，所以陸軍參謀本部也就不能提出和他相反的意見。假使說一九四一年的計畫是一種折中的產品，則一九四二年的計畫卻是希特勒所一手包辦。因此，其成敗均應由其一人負責——很不幸，其失敗是比前一年更較慘重。

壹、第四十一號命令

一九四二年四月五日，希特勒對夏季戰役頒發其第四十一號元首命令。他列舉兩個目標：㈠在北面應攻佔已在包圍中的列寧格勒，並建立與芬蘭之間的陸上交通線。但此項作戰僅爲次要的考慮（以後也終於被迫放棄）；㈡主要目標則在南面，即向高加索的突破。就立案精神而論，經濟因素實爲戰略核心。其所選擇的目標是能對蘇俄經濟造成最嚴重損失，並又可能替德國經濟開闢新的物資來源。

一九四二年的戰役有一個特徵是和一九四一年的最初階段頗爲相似。希特勒又是想在兩翼極端上尋求決戰而忽視中央的莫斯科地區。不過這次的作戰指導卻遠較明白，而兵力的分配也大致與其意圖符合。現在再也聽不到殲滅俄軍的論調，作戰目的即爲攻佔高加索油田和烏克蘭穀倉，爲了集中兵力，除在北面也計畫發動一個次要的局部攻勢以外，德軍在全線其餘部分均將一律採取守勢。

照原定計畫，一九四二年南俄戰役是準備分爲四個階段來進行：㈠第二軍團和第四裝甲軍團首先從庫斯克(Kursk)附近向頓河上的弗侖尼茲(Voronezh)進攻。㈡第六軍團從卡爾可夫(Kharkov)以西地區突出並與第四裝甲軍團合作以擊毀頓河以西的敵軍，第四裝甲軍團此時應沿著頓河向南旋轉以切斷敵軍的退路。㈢此後，第四裝甲軍團和第六軍團在B集團軍指揮之下，應與A集團軍（包括第一裝甲軍團和第十七軍團）合作，以來對史達林格勒發動大包圍戰。㈣在這個包圍戰勝利結束之後，德軍即可傾全力向南進攻高加索。

在此必須特別指出：原始計畫是準備分段進行。換言之，必須完成前一階段始可進入後一階段，那也就是說前者是後者的基礎。但以後在實際作戰時，此種原則卻並未受到尊重。此一事實非常重要，研究戰史的人應特別注意。

貳、對德軍計畫的評論

在當時的情況下，德軍要經過烏克蘭向高加索進攻，是必須冒極大的風險而成功的機會也頗渺茫。其理由可分述如下：㈠這無異於是把攻勢分成兩片。右面的一片（即主力部分）指向南方；而掩護側面的左翼兵力則指向東方。㈡在向南進攻時，北側面將從庫斯克一直延伸到史達林格勒，全長達二百六十哩，很明顯極易受俄軍的威脅。㈢德軍交通線延伸過長，一共只有三條鐵路線可供利用，而其交點羅斯托夫(Rostov)並不安全，如果俄軍從北面攻佔該城，則在高加索和史達林格勒周圍作戰的德軍都將被切斷後路。㈣德軍在進入高加索之後還必須堅守所征服地區相當長久時間，始能使俄軍由於缺乏石油而癱瘓。若只把那些油田毀掉就撤退，則他們自己也就不能利用那個地區的石油。㈤當向巴統—巴庫之線前進時，德軍還須越過一道極艱險的障礙物，那就是高加索山脈的峯脊。

基於以上的分析，即可知希特勒遠征高加索的計畫實一無是處。假使誠如其原始計畫，把進攻高加索的行動列為最後階段，則以當時德軍的兵力而言，也就很難從頭到尾貫徹這四階段的連續作戰。

戰爭計畫應以軍事可行性爲基礎。希特勒在尚未發動戰爭之前，對於經濟問題就應先作審愼的思考；但在戰爭過程中卻不應讓他的軍事戰略受到經濟欲望的支配。

總結言之，由於缺乏遠見和常識，希特勒對於一九四二年德軍南俄戰役的失敗實應負其全責。他一方面具有大而無當的雄心，另一方面所考慮的全是不成熟的外行想法。自從一九四一年秋季之後，他再也不聽任何專家的忠告，而一心只依賴其自己的直覺，其失敗也，孰曰不宜？

爲了理論上的興趣，我們可以再提出一個反問：即以當時的情況而言，希特勒如欲在一九四二年夏秋發動攻勢，則究竟又應採取何者爲目標？

依照許多戰略家的看法，包括當時德國陸軍參謀總長哈爾德在內，都認爲仍應以莫斯科及其附近工業區爲目標。從政治觀點來看，此乃蘇俄的心臟；從經濟的觀點來看，這是全國鐵路網的神經中樞；從軍事的觀點來看，那也正是敵軍主力之所在；所以只有打擊在這裏始能產生決定性的戰果。

也許有人要問德軍此時進攻莫斯科是否能有成功的把握？兵凶戰危，打仗是誰都不敢說有必勝的把握。但假使說希特勒認爲進攻莫斯科沒有把握，則他去從事於遠較危險的高加索遠征，豈非更不可解釋？從理論上來分析，一九四二年德軍若進攻莫斯科，似乎要比一九四一年應該較易於成功。其理由是：㈠距離較近，㈡時間較早。誠然德軍實力已有相當損耗，但俄軍實力在一九四二年初也已降到其最低極限。從以後的事實來看，德軍還是能夠深入高加索和達到史達林格勒，足以反證其實力仍相當堅強，遠非俄軍之所能及。

參、南俄戰役的經過

一九四二年六月二十八日，德軍開始發動其大攻勢。第二軍團和第四裝甲軍團突然從庫斯克向東進攻，以弗倫尼茲爲目標。六月三十日，第六軍團又從卡爾可夫附近向東進攻，而希特勒在此時命令第四裝甲軍團的一個裝甲軍應向東南旋轉來協助它。從這裏開始即與原計畫不合：㈠第一階段尚未結束即開始第二階段；㈡沿著頓河南轉的兵力僅爲一個裝甲軍而非整個第四裝甲軍團。所以也就不能如理想把那個地區中的俄軍圍殲在頓河西岸上，而讓他們有機會越過該河向東逃走。此種「半調子」戰略(Strategy of half-mensures)也成爲整個夏季戰役的一項特色，這不過一個開端而已。

七月十日，德國南面集團軍改組成爲A、B兩個集團軍，並開始執行對史達林格勒的包圍戰，這也就是原計畫的第三階段。若照原計畫，B集團軍應以其主力第四裝甲軍團和第六軍團，向南直趨頓河下游，以與A集團軍合作來發動鉗形攻勢。至於其側面則由第二軍團和附庸國兵力負責保護，那些附庸國兵也都由B集團軍指揮。A集團軍，包括第一裝甲軍團和第十七軍團，則從南面向東北進攻以與B集團軍會合。簡言之，原來計畫的「史達林格勒會戰」是準備用四個軍團的兵力來打好一場大戰。照想像其規模之大將不亞於基輔會戰。如能獲勝則德軍即可長驅直入向高加索進攻而無後顧之憂。

七月十三日，希特勒突然命令第一和第四兩個裝甲軍團和第十七軍團都改由A集團軍指揮並向羅斯托夫方向進攻（向南）。這也就無異於暫停對史達林格勒的攻擊。當此之時，這兩個裝甲軍團已到達頓內茲河之線，若進攻史達林格勒實易於反掌，但希特勒卻自動放棄此一有利機會。

希特勒深信俄軍已經崩潰，那些殘部將經過羅斯托夫退入高加索，所以決定採取制先行動，封鎖羅斯托夫瓶頸，而企圖將殘敵圍殲在頓河與頓內茲河之間地區。七月二十三日，A集團軍攻佔羅斯托夫但卻撲了一個空。敵軍大部分都分別退向史達林格勒和伏爾加河，而退入高加索的部分也已迅速通過羅斯托夫。

截至七月二十三日止，德軍還是一路打勝仗，但可惜勝利都不太完全。儘管希特勒相信俄軍已經勢窮力竭，但事實上，其損失並不那樣慘重。俄軍顯然是在使用拖延戰術以來消耗德軍，並誘敵深入以空間換取時間，但希特勒仍執迷不悟，一心以爲只要能佔領高加索油田即能對俄國造成致命傷。

南俄戰役是以第四十一號命令爲根據，計畫分四個連續階段進行。結果是第一階段未結束即執行第二階段，於是均未達到理想目標。接著在第二階段結束後，南面集團軍照原計畫改組並準備執行第三階段的作戰——包圍史達林格勒。希特勒又突然作重大的改變，第三階段遂完全被取消，而原計畫的立案精神也全被破壞。

七月二十三日，希特勒下達第四十五號元首命令以提供新的作戰指導：(一)A集團軍，包括三個軍團（其中兩個爲裝甲的）向高加索進攻；(二)B集團軍奉命用第六軍團去攻佔史達林格勒並準備用頓河作爲一條防線。從此時起，南俄戰役方由一個統一的作戰變成兩個分立的作戰。一個向東，一個向南，同時進行，其間並無必要的連繫。經過如此冗長而曲折的序曲，史達林格勒的悲劇遂終於開場！

肆、史達林格勒之戰

照原定計畫，德軍是準備先包圍並攻佔史達林格勒，然後再向高加索進攻。攻佔該城並非認爲其本身有何特殊價值，而是爲了保護德軍的側面使其南進時可無後顧之憂。原計畫是想捕捉俄軍主力並將其圍殲於史達林格勒附近地區中，至於該城本身之攻佔僅爲此種大包圍戰的自然後果而並非主要目的。

希特勒既已改變計畫，跳過第三階段而直接進入第四階段，則照理說，他當然是已認爲第三階段已無必要。換言之，即認爲當其大軍南下時，後方安全已無太多顧慮。假使是這樣，他也就毋需再攻佔史達林格勒。從整個戰略的觀點上來看，只有高加索油田才是主要目標，史達林格勒不特不是主要目標而且也不曾受到重視，否則希特勒也就不應取消第三階段的作戰。但令人難以解釋的，他在第四十五號命令中又明白規定要用第六軍團去攻佔史達林格勒並且同時還要在頓河上維持一條防線。以一個軍團的兵力來執行如此巨大的任務，姑不說不可能，也至少十分艱難。

希特勒之所以作這樣的決定，歸根溯源還是一種狂妄心理在作祟。原有計畫要分四個階段的理由是害怕德軍實力不夠，現在希特勒卻認爲那是過慮。他相信俄軍已全面崩潰，他不僅可大膽向高加索前進而且還有餘力攻佔史達林格勒。實際上，此時向該城進攻已成畫蛇添足。那不是爲了保護側面的安全，而是滿足其驕縱雄心。

七月三十日希特勒又作了一個新決定，他宣佈：「高加索的命運應在史達林格勒一戰中來作最後決定。因爲這個會戰太重要，所以必須抽A集團軍的兵力以來支援B集團軍。」誠如哈爾德所批評，這簡直是胡說。既然是這樣，爲什麼當初又要改變原定計畫呢？

三個星期之前，希特勒把第四裝甲軍團從B集團軍中抽出交給A集團軍指揮；八月一日，該軍團又脫離A集團軍而重回到B集團軍的指揮系統之內。假使在七月中旬，讓該軍團和第六軍團一同向史達林格勒進攻，則該城可能早已攻佔。由於第四裝甲軍團的調走，第六軍團遂孤掌難鳴，直到七月底始終毫無進展，而俄軍則已乘機集中兵力，調整部署。直到八月七日，第六軍團始發動攻擊，八月十九日已肅清該城外圍並進逼城市的本身。九月二日又已與第四裝甲軍團取得連繫。九月十二日，第六軍團司令包拉斯(Gen. Palaus)奉到希特勒的命令要他在九月十五日攻克該城。

此時，A集團軍向高加索的前進最初雖勢如破竹，但到九月上旬即開始停滯不前，主要原因是燃料缺乏，不過由第一裝甲軍團司令升任A集團軍總司令的克萊斯特(Von Kleist)又說：「假使我的兵力不逐漸被抽調去協助史達林格勒方面的作戰，則可能已經達到目標。」這眞是豈有此理：進攻史達林格勒本身爲了便利對高加索的前進，現在卻反而變成絆脚石，足以妨礙高加索的前進。

九月中旬，德軍在南俄地區的戰線全長已超過一、二五〇哩，若再加上從庫斯克到列寧格勒之間的八百哩，則德軍東線全長已超過二千哩。其所需兵力和資源早已超過希特勒的應付能力之外。他現在已經力不從心，顧此失彼。但他卻早已喪失現實感，好像以爲只要把史達林格勒城攻下則一切問題都可解決。

九月十五日德軍開始攻城，因爲這是「史達林」城，於是會戰成爲面子問題。史達林決心堅守，而希特勒也一定要把它攻陷。到了十一月中旬，該城大致算是已落入德軍之手，但德軍的消耗也極爲可觀。不過史達林格勒悲劇還只是剛演完第一幕，精彩的好戲還在後面。

伍、俄軍的反攻

俄國人從七月初即已開始準備反攻。到了十一月間冬季天氣變得對他們有利時，其部署也就接近完成。德軍並非不知道，哈爾德在九月間即已力勸希特勒放棄攻陷史達林格勒的觀念。十一月十九日上午五時，俄軍終於發動其大規模反攻，到了十一月二十二日，第六軍團即已被圍。不過在此後一星期內，包拉斯還是有安全撤出的機會（第四裝甲軍團由於已受重大損失，早已撤回整補故未被圍）。

代替哈爾德的新任陸軍參謀總長柴茲勒(Gen. Zeitzler)幾乎已經說服希特勒同意命令包拉斯突圍，但大言不慚的戈林卻向希特勒保證每天可空運五百噸補給，於是希特勒遂於十一月二十四日命令包拉斯堅守不准撤退。包拉斯明知此時再不突圍即將喪失最後機會，但還是遵命。

早在十一月二十日，希特勒成立一個新的頓河集團軍總部，以曼斯坦元帥爲總司令。由於曼斯坦是威名素著，所以在此緊急關頭始打出這張王牌。希特勒希望他能擊敗包圍第六軍團的俄軍並重建史達林格勒戰線。但曼斯坦卻是兩手空空，並無任何可用的生力軍。

第六軍團的前途是寄托在下述兩個因素之上：㈠適當的空運補給；㈡切合時機的救援行動。空軍方面可說完全失敗。最高的一天也只有三百噸，平均只有一百噸，但德國空軍卻已付出極高代價，損失飛機四八八架，空勤人員一千名，那也正是空軍的精華，所以戈林信口開河，實乃罪該萬死。救援的工作是由曼斯坦負責，從十二月十二日起，他開始以相當微弱的兵力來發動這種作戰，由於目的是解圍而並非幫助第六軍團突圍，所以任務也更爲艱巨而累試不成。

曼斯坦除了要想救出第六軍團以外，他還有一個更大的任務，即爲保護A集團軍的退路，如果A集團軍也陷於包圍之中，則後果將遠較嚴重。所以對於他而言，實在是很矛盾，爲了A集團軍，他甚至於必須希望包拉斯能多守幾天。到十二月下旬，曼斯坦、柴茲勒、包拉斯都認爲史城已無可再守，但希特勒仍不准突圍。曼斯坦雖不能命令包拉斯這樣做，卻暗示他可自作決定。但包拉斯在並未奉明令之前卻不肯擅自行動。當然到此時突圍也並非易事，能否成功誰都不敢斷言。

事實上到十二月二十五日，第六軍團的命運即已注定。一九四三年一月八日，俄軍招降爲包拉斯所拒絕。一月十日俄軍發動最後攻擊。十四日包拉斯要求希特勒准許投降，所得答覆是不准。一月三十一日，希特勒升包拉斯爲元帥，希望他自殺殉職，很夠諷刺，包拉斯也就在這一天向俄軍投降。

陸、結論

第六軍團的毀滅對於德軍可算空前未有的挫敗。導致此種結果的原因可概分兩點：㈠計畫本身就有弱點，高加索是一個難達到的目標；㈡執行所犯錯誤更大，其最主要者又可分述如下：⑴不照原計畫徹底執行，每一階段都不曾貫徹；⑵自動放棄可以輕取史達林格勒的機會；⑶已經決定把重心放在高加索又突然移回史達林格勒；⑷已知情況不利還不肯撤退。這些錯誤都應由希特勒一人負責。

從戰略的觀點來看，史達林格勒之戰大可不必打。希特勒既已決心不照原計畫而直接向高加索前進，則分兵進攻該城實乃多此一舉。誠然，該城在俄軍手中是足以對前進德軍後方構成威脅，但除非德軍能夠徹底擊敗俄軍主力，否則當其南下時，此種威脅也就必然存在。史達林格勒一城之得失對此種威脅所能產生的增減影響實在相當有限。

俄軍在反攻時如此重視史達林格勒也是受到該城「大名」的影響。如果他們能趁早集中兵力直趨羅斯托夫，則南俄德軍將會被一網打盡。事實上，俄軍可謂相當無能，第六軍團曾牽制其巨大兵力達十星期之久。這樣才讓曼斯坦渡過難關並使A集團軍安全撤出高加索。就這一點而言，第六軍團的犧牲並非毫無價值。

史達林格勒之戰對俄國人而言，要算是空前的勝利。揆其原因並非史達林領導有方，第一、他們應感謝希特勒，這場大悲劇是他一手所導演。其次，應感謝西方國家幫助他渡過物質缺乏的難關。最後才是他們的數量優勢和廣大空間。

就軍事方面來說，史達林格勒之戰並不具有決定性，因爲德軍並非因此即一蹶不振。但就心理和政治而言，史達林格勒的確要算是第二次大戰中的一個轉捩點。那裏是埋葬第三帝國永不失敗的神話的墳場，同時這一戰也使史達林增強其對最後勝利的信心。這也直接影響克里姆林宮的政策，並使其更敢於表現其帝國主義者的作風。反之，西方國家也因此而提高對史達林及其紅軍的評價，這對於一九四三年以後的世局遂更造成許多重大的影響。

第十章　第二次大戰中的義大利

壹、引言

在第二次世界大戰中，義大利也許要算是一個最不爲人所重視的國家，它雖然在名義上與德日兩國同爲軸心的成員，但在戰爭中不僅是始終屈居配角的地位而且一切的表現也最爲差勁。儘管如此，義大利對於戰爭的發展又非毫無影響，甚至於還可以說曾經產生若干重大的作用。義大利在第二次大戰中所扮演的角色和所產生的影響，在戰史研究的領域中是一個比較冷門的課題，而且資料也比較缺乏；但並不因此而減低其價值和趣味，尤其是在義大利的經驗中，可以掘發出不少有關大戰略的教訓。而且這些教訓也深值得後人去記取和反省。前事不忘，後事之師，誠如俾斯麥所云：「愚人說他們從經驗中學習，我則寧願利用他人的經驗。」

本文的內容將首先說明義大利這個國家的背景，再繼續分析其投入戰爭的經過以及其在戰爭中的表現。然後再檢討其失敗的原因和對於戰局的影響，並解釋其經驗中可供後世作爲教訓的特點。

貳、第一次大戰前的義大利

直到一八一五年——那就是維也納會議召開之年，象徵著拿破崙戰爭的正式結束，也代表歐洲近代史的起點——義大利和日爾曼仍然都還只是一個地理名詞，而尚未形成一個民族國家。在十九世紀中，義大利在撒丁尼亞領導之下，日爾曼（德意志）在普魯士領導之下，分別完成了統一建國的任務。從表現上看來，這似乎是兩個非常類似的平衡發展，但就實質而言，其所建立起來的兩個國家卻相差得不可以道里計。德意志變成了歐洲（也就是當時的世界）的第一等強國，姑不說是第一位強國。義大利則只是一個中等國家，最多只能勉強列入大國之林，但排名毫無疑問還是最後一位。

爲什麼這兩個國家會相差得這樣遠呢？那可以說是天時地利人和都有關係。如果要想作詳細的分析，則也許要另外再寫一篇專文，所以由於受到篇幅所限，在此只能作非常簡單的解釋：㈠義大利的地理環境太差，全國多山，人口稠密，資源缺乏。㈡義大利的地略形勢也不佳，它是一個狹長的半島伸入地中海內，與歐洲的權力中心遠隔，既不能問鼎中原而且在防禦上也處於不利的地位。㈢德意志的建國歷經三次戰爭，其民族受過嚴格的考驗；義大利的建國則並未經過如此艱辛的過程。㈣兩國的民族性大不相同。德國人是標準的北歐人，態度認眞徹底；義大利人是標準的南歐人，一切都是馬馬虎虎。

在第一次大戰之前，歐洲的權力平衡是掌握在英法德俄四國的手中，義大利只是一個鑲邊的角色，而無任何決定性作用。義大利也不乏自知之明，它並不想在歐洲爭霸而只想在地中海和北非求發展，雖與德奧締結同盟，那不過是聊壯聲勢而已。一九一四年戰爭一爆發，義大利立即宣佈中立，這對於該國而言，實不失爲明智的決定。

到一九一五年，義大利在西方同盟國利誘之下，終於投入戰爭。當時義大利是一個人口四千萬的大國，可以立即動員的兵力約九十萬人，但其參戰並未使德奧感到驚懼，因爲義大利部隊素質低劣早有定評。在三年的戰爭中，義大利損失極爲慘重，但對於同盟戰略而言，除牽制了少數敵軍兵力以外，即更無其他貢獻之可言。

戰爭結束，義大利由於忝居勝利國的地位，在和會中總算是分到一些贓物。但與戰爭的損失來比較，應該要算是得不償失。所以到二十年代，義大利的情況是先天不足，後天失調。如果它能中立到底不參加那次戰爭則結果應該是較好。

參、墨索里尼的興起

戰後的義大利是經濟破產，民不聊生，而政治方面也是極不安定，政府經常更換，一切政務都處於癱瘓狀態之下。這也就替墨索里尼(Benito Mussolini)的奪取政權鋪好了一條道路。墨索里尼生於一八八三年，比希特勒大六歲，本是社會黨人，在第一次大戰爆發時即已任該黨機關報總編輯，在新聞界已是知名之士。由於主戰之故而被社會黨開除黨籍，遂自創義大利《人民日報》，並組織一個新黨，即所謂「法西斯黨」(Fasci revoluzionari d'azione)不到十年的時間，這個黨已經變成了義大利的最大政治力量。

一九二二年，墨索里尼率領著其黨徒所組成的「黑衫」(Black Shirt)軍向羅馬進軍，迫使國王和國會任命他為總理並實行獨裁。經過兩年多的時間，到一九二五年，他的政權遂完全鞏固，所有異己分子都已被清除。從此義大利都是在他統治之下，直到一九四三年被推翻時為止。

平心而論，墨索里尼不失為第一流的歐洲政客(Politician)，他這個人頭腦靈活，機智善變，儀表出衆，辯才無礙，文筆犀利，精通四國語文（英法德義），擅長戲劇化的表演，對於群衆有高度的煽動能力。但儘管有其一切的優點，墨索里尼並不是一個偉大的政治家(Statesman)，尤其不是一位頂天立地的偉大領袖。他的私心極重而且崇尚虛榮。他不僅好大喜功而且有時也缺乏理智。尤其是缺乏貫徹其意志的決心和能力，所以遇事都是敷衍塞責，不了了之。這也正是義大利民族性的基本弱點。

在其執政期間，不能說是沒有成就，文治武功均可稱道。但不幸都是虛有其表，此種粉飾太平的政策對於國家不特沒有貢獻，反而適足以斲喪國家的元氣。更壞的是他為了提高其個人威望遂盲目地從事侵略冒險，結果不僅是浪費國力，而且也愈陷愈深，終至於不能自拔。不過作為一個獨裁者，墨索里尼也有其不得已的苦衷，僅憑內政方面的成就是不足以使人民感到滿足，所以為了想使其政權能持久不毀，他只好企圖以攘外為手段來達到安內的目的。

若與希特勒作一比較，墨索里尼只是一個普通的人，他雖然有其優點也有其弱點，但與一般人不過是程度上的差異而已。反而言之，希特勒非常人也。他是一個不正常的怪人，介乎天才與瘋人之間。他的性格和心態都與一般人不一樣。所以他們兩人在思想和行為上是有顯著的差異。尤其是他們所統治的國家更是完全不一樣。無論從那一方面來看，德國都是頭等而義大利則只能算是三等。義大利在第二次世界大戰中表現得那樣差勁，墨索里尼固然不能辭其咎，但這個國家本身基礎太差，實為主要原因。

肆、德義同盟關係

當希特勒於一九三三年在德國取得政權時，他的納粹黨幾乎完全以法西斯黨爲模範而組成。已經執政十年的墨索里尼也的確把希特勒當作高足弟子看待，時常用老師的口氣教訓他，有一次墨索里尼在寫給希特勒的信中說：「任何人都不會比我懂得更多，因爲我已有四十多年的政治經驗。」但是希特勒憑著他的天才以及更好的權力基礎，其地位迅速升高，使得這位老牌獨裁者相形見絀，大有不勝今昔之感。

爲了互相利用，他們之間不得不合作。經過了許多的波折，德義兩國於一九三九年五月二十一日締結了所謂「鋼鐵條約」，這也就是無異確定了希特勒的領導地位。墨索里尼之所以肯如此低頭，是因爲他在四月間已經出兵侵入阿爾巴尼亞，所以急需希特勒的支持。同時他也希望穩住希特勒，使其不貿然在歐洲發動大戰，好讓義大利有一段休息和準備的時間。他向希特勒強調歐洲和平至少應該維持到一九四二年底爲止，而希特勒也欣然表示同意。

墨索里尼希望和平的確是出自至誠，其原因有兩點：㈠義大利在一九三五年向衣索匹亞（當時稱阿比西尼亞）發動侵略戰爭，到一九三六年才結束；在一九三六年又參加西班牙內戰，到一九三九年初始結束，接著在同年四月間又侵佔阿爾巴尼亞。連年用兵，損失頗大，所以確實需要休息。㈡墨索里尼深知只有在危機不斷發生而和平又未絕望的情況之下，他的應變長才始有發揮的機會。例如在一九三八年慕尼黑會議時，墨索里尼談笑風生，雍容揖讓，顯得比誰都更出鋒頭，好像是由他扮演著領導著的角色。如果戰爭發生，則義大利由於實力不如人家，也就自然變得不足輕重了。

因此，當希特勒在一九三九年八月決定發動戰爭時，墨索里尼的反應是失望和憤怒兼而有之。他與他的女婿（外長）齊亞諾商量之後，決定坦白對希特勒說明義大利尚未完成準備，不能採取軍事行動，對德國的支援只能限於政治和經濟兩方面。

墨索里尼這樣的表示，希特勒是一點都不驚訝，他對於義大利只作了三點要求：㈠義大利的報紙和廣播儘量支持德國；㈡儘可能虛張聲勢以牽制英法兵力；㈢提供德國工業和農業所需要的人力。所以又還是像第一次大戰時一樣，義大利雖然是德國的同盟國，但暫時並未投入戰爭。這對於義大利而言，是一種明智的決定，既然自知準備不足，自然不應冒險。一面準備，一面觀望，等到有利時機來到時，再作進一步的決定，實在是不僅安全而且有利。

對於德國而言，也無任何不利甚至於還更爲有利。戰前德國有一個流行的笑話：「假使戰爭爆發，義大利最好能守中立，這樣它也許可以牽制敵方十個師，假使它投入對方，則德國只要用五個師就可以將其擊敗，但假如加入德國方面作戰，則德國反而要用二十個師去保護它。」此項預言眞是不幸而言中，假使義大利能守善意中立，則對德國的貢獻將比參戰遠較巨大。巴爾幹和地中海都可平靜無事，於是德國也就可以專心去進行其決定性的作戰。

伍、義大利投入戰爭

但很可惜，墨索里尼未能堅持到底，到一九四〇年六月十日，義大利終於還是向法國宣戰。因為眼看著德軍正勢如破竹，勝利即將來臨，墨索里尼感覺到此時如再不參戰，則也就會喪失分享勝果的機會，所以儘管法國表示願意讓與某些殖民地，但仍遭其拒絕。但直到十天之後，義大利部隊才慢吞吞地開始向法國的南疆發動攻擊，接著又很輕鬆的為法國微弱守軍所擊退。到此時德法之間已經簽訂了休戰協定，所以也就不了了之。

法蘭西戰役結束之後，希特勒開始考慮下一個步驟：眼前的問題是英國，而遠程的問題則為俄國。他首向英國發出招降的息訊，結果遭到拒絕，於是也就不能不進攻英國。等到「不列顛之戰」失敗，「海獅」計畫胎死腹中之後，用直接手段擊敗英國的希望遂完全落空，因此希特勒所能採取的計畫就只有下述二點：㈠積極準備進攻蘇俄；㈡同時用間接手段以來孤立英國使其不能為害。此種間接路線又可分為下述三項：⑴拉攏日本以來對抗英美合作，而且也還可牽制蘇俄；⑵利用西班牙和維琪法國以及義大利來控制非洲和西地中海；⑶鼓勵東南歐小國加入三國同盟，來控制巴爾幹和東地中海。在這樣的全面戰略之下，希特勒遂嚴禁墨索里尼在巴爾幹方面再作任何擴張企圖，這當然使後者深感不快。

這兩位獨裁者雖然一向宣稱他們合作無間，但事實上，他們很少見面和會談，而兩國參謀本部之間也無聯合戰略計畫，兩國政府之間更無共同外交政策。他們表面上是互相標榜，彼此捧場，實際上則勾心鬥角，彼此猜忌。希特勒的一切行動都是事先不告訴墨索里尼，等到事後才向他作一個禮貌上的「報備」，因為他認為義大利最不能保密。另一方面，墨索里尼對於希特勒的一帆風順是又羡慕又妒嫉，而對於希特勒的態度日益專橫則更是憤怒和痛恨。

一九四〇年十月四日，他們兩人在布里勒隘路會晤，希特勒對於三天內德國即將開入羅馬尼亞的決定完全保密。事後，墨索里尼非常憤慨，因爲僅在幾星期以前，希特勒還曾嚴令禁止義大利在巴爾幹採取任何行動。所以他向齊亞諾說：「希特勒總是讓我面對既成事實，我現在要以其人之道還治其人，我要讓他從報紙上看到我們已經佔領希臘的消息，這樣才能讓我出一口氣。」

十月二十八日，義軍入侵希臘，把希特勒的戰略計畫完全破壞，這對於鋼鐵同盟眞是莫大的諷刺。但希特勒感到毫無辦法，因爲事先不通知同盟國而就採取行動本是他首創的惡例。墨索里尼的輕舉妄動已經鑄成大錯。這正是孫子名言「主不可以怒而興師，將不可以慍而致戰」的另一次證明。墨索里尼輕舉妄動固然已經大錯，但更壞的卻是義大利的部隊無能，他們很快就給敵人擊敗，不僅破壞了軸心國家百戰百勝的形象，而且更留下一個爛攤子，使希特勒不得不替他收拾殘局，這正是天下本無事，庸人自擾之。

在另一方面，英國人卻獲得了一個暫時翻本的機會。義大利發動攻擊一星期後，一支象徵性的英軍已在希臘登陸，其海軍也突襲大蘭多港(Taranto)，炸毀了義大利五艘軍艦。此種戲劇化的成功加上希臘的英勇抵抗遂使聲勢爲之一振。於是本來那些想加入軸心組織的國家都暫時觀望或索取高價（例如：西班牙）。由於義大利招架不住，英國空軍又已在希臘建立基地（可以達到羅馬尼亞的油田），所以希特勒決定使用德軍去趕走英軍並征服希臘。一方面是收回軸心的面子，另一方面也是消除潛在的威脅。

德國與希臘之間隔著四個國家，即匈牙利、羅馬尼亞、保加利亞、南斯拉夫。前兩個國家本已爲德國附庸，而後二者也已同意德軍假道。不料南斯拉夫突然發生政變，推翻了同意加入軸心的政府。

希特勒大怒，決定要嚴懲該國。儘管李賓特洛甫（外長）力勸先試用外交手段暫緩用兵，但卻爲希特勒所拒絕。德軍於一九四一年四月六日進攻，四月十七日南斯拉夫已被征服，四月二十七日，德軍又已進入雅典。

這次巴爾幹戰役只算是一段插曲，但對於德國而言卻是得不償失，至少產生了兩點不利後果：㈠發動侵俄戰役的時間受到了相當的延遲；㈡一部分德軍在參加巴爾幹作戰之後，就立即調往東線，來不及整補，作戰能力受到相當影響。這兩點對於侵俄的失敗雖非決定因素但有相當影響作用則可斷言。嚴格說來，整個地中海的作戰（包括巴爾幹和北非在內）都是畫蛇添足，如果義大利能守中立，則反可以使德國在東進時無後顧之憂。

陸、失敗的原因

自從投入戰爭之後，義大利眞是倒霉到了極點。不僅在希臘碰了釘子，在非洲更是一敗再敗，幾乎把整個殖民帝國都丟光了。義大利在北非享有壓倒優勢，有大軍五十萬人，而英國在埃及只有五萬人。在厄立特里亞和阿比西尼亞義軍超過二十萬人，而英國在蘇丹和肯亞的兵力也非常有限。但從一九四〇年九月到一九四一年二月，墨索里尼的東非殖民地已完全喪失，而在北非方面，英軍也已經進到了班加西(Benghazi)。如果不是邱吉爾爲了要把兵力送往希臘而下令停止前進，英軍很可能順利進佔的黎波里(Tripoli)並把義大利人完全逐出非洲。

因爲義大利實在支持不住，所以希特勒不能不給與援手，於是隆美爾始被派前往北非。從此遂展開了長達三年的北非戰役。在這個戰役中扮演主角的是隆美爾以及他所指揮的少數德國精兵，至於義大利部隊則被視爲無足輕重的卒子。至於整個南面戰場，在理論上是由義大利負責，但希特勒又已派凱賽林元帥(Albert Kesslring)以德國南面軍總司令的名義駐羅馬，實際上負督導之責。

到一九四三年初，北非戰役結束，聯軍乘勝進向西西里島。七月初聯軍在該地登陸，立即產生了重大的政治後果——七月二十五日，墨索里尼爲義大利國王免職並被拘禁。長達二十年的法西斯政權隨之而完全崩潰。此時聯軍雖尙未進入義大利本土，但整個南歐戰役卻已成尾聲，而義大利的退出戰爭也已成定局。義大利境內的戰事一直拖到一九四五年才完全結束，但那都是德國人打的，與義大利已經無關。(註：這些作戰的經過與本文的主題並無太多關係，所以從略。)

義大利在戰爭中的表現爲什麼這樣蹩脚？凱賽林在他的回憶錄中曾經有很詳細的解釋，現在就擇要簡述如下：

(一)義大利全國上下從來不曾對戰爭採取認眞的態度。這與民族性有關。義大利人從無緊急感，根本不講求效率，說話也不上算。他們最擅長的就是「作秀」，把生死存亡的決鬥視爲兒戲。

(二)墨索里尼本人也是如此，他的一切政績都是虛有其表，經不起嚴格考驗。義大利的陸海空三軍都是供表演之用，完全不能打仗。訓練和裝備都不夠水準。儘管義大利部隊並非沒有勇士，但戰爭中的決定因素並非個人的英勇行爲，而是全軍的組織和精神。

(三)義大利當局根本無意充分利用其戰爭潛力，他們的動員機構完全不適當，所以人力和物力都被閒置或浪費。

(四)義大利的軍官缺乏專業精神，他們不務正業，與士兵生活完全脫節。軍官與士兵的待遇差距極大，官愈大愈享受，而一般士兵的軍餉常被刻扣和不準時發給。這樣的軍隊又如何能同生死共患難。

柒、結論

義大利在第二次大戰中的經驗雖不光榮，但並非不重要。義大利對於德國可謂毫無貢獻，反而言之，卻眞是幫倒忙，扯後腿。它破壞了德國戰略的完整性，使其受到不必要的牽制和擾亂。而且德國也因此而損失了寶貴的時間，和對於資源作了不必要的消耗。從另一個角度來看，義大利對於西方同盟國卻眞有若干間接的貢獻：㈠破壞了希特勒用間接路線孤立英國的計畫；㈡使英國在慘敗之後獲得振作士氣的機會；㈢北非戰役使聯軍有用武之地，並替未來勝利奠定基礎。

如果義大利不輕舉妄動而把它在非洲所消耗的兵力用來支援德國在東線的作戰，則對於德國將可作相當重大貢獻，甚至於能左右戰局亦未可知。從非洲的經驗上看來，義大利部隊完全獨立作戰時眞是不堪一擊，但在德國將領統一指揮之下，並且夾在德國部隊之間使用，則仍能擔負若干次要的任務，這樣也就可以騰出德國的精兵來做其他的工作。在東線上德國人曾使用相當數量的附庸部隊（以羅匈二國爲主）至少義大利部隊可以與他們相比擬，但數量卻遠較巨大。

對於後世而言，義大利的故事是可以提供不少的教訓，舉其最要者也許是下述五點：

㈠國家的強弱，民族性是一重要因素。不過民族性並非完全是天生的，或不可改變。如果民族性有弱點，當國政者應努力加以改造，始能轉弱爲強。這當然是一種長期工作，非一蹴可致。但並非不可能，而且也是不可忽視的根本政策。

(二)當國政者必須有自知之明，國力不足時決不可行險僥倖。墨索里尼應知其軍隊不堪一戰。因爲在西班牙內戰時，曾有兩師義軍被完全擊潰。義大利海軍素有「好天氣艦隊」(Fine-Weather Fleet)之稱。此皆爲人所共知之事實。他不應自欺。

(三)國家大事的決定不可意氣用事，而必須冷靜合理。孫子的名言是值得每一位國家領袖奉之爲金科玉律。不僅墨索里尼在決定侵略希臘時是犯了這種錯誤，希特勒在決定痛懲南斯拉夫時也是如此。否則他也許可以用較短時間和較小犧牲來達成同樣的任務。

(四)國家建設必須腳踏實地，切戒粉飾太平。尤其是在國防方面更是如此。軍隊是用來打仗的，不是用來表演的。打仗必須憑眞實功夫，花拳繡腿是毫無用處。

(五)同盟戰爭必須有完整的同盟戰略，嚴格說來，軸心組織雖號稱鋼鐵同盟，但只虛有其表，而且並不能算是一個眞正的同盟，至少，是沒有統一的戰略指導。假使希特勒在當時眞能控制其同盟國（不僅限於義大利而且還有日本）的行動使其趨向於共同的目標，則歷史可能要重寫。

杜牧在〈阿房宮賦〉中說：「秦人不暇自哀而後人哀之，後人哀之而不鑑之，亦使後人而復哀後人也。」當我們檢討義大利人在第二次大戰中的失敗經驗時，似乎應有此同感。

第十一章 北非戰役的分析

在整個第二次世界大戰中，北非始終只能算是一個副戰場，但是北非戰役卻是一個非常長久而複雜的戰役，它是一九四〇年九月就已經開始，而直到一九四三年五月才全部結束，比任何其他的戰役都要長。其所用的兵力雖不算最多，但牽涉的國家卻是最多，包括德、法、義、英、美都在內。這個戰役就軍事戰略而言雖不具有決定性，但就大戰略而言，卻含有極重大的意義和極深遠的影響。因爲這是一個頭緒極爲複雜的戰役，其中的史實曾經引起不少的爭論，而在國內似乎是頗少有人加以研究，所以本文準備依照時間的順序對此一戰役作一綜合的檢討，並扼要分析其戰略教訓。

壹、義大利初嚐敗績

當敦克爾克之後，法國的敗亡已成定局時，義大利的墨索里尼希望不要錯過分贓的機會，遂趕急在一九四〇年六月十日放棄中立而投入戰爭。照他看這實在是一個萬全的決定。這是英國有史以來最倒霉的時候。在歐陸上的遠征軍雖已僥倖逃出虎口，但暫時已無再戰之力，面對著德軍入侵的威脅，能否應付都頗有疑問，自無餘力去保護其海外殖民地。所以趁火打劫，此其時也。只要在非洲的義大利大軍一發動攻擊，則整個非洲的大英帝國領土都將易主了。

義大利在北非是享有壓倒的優勢，其兵力總數達五十萬人，而在埃及的英軍一共不過五萬人。此外，義大利在厄立特里亞和衣索匹亞另有兵力二十萬。他們從那裏可以分別進攻蘇丹和肯亞，那兩地的英國守軍更少，足以對埃及造成首尾難以兼顧之勢，但義大利卻始終不曾向那兩方面發動攻勢。

北非方面的義軍由格拉齊亞尼元帥(Marshal Graziani)指揮，在昔蘭尼加(Cyrenaica)前線上的兵力約三十萬，而他們所面對著的埃及守軍則爲三萬六千人。英軍最前線在埃及境內的梅爾沙馬特魯(Mersa Matruh)，在尼羅河三角洲以西約二百哩，距離國界線一百二十哩。英軍主將爲號稱中東軍總司令的魏菲爾(Gen. Wavell)。

直到一九四〇年九月十三日，義軍才集中了六個師的兵力開始進攻，只走了五十哩就停止不動。魏菲爾認爲敵軍既不進則應立即還擊。此時英軍約三萬，而義軍約八萬，但英軍有戰車二七五輛，而義軍則僅有一百零二輛，並且素質也遠較低劣。十二月七日，英軍奮勇進攻，勢如破竹，這也是所謂北非戰役的眞正開始，充分顯示裝甲兵在此特殊環境中的威力。

十二月十一日，英軍攻佔細第巴拉尼(Sidi Barrani)，俘獲義軍四萬，火砲四百門，爲英軍在第二次大戰中的首次勝利，對民心士氣大有裨益。義軍殘部躲入海岸要塞巴地亞(Bardia)避難。但英軍並未乘勝追擊，這是因爲坐在後方司令部中的大官根本上不了解前線情況之所致，遂坐失了將敵人一網打盡的機會。

直到一九四一年一月三日，英軍才再度進攻，義軍迅速崩潰，又再被英軍俘獲四萬五千人。英軍並乘勝進攻多布魯克(Tobruk)，在一月二十二日將其克服。這是一個極具戰略價值的海岸要塞，也成爲以後戰役中雙方爭奪的重要焦點。

此時邱吉爾一直在命令魏菲爾抽調兵力去援助希臘。不過英國的「好意」卻受到希臘的拒絕。於是邱吉爾才允英軍繼續進攻，以完成對昔蘭尼加的征服爲目標。二月六日，英軍即已佔領班加西(Benghazi)並又俘獲敵軍兩萬。到此時，義軍無異全軍覆沒，英軍可以兵不血刃而直趨的黎波里(Tripoli)。

但邱吉爾卻是一個頭腦硬化的人，他一心沉醉在巴爾幹戰略幻想中，於二月十二日又嚴令魏菲爾只准留下最低限度的兵力據守昔蘭尼加，而把其他的部隊儘量送往希臘，這樣也就斷送了英軍在北非的初期勝利。假使不是這樣，則英軍也就可以一了百了，進佔的黎波里而把義大利人完全逐出非洲。這也告訴我們「機不可失」的眞理，戰略家的心靈必須要有充分的彈性，否則就會坐失良機，而引起無窮的後悔。

貳、隆美爾登場

二月六日，即格拉齊亞尼全軍覆沒之日，希特勒召見隆美爾(Erwin Rommel)，指派他前往非洲去援救義大利人。在此時我們又必須首先追述希特勒對於地中海戰略的看法。自從西線戰役結束之後，關於德國進一步的行動在納粹帝國的高階層中曾引起相當激烈的爭論。德高望重的海軍總司令賴德爾既不贊成侵英又不贊成侵俄，他一直主張應以地中海及鄰近地區（北非及中東）爲戰略重心，因爲這是大英帝國最脆弱的一環。賴德爾在一九四〇年九月曾兩次向希特勒進言，一方面指出這個地區的經濟重要性，另一方面又警告英國人，甚或美國人有在法屬西非洲登陸的可能。

賴德爾遂提出下述三點具體建議：㈠確保大西洋方面的島嶼和直布羅陀；㈡與維琪法國合作以確保西北非洲；㈢與義大利合作，對埃及和蘇彝士發動攻擊，並企圖由此經過巴勒斯坦和敘利亞以達土耳其。他認為地中海戰略若能成功，而大英帝國也就自然崩潰，於是蘇俄也將不敢輕舉妄動，所以德國也就似乎無再向東面發動攻擊之必要。

賴德爾之言自然是代表海權論者的傳統思想，雖言之成理，但並不一定正確，尤其是相信喪失了中東即能令大英帝國崩潰，實未免是一廂情願的想法。至少他的意見對陸權主義者的希特勒是並不能產生太多的說服作用。希特勒深知除非能渡海攻英，否則決難使英國屈服，甚至於喪失了不列顛，英國也不一定就會投降，邱吉爾也許眞會遷都加拿大再繼續打下去，不過至少在相當長久時間之內是無力牽制德國在歐洲的任何行動。如果不能渡海攻英，則留給希特勒可以自由支配的時間也就會變得更有限，所以他必須乘著英國喘息未定的機會先去解決俄國，否則終將難免腹背受敵。

平心而論，希特勒的戰略觀念實在比較正確。他對於地中海及非洲所作的考慮都是只具有限性的目標：㈠封鎖地中海以增加英國的困難；㈡確保西北非洲及大西洋島嶼以防聯軍日後登陸。希特勒絕對無意向南發動任何大規模攻擊，他的兵力也早已開始向東歐集中。

到此時（一九四一年初）為止，希特勒的軍事戰略可以說是相當成功，但他的外交戰略，尤其是同盟戰略，卻是一無是處。德義兩國雖號稱「鋼鐵同盟」，但在大戰略上幾毫無協調之可言。希特勒這個人的確很古怪，其心理是頗難了解，他對於墨索尼里的態度即為一例。他好像是有一點自卑，多少是視墨索尼里為前輩，對後者的確相當尊敬，甚至於等到墨索尼里已經到了窮途末路時，希特勒對他的忠忱仍不改變。就做人的立場上來看，希特勒的「義氣」似乎頗堪嘉許，但就戰略而言，這種感情就成爲沉重的包袱。

從德國人眼中看來，義大利保持善意中立實在遠比投入戰爭更爲有利，尤其在法國已經崩潰之後更是如此。但希特勒既不能阻止墨索尼里參戰，更不能阻止他一再闖禍，而且等到他無法收場時，又還不能夠坐視不救。這對於希特勒來說，眞是一個極大的痛苦，但他還是一點辦法沒有，以至於吃了不少的虧。除了對直接足以影響征俄之役的巴爾幹戰役不擬在此論列以外。整個北非戰役也都是墨索尼里的輕舉妄動所引起。若非如此，則第二次大戰的發展也許就會完全不同了。

墨索尼里的狂妄無知固然應該責備，但尤其令人啼笑皆非的是義大利的民族性。義大利人是樣樣事都不認眞，他們從無緊急之感，說出口的話也可以不上算，對任何工作都不講求效率。誠如德國凱賽林元帥(Albert Kesselring)所云：墨索尼里應了解戰爭並非兒戲，如果他不能激起其人民的戰鬥精神，則他根本不應輕率的投入此種決鬥。

很明顯，北非戰爭是義大利人的戰爭，希特勒當初也以爲憑著十比一的人力優勢，義軍至少應立於不敗之地，所以可以讓他們在沙漠中去打他們自己的仗，而不必多加干涉。那知道義大利人會無能至此，於是希特勒只好插手了。其原因很簡單：㈠希特勒不能讓北非落入英國人的手中，而引起無窮的後患；㈡希特勒也不能讓義大利人被趕出非洲，那對於軸心的威望將是重大的損失。但希特勒所要求的只不過是穩住北非的局勢而已，他從未想到以此爲基地而再作進一步的攻擊，尤其是征俄戰役即將發動，希特勒實無閒情逸緻來考慮此種不急之務。

所以他選擇派往北非的人只是剛剛升中將的隆美爾，其準備使用的兵力則更小得可憐，所謂「非洲軍」（Afrika Korps）只有兩個師。由此可知希特勒對於這件事並不曾給與以太多的重視。以後隆美爾的戰績也可以說是出乎一般人（包括希特勒本人）的意料之外。隆美爾要算是一位傳奇人物，比起其他的德國名將，要算是非常幸運。他在非洲幾乎享有完全的行動自由，因為非洲只是一個次要的戰場，希特勒一心忙於應付東線的戰事，所以至少在最初一年內對他是完全不加干涉，這樣才使他有機會一展所長——此即孫子所云「將能而君不御者勝」的道理。為了顧全義大利人的面子，表面上隆美爾是受義大利北非軍總司令的節制，實際上，在前線上的一切兵力，包括義大利部隊在內，都是由他統一指揮。

參、隆美爾牛刀小試

非洲軍的兩個師需要相當時間始能完全運到北非，但隆美爾本人卻於二月十二日即已飛到的黎波里，兩天之後才有第一批德軍（共兩個營）到達。由於情況緊急，隆美爾命令部隊立即開往前線。為了虛張聲勢，他又把普通汽車偽裝成假戰車，直到三月二十一日，才有第一個德軍戰車團運到非洲。

由於英軍已停止不動，隆美爾遂於三月底發動攻擊。對於他來說可算太幸運。英國能戰之兵不是送往希臘就是已調後方整補，所以隆美爾也就攻無不克，戰無不勝，儘管他的主力一共只有五十輛戰車。

四月十一日，英軍已被逐出昔蘭尼加，只有一部分兵力在多布魯克閉關自守。隆美爾的收復昔蘭尼加是比英軍的征服該地更較輕鬆。英國人在二月初坐失良機，現在由於隆美爾的登場，他們開始遇到勁敵，若再想肅清北非，則必須付出極高的成本。此項責任應由邱吉爾負起。

不到一星期，英軍就退回了兩百哩，在兩個星期內，共退回了四百哩，而達到埃及的邊界。不過多布魯克仍在英軍堅守中。這個有要塞保護的小港遂成爲軸心軍背上的一根芒刺。英國人此一決定對於此後一年內的戰役發展具有極深遠的影響。隆美爾從四月十一日開始進攻多布魯克，但他的兵力實在太少，不足以攻堅。在另一方面，魏菲爾也不能趕走隆美爾和解守軍之圍，於是遂形成僵持之局。

當隆美爾長驅直入之際，在羅馬的義大利當局對於他的「孤軍深入」早已感到惴惴不安，他們要求德國統帥部制止其「輕舉妄動」。德國陸軍參謀總長哈爾德一向反對任何海外的軍事行動，他曾親口告訴隆美爾：「陸軍總部認爲在北非開闢戰場實爲一種錯誤，德軍在那裏的任務不過是使義大利苟延殘喘而已。」同時他對於隆美爾也有很大的成見，認爲其作風是違反偉大的普魯士參謀部傳統。

希特勒對於活力充沛，尤其不是貴族出身的隆美爾比較寵信，但此時一心只想打倒俄國，所以也把非洲和地中海視爲次要。一九四一年十月，托馬將軍(Von Thoma)曾奉命前往北非視察，他回來報告：只要四個裝甲師即可保證攻佔埃及。但此時東線戰況正當緊急，希特勒不願提供這樣多的增援兵力，以免影響主戰場上的實力。同時墨索里尼由於政治上的考慮，也不願接受較大的德國援助。其結果遂使隆美爾的兵力始終不足以征服埃及和把英國人逐出地中海。

假使說希特勒始終不重視北非和地中海，則邱吉爾現在想法就和他完全不一樣。自從希臘淪陷，隆美爾每戰皆捷之後，邱吉爾的眼光遂又回到埃及方面。他現在所考慮的問題即爲不惜一切努力以來確保英國在地中海和中東的地位。從一九四一年四月底起，英國的增援即不斷的向埃及湧入。而魏菲爾又不等增援全部到達，即開始集結手裏現有兵力發動反攻，那就是五月中旬的「簡短作戰」(Operation Brief)和六月中旬規模較大的「戰斧作戰」(Operation Battleaxe)。

結果兩次都是勞而無功，但戰車的損失則比德軍遠較重大。尤其是戰場是在德軍控制之下，其所損毀的戰車大部可修復再用；而英軍在匆匆撤退時，受損的戰車也就會被棄置在戰場上不能帶走。此種不成比例的戰車損失即可證明英軍已經戰敗。

爲何隆美爾以劣勢兵力卻幾乎能每戰必勝？主要原因是他能認淸沙漠戰爭的特殊性質。北非是裝甲兵的理想戰場，誠如隆美爾自云：「在一望無涯的沙漠上，摩托化部隊能發揮其最大威力。」英國人則深受所謂「步兵心靈」的影響，所以雖享有數量優勢也還是不能發揮其應有的功效。很夠諷刺的，隆美爾本人又是一位著名的步兵戰術專家，其所著《步兵攻擊》一書早已成權威名著，但他在第二次大戰時卻一躍而成爲裝甲名將，所以其心靈的彈性實不可及。事實上，他不僅善於運用裝甲兵，而更善於運用步兵以來配合裝甲兵。誠如其自云：「裝甲部隊爲摩托化軍團的核心，其他部隊都是輔助性，並應繞著核心旋轉。應儘量用戰防武器來消耗敵方裝甲，而把自己的裝甲兵保留供決定性打擊之用。」這也正是孫臏以下駟當上駟的辦法。

英軍兩次攻擊的失敗又暗示戰術趨勢已有新改變。在第一次大戰時，防禦對攻擊居於優勢，到第二次大戰初期，此種趨勢完全倒轉過來。裝甲兵的閃擊幾乎勢如破竹，令人以爲攻擊是必然能夠壓倒防禦。但隆美爾卻證明，即令在北非沙漠那樣開闊地區中，對於防禦戰術若能作巧妙運用，則仍能擊退優勢敵軍的猛烈攻擊。這也正是所謂「機動防禦」觀念的萌芽。事實上，攻擊與防禦是一體的兩面，善戰者必須同時運用而不可偏廢。一般人又還有一種誤解，以爲沙漠地區是無險可守，實際並非如此，儘管是沙漠，其中還是有若干要點，例如隘道、山脊、要塞等，可用作防禦的基礎，尤其正因爲可守之地甚少，遂更增加這些要害的戰略價值。整個北非戰役幾乎都是以這種據點來作爲發展的基礎。

肆、第一階段結束

邱吉爾是英國民族的典型代表，只要牛性一發就再無任何東西可以改變其決心。於是儘量向埃及增援而不計一切後果。他的軍事顧問向他提醒遠東的防禦可能更重要，尤其是新加坡，但邱吉爾置之不理。儘管遠東大戰已有一觸即發之勢，邱吉爾的眼光卻只釘在隆美爾的身上。如果說隆美爾間接造成新加坡的淪陷，也似乎並非過甚其詞。

隆美爾此時雖然官升上將，非洲軍也擴大爲裝甲兵團(Panzer Group)，但其所獲得的增援卻極爲有限。空軍方面，英國人有飛機七百架，而隆美爾只有三百二十架；裝甲方面，英軍有戰車七百一十輛，德軍只有一百七十四輛，至於義軍雖有一百四十六輛，但根本無太多價值。英軍還有預備戰車五百輛，而隆美爾則毫無預備隊之可言。

戰斧作戰失敗後，魏菲爾即被免職，遺缺由奧欽列克(Gen. Auchinleck)繼任。但又經過了五個月，直到十一月中旬，英軍再三度發動攻勢，其代字爲「十字軍作戰」(Operation Crusader)。這次英軍享有壓倒優勢，照理說，其能擊敗隆美爾應無疑問。但英軍行動遲緩，各單位之間又缺乏協調，遂屢爲隆美爾所乘，一再受到戰術奇襲，損失慘重。十一月二十四日，隆美爾利用英軍的分裂狀況，突然率領機動兵衝向其後方。其目的不僅爲切斷敵軍交通線，而且也打擊其指揮官心理。果然英軍大感驚懼，幾乎全面崩潰。幸虧奧欽列克爲英國不可多得的將才，能夠臨危不亂，他親自督戰，拚命反擊，才穩住了陣腳。

隆美爾的銳氣逐漸喪失，尤其深感燃料缺乏，遂不能不自動撤退。此時英軍又已獲得增援，在戰車總數上佔有五比一的優勢，但隆美爾仍能且戰且走，到十二月二十七日安全退到阿格達比亞(Agedabia)，也就是他年初發動攻擊的起點，英軍也自動收兵，結束了一九四一年的戰役。

一九四一年的北非戰役眞是一場拉鋸戰，隆美爾雖已達到埃及邊界，但結果又還是退回原有起點。隆美爾在那樣的劣勢之下，仍能有如此傑出的表現，其被稱爲名將，享譽千秋是毫不過分。實際上，誠如隆美爾所指出的，此時在西歐還閒置著不少的機械化部隊，尤其是在挪威還駐有五十萬人的兵力更完全是浪費。英軍在一九四一年是絕無反攻歐陸的可能，從西歐駐軍抽出兩三個師來援北非是絕無危險。若如此，則隆美爾之能征服埃及似無疑問。這樣雖不一定會像賴德爾所想像，足以迫使大英帝國投降，但未來戰局的發展必將有所不同，實可斷言。

從一九四〇年九月到一九四一年十二月，可算是北非戰役的第一階段，就這整個階段而言，我們可以獲得兩項最重要的敎訓：㈠機不可失。戰略家的頭腦必須要有充分的彈性，始能把握稍縱即逝的良機。如果坐失良機則將後悔無窮。㈡人的重要。戰爭是人事，歷史也是人事。一切的發展和成敗幾乎莫不深受人事因素的影響。

伍、決定性的一年

一九四一年的北非戰役是一場眞正的拉鋸戰，隆美爾雖然已經進到埃及的邊界上，結果又還是退回到其在利比亞的原有起點上。一九四二年才是一個具有決定性的一年，這一年的戰局，除了史達林格勒會戰（南俄戰役）以外，整個戰潮的起伏也都是以地中海爲中心。

以地略形勢而論，西方在地中海、中東、和北非此一廣泛地區中是享有一種傳統的優勢：㈠生活在地中海沿岸的人是慣於接受英國的統治，對軸心保有先天的敵視心理。㈡西方在此地區中據有若干戰略要點，居於進可攻，退可守的有利地位。㈢英國人始終認爲地中海是其帝國生命線，所以不惜付出重大成本以求生存。德國人則始終認爲這是一個副戰場，不曾給與以足夠的重視。

希特勒在一九四〇年法蘭西戰役勝利之後，若能一鼓作氣渡過海峽入侵不列顚，則歐戰可能急轉直下而告結束。當「海獅」作戰未能發動之後，希特勒遂決心先擊敗俄國再來解決英國。如果俄國在一九四一年內即已眞被擊敗，則英國也就自難獨力支持。即令有美國的援助，也還是遠水不能救近火。在這樣的戰略考慮之中，地中海方面的一切行動都是不必要的「蛇足」，所以希特勒不聽從其海軍總司令賴德爾等人的意見，是並不一定就是剛愎自用，而的確有他的道理。

並不像西方戰略家所譏笑的，希特勒所犯的最大錯誤不是他不了解海權或忽視地中海的戰略重要性，而是在大戰略領域中缺乏有力的集中指導，未能制止其無用的夥伴（墨索里尼）輕舉妄動。義大利的參戰對於德國是有百害而無一利。如果它能堅守善意中立，則對德國的貢獻將遠較巨大。巴爾幹和地中海都可平安無事，於是德國也就可以專心去進行決定性的作戰。更進一步說，如果墨索里尼不在巴爾幹和北非發動盲目的冒險，而將該國兵力交給希特勒將其用在征俄戰役中，則更可以補德國人力之不足。義大利部隊雖素質不佳，但夾在德國部隊中間使用，其價值似乎也應可與其他東歐附庸兵力相當。

希特勒雖不能制止墨索里尼的愚行，但對他的失敗又不能坐視不救，因爲義大利若喪失了其非洲殖民地，則可能自動退出軸心組織。從大戰略的觀點來看，這是一種希特勒所絕對不能容許的發展。因此，希特勒遂被動的被拖進了地中海戰場，無論就時間、兵力、和精力上來說，都是無益的浪費。此時，他只有一種消極的目的，就是不讓墨索里尼的政權和他的北非帝國完全崩潰。

反而言之，巴爾幹、地中海、北非的作戰，無論爲勝爲敗，就其全體而言，對英國都要算是有利。因爲那可以使德軍遠離英國的本土，而且也能牽制其一部分兵力。同時又至少使英軍有一個繼續有仗打的機會，甚至於還可以獲得一點勝利，這對於英國的民心士氣都能產生若干刺激作用。由此可知所謂「戰略重要性」實爲一種相對觀念，某一地區對甲方具有戰略重要性，但對乙方卻不一定如此。就時間而言，更可能在某一階段中具有戰略重要性，而到另一階段又會有新的變化。

陸、馬爾他作戰胎死腹中

軸心國家在北非是一動手就打敗仗，使英國在鄧克爾克慘敗之餘，居然獲得了一個耀武揚威的翻本機會，這眞是令人感到啼笑皆非。直到一九四一年春季，隆美爾被派前往非洲，情形才開始轉變。他一口氣衝到了埃及邊界，而在此同時，整個巴爾幹也已被德軍攻佔。於是當德軍正要發動征俄作戰之際，遂又有很多人主張在中東發動鉗形攻勢，一面從北非通過埃及直達蘇彝士，另一面從克里特島南下，深入中東以與之會合。但希特勒已決心東征而無暇南顧，所以這些偉大的戰略構想都不過是空中樓閣而已。

到一九四一年底，德軍在俄國既未能攻入莫斯科，而隆美爾在北非也退回到原有的起點。美國已經參戰，對英國在精神和物質上都帶來了極大的鼓勵。英國人已經把馬爾他(Malta)島變成一個堅強基地，並由此攔截對方的補給船隻。為了應付此種危機，德國的空軍元帥凱賽林遂奉派為南戰場總司令，負責統一戰略指導。其首要任務即為毀滅馬爾他島上的軍事設施，因為該島位置在北非補給線中點上，若不將其「摧毀」則北非戰役也就永無成功之一日。

凱賽林主張應採取一勞永逸的辦法，不惜成本將馬爾他島攻佔。他曾努力說服希特勒同意他的看法，後者並於一九四二年二月批准其計畫。於是從四月二日起，德義兩國空軍遂開始對該島發動猛烈攻擊。到五月十日，凱賽林認為其任務已完成，不僅從義大利到北非的交通線已暢通，而且若立即執行登陸作戰，則攻佔該島也應無疑問。很奇怪，他的計畫卻終於胎死腹中，這要算是希特勒在第二次大戰中所犯重要錯誤之一，並且也決定了北非的最後命運。

馬爾他島雖未能攻佔，但由於補給情況的改善，隆美爾在一月二十一日遂主動的發動其「獨立」的反攻（事先儘量保密不讓義大利知道）。英軍受到完全的奇襲，立即潰敗，德軍很快的進到班加西與多布魯克之間的中點狄爾納(Derna)，一月二十三日，義大利陸軍參謀總長卡伐里羅(Ugo Cavallero)趕到隆美爾的司令部表示反對，德軍早已東進一百餘哩，而英軍卻跑得更快。

隆美爾的勝利遂又鼓勵希特勒回想到一年前被否決的鉗形大攻勢計畫，不過這一次是希望能與高加索方面的作戰相配合。此種想法含有一種內在的弱點：即戰略跟在戰術後面跑。因為隆美爾幾乎戰無不勝，遂樂觀假定他的威名和將道可以抵銷敵方日益增強的實力。這實在是一種自欺的想法。

直到四月二十九日，希特勒和墨索里尼始率領雙方高級人員舉行會談。希特勒提出進攻埃及並直入中東的理想，但義大利方面卻採取愼重的保留態度，他們認爲必須攻佔馬爾他，否則在北非不宜孤軍深入。此種想法雖非不合理，但他們又堅持在三個月之內，義大利都不能參加對該島的進攻。這種說法實在是非常荒唐，在如此危急存亡之秋，豈可白白浪費三個月的時間，既不進攻馬爾他又不准隆美爾採取進一步行動，而坐待敵人實力日益增大。

此時在埃及的英軍已經阻止隆美爾的前進，並積極準備反攻。如果說馬爾他的存在是義大利人感到猶豫不前的主要理由，則英國人爲什麼要趕緊反攻也正是爲了想確保該島的安全。在北非反攻就是保救馬爾他，此即所謂「圍魏救趙」之計。如果該島連同全部守軍三萬人都同歸於盡，則如邱吉爾所云，那將是一個巨大的災難，足以影響英國在地中海的一切未來計畫，甚至於尼羅河三角洲都會淪於敵手。

經過冗長的討論，兩位軸心巨頭終於作了下述兩點決定：㈠隆美爾應於五月底在北非發動攻擊，如可能應攻佔多布魯克，然後再繼續進到埃及邊界爲止；㈡此後，在六月中旬，至遲到七月月圓時，即可開始進攻馬爾他的作戰。在當時這似乎是唯一可以的折中決定，但正像一切的折中案一樣，結果總是使所有各方面都感到不滿意。

隆美爾不曾被邀請參加會議，足以暗示他還是「人微言輕」，他自然很不愉快，不過其所要求的行動日期卻還是勉強獲批准。但以後得知兩位獨裁者無意嘗試進攻馬爾他，也不免深感失望。以隆美爾的戰略素養，自然了解該島對北非作戰的重要，他甚至於還曾建議用他的兵力去執行攻佔該島的任務。

凱賽林則尤其懊惱。他所擬的攻佔馬爾他計畫本已在二月獲希特勒批准，所以他才在四月初發動大規模空中攻擊以來作爲登陸的前導，現在也就等於完全浪費，而且有利時機，稍縱即逝。在一九四二年初，凱賽林曾與隆美爾會商，彼此同意認爲下一個作戰目標應爲馬爾他和多布魯克。不過隆美爾主張先進攻多布魯克，而凱賽林則寧願先攻佔馬爾他。當初希特勒是已同意凱賽林的意見，現在卻又改了，但在此時還尙未明白放棄對馬爾他的作戰。

凱賽林在其回憶錄中的記載是多少有一點怪隆美爾破壞了他的計畫，但眞正的關鍵卻還是希特勒本人。儘管他在二月間即已批准凱賽林的計畫，但內心裏卻始終猶豫不決，所以他現在所作的決定實際上就是拖時間。到五月二十一日，他似乎即已決定完全放棄，因爲他告訴親信人員說，對馬爾他作戰的準備不過只是心理性而已。作爲軍事指揮官，希特勒具有一種先天性的心理弱點：他雖好大喜功，但卻害怕失敗，缺乏冒險的勇氣。

柒、隆美爾功虧一簣

一九四二年五月二十六日，隆美爾遵照高峰會議的決定發動其新攻勢。此時雙方都已獲得增援：隆美爾有三個德國師和六個義國師，而英軍則共爲六個師。若照一般的計算，以師爲單位，則隆美爾應享有數量優勢，因此英國人也就總是利用這種簡單的算術來掩飾失敗。所謂「師」者，實在一個非常模糊的觀念。像義大利的步兵師在戰場上有時不特無用，反而還成爲累贅。

照戰車計算。英國人有八百五十輛，另有四百二十輛可供補充之用。隆美爾共有五百六十輛，但眞正能用於戰鬥的卻只二百八十輛德國中型戰車。所以在會戰開始時，英國人所享有的數量優勢爲三比一，到發展成爲消耗戰時，更升高爲四比一。在砲兵方面，英軍也享有三比二的優勢，但火砲卻平均分配在各師中。隆美爾卻親自控制一支機動砲兵預備隊，對火力比較能作有效的集中使用。空軍方面雙方大致相當：英國第一線飛機約六百架，而德國也有五百三十架，其戰鬥機素質也較佳。

英軍本擬在六月中旬大舉反攻，所以隆美爾的新攻勢只早了幾天，於是也就打消了他們的計畫。不過實際上，英軍是已經準備完成，尤其補給極為充足。隆美爾能獲大勝實在不易。這除了應歸功於其卓越的將道以外，主要原因還是德軍素質精良，一般戰術水準較高，尤以對戰車和戰防砲的配合運用最為高明。

到六月十四日，英國第八軍團司令李奇(Neil Ritchie)自動放棄加查拉防線，迅速向埃及撤退。多布魯克遂完全陷於孤立，到六月二十日即為德軍攻佔，守軍三萬五千人，連同大量物質儲積都落入敵手。除新加坡以外，這是英國人在戰爭中所遭受的第二次慘敗。次日，英軍殘部又放棄在索倫(Sollam)附近的邊界防線繼續向東逃竄，隆美爾則窮追不捨。

隆美爾晉升元帥達到其軍人職業中的最高峰，其百戰雄師又已達到埃及的門前。由於多布魯克的攻陷，德軍不僅解除背面的威脅，而且還俘獲大量補給，並獲得可用的港口，因此這一次的情況要比一年前遠較有利。所以隆美爾對前途表示樂觀，實無可厚非。此時，凱賽林和義大利當局都反對繼續前進，但隆美爾卻自信在十天之內可以達到開羅，並已直接向希特勒和墨索里尼要求准許其繼續進攻。

隆美爾的勝利使德義兩國當局發生了重大歧見。墨索里尼在六月二十一日致書希特勒主張鞏固已得的成功並開始準備進攻馬爾他。希特勒本來就不想進攻馬爾他，現在就認為隆美爾馬上就可進到蘇彝士，馬爾他這顆棋子又毫無價值。他回信說機不可失，應對勝利作最迅速和最完全的擴張。

希特勒的想法又是以隆美爾的研判為根據。此時的隆美爾多少有一點因勝而驕，其研判遂不免過分樂觀。此雖人情之常，但他卻犯了兩項嚴重錯誤：㈠英軍潰敗的程度不如他所想的那樣嚴重，而其恢復的迅速也遠超過其意料；㈡他對於補給問題的解決作了過分樂觀的想法，尤其忽視了所俘獲的物資雖能維持機動，但並不能重建其戰鬥力。當他達到埃及邊界時，非洲軍只剩下了四十四輛可用的戰車，所以隆美爾雖為一代名將，此時卻未免有一點「不知己又不知彼」。

凱賽林認為當時未立即進攻馬爾他，隆美爾負有很大的責任，但實際上並非如此簡單，希特勒本來就不想進攻馬爾他，隆美爾的勝利和意見只不過增強他的決定而已。義大利人只是以馬爾他來作為反對隆美爾前進的理由，他們對於馬爾他的作戰根本毫無信心與準備，即令不准隆美爾繼續前進，對馬爾他的攻擊何時可以發動也還是大有疑問。

六月二十二日，隆美爾在尚未獲批准之前，即早已命令其部隊前進，並已超越邊界五十哩。在開羅早已人心惶惶，一切新聞報導都暗示英國人準備撤出埃及。於是義大利人也甚感興奮，而一反其消極畏懼的態度。所以到二十四日上午，隆美爾遂終於收到墨索里尼准許前進的電報。

捌、第一次艾拉敏

隆美爾真可謂先聲奪人，甚至於在他尚未來到時，英軍即已自動撤退，這也可以證明拿破侖的名言，精神重於物質，是確有至理在焉。但英軍方面至少也還有一個精神尚未崩潰的人，那就是其總司令奧欽列克。他於六月二十五日夜間趕到前線親自接管第八軍團的指揮權。他決定不據守梅爾沙馬特魯(Mersa Matruh)要塞陣地而再向後撤，以便能在艾拉敏(Alamein)地區進行比較機動化的戰鬥。作此決定需要相當勇氣，因為繼續後退不僅會有許多困難，而且在國內也一定會引起嚴重的指責。以兵力而言，奧欽列克似無撤退之必要，但因馬特魯陣地有易受迂迴的先天弱點，所以他的決定也許是比較明智。

隆美爾接到羅馬的「放行」之後，馬上就兼程前進，他完全是想依賴速度以來出奇制勝。六月三十日上午，他寫信給他的夫人說：「到亞歷山大港只有一百哩！」到那天黃昏時它只剩下六十哩。但就是在這一天，德軍在艾拉敏附近開始遭遇到意想不到的強烈抵抗，經過三天苦戰，隆美爾遂不能不承認從六月中旬開始的追擊已告一段落，不過他仍然只是暫時的停頓，事實上，他的兵力早已成為強弩之末，僅憑其個人的精神感召，始能勉強作戰。

一九四二年七月一日要算是非洲爭奪戰中最危險的一天。通常所謂「艾拉敏會戰」(The Battle of Alamein)都是指蒙哥馬利在這個地區所打的最後一戰，實際上在這個地區中所進行的會戰並不只一次，而這個第一次的「艾拉敏」是比最後一次更較重要。

當時，開羅已經在準備撤退，老百姓紛紛逃離，全世界都以為英國人已經輸掉了中東戰爭。但在那天黃昏時，前線英軍卻已經穩住陣腳，守軍信心逐漸增強，與後方的驚慌失措恰好形成強烈對比。奧欽列克頭腦冷靜，臨危不亂，雖然不像隆美爾那樣「神勇」，但卻也還是能使德軍不再能越雷池一步。於是撐到七月中旬，隆美爾也只好知難而退，承認有轉取守勢之必要。

隆美爾在受挫之餘，仍自信只要略事休息，加上空運來的緊急增援和海運的新補給，則仍可獲得決定性戰果，但補給船隻的損失又開始增大，而在沙漠中作持久的戰鬥只不過是徒然消耗兵力。所以他開始認清此次攻勢已毫無成功的希望。他於是堅決要求擺脫敵軍退回邊界陣地。但卻立即受到希特勒和墨索里尼的嚴詞駁斥。隆美爾的百戰英名從此時起就備受打擊，許多妒嫉他的人開始罵他是失敗主義者。當他的要求被否決，同時又無任何有價值的增援送來時，隆美爾遂更進一步主張應考慮放棄整個義屬北非。平心而論，這未嘗不是一種合於理智的想法，但此語一出，又馬上受到一窩蜂的反對。本來，古今中外的歷史都是一樣，前方浴血苦戰的是一批人，後方說風涼話的又是一批人，實在令人不勝感慨。

儘管隆美爾已經知道事不可爲，但軸心高級當局仍希望他能創造奇蹟：相信只要有必要的增援，則隆美爾仍能發動新的攻勢和進入開羅。在這樣的壓迫之下，他只好勉爲其難。不過爲了能有較佳的準備，他把發動攻勢的日期暫定爲八月底，因爲經驗已告訴他戰爭遲早將會發生成爲「物質之戰」。

於是雙方遂展開海軍和空軍的激烈競賽，但軸心方面卻顯然落了下風。環繞非洲航行的補給線雖然很長但卻安全可靠。假使軸心國家之間在同盟戰略上有適當的協調，日本人此時能把一支艦隊送入印度洋威脅好望角及其附近的航線，則情況可能就會大不相同。反而言之，越過地中海的軸心補給線雖短，但卻備受西方海空軍的威脅，現在希特勒應悔當初未能即時攻佔馬爾他島之失策。據估計，僅在八月最後一星期中，英國人卸下了五十萬噸的補給，而軸心方面的數字則僅爲一萬三千噸。

到八月底，義大利統帥部所承諾的補給仍未送達，而作戰所必不可少的圓月已經開始變缺了。隆美爾無可奈何遂命令在八月三十日夜間發動攻勢，這是隆美爾在艾拉敏地區所發動的最後一次攻勢，他自己說這是一次無希望的會戰。九月一日，德軍攻勢即已被迫停止，兩天之後遂退回原線。但義大利統帥部卻還在作一廂情願的想法，要求非洲軍團再度進攻以求決勝。事實上，隆美爾要想守住現有的陣地都已是千難萬難。

玖、蒙哥馬利登場

一九四二年七月會戰（即第一次艾拉敏）的結果很令英國人失望，但奧欽列克能擋住隆美爾的前進實已功不可沒。隆美爾很佩服奧欽列克，認為他是大將之才。雖然師老無功，但並非他一人的過錯。不過為了激勵士氣，振奮人心，調換主將常被當一種最簡單的辦法，至於是否公平合理則又另當別論。於是八月十三日，邱吉爾指派亞歷山大(Harold Alexander)接任中東總司令，而第八軍團則由葛特(W. H. E. Gott)繼任，但次日葛特即因飛機失事殞命，於是由於命運的安排，蒙哥馬利(B. L. Montgomery)中將才從英國調往埃及補了這個空缺。亞歷山大是一位忠厚長者，對蒙哥馬利不僅不加控制，而且還替他做擋箭牌，這樣才使後者獲得一鳴驚人的機會。

誠如隆美爾所批評的，蒙哥馬利最大的長處就是不打沒有把握的杖。他是一位謹慎有餘，剛猛不足的人，但此時英軍在人力上已穩佔優勢，所以他只要能穩紮穩打，即可坐收勝果，而實無冒險之必要。他的運氣也太好，因為輪到他上場時隆美爾已經是疲兵久戰，再衰三竭。從此蒙哥馬利的將星就一直閃閃發亮，而隆美爾的則開始黯然失色。蒙哥馬利也終於成為一代名將，其功過得失曾引起許多批評，甚至於到今天雖已蓋棺而仍未定論。

八月底他擊退了隆美爾的最後一次攻勢。對於英軍而言，只要能看到德軍撤退，即令只是後退幾步，也都要算是勝利。所以這次「勝利」對於蒙哥馬利的威望實為莫大的貢獻。從此連邱吉爾也沒奈他何，只好讓他慢慢地去準備反攻。

直到十月二十三日，蒙哥馬利才發動攻勢，此即歷史上所謂的「艾拉敏會戰」。英國人此時所享有的優勢已達空前的程度。第八軍團有戰鬥兵力共二十三萬人，而非洲軍團則僅有八萬人，其中又只有二萬七千人是德國部隊。以戰車數量而論，英軍在開戰時享有六比一的優勢，而且還有巨大補充能力，可以不怕消耗。更重要的是空權優勢，西方第一線飛機在一千五百架以上，而軸心方面則只有三百五十架。

對於軸心方面更不幸的是隆美爾因病而不能不於九月間返回歐洲休養，其軍團司令職務由斯徒美將軍(Gen. Stumme)暫代，而非洲軍的軍長內林(Gen. Nehring)也早已身負重傷，遺缺現暫由托瑪(Gen. Thoma)接替。這兩位將領都是從東戰場調來，對非洲情況頗爲陌生。所以當英軍大舉進攻時也就感到手忙脚亂。尤其是到第二天，斯徒美又心臟病突發逝世。此時隆美爾尚在家中休養，希特勒立即用電話問他能否返回歐洲，他明知此行凶多吉少，而且病體也未康復，但仍毅然同意立即飛回前線，此種「臨難毋苟免」的精神是很令人敬佩。他在十月二十五日黃昏時才回到司令部，軸心軍防線早已多處潰裂，能用的戰車也幾乎已損失一半。

「艾拉敏」雖使蒙哥馬利一戰成名，但他的勝利卻一點都不精彩。他的計畫是笨拙愼重，他的行動是拖泥帶水，全部會戰過程變成激烈的消耗，而且一再頻臨失敗的邊緣。僅僅因爲他享有無比的優勢，而他又能堅決硬撐，才終能獲勝。若如福煦元帥所云，會戰爲兩個意志之間的決鬥，則蒙哥馬利唯一可取之點即其求勝意志的堅強。

從十月二十三日夜間開始，英軍攻勢一再停頓，使邱吉爾深感失望，連蒙哥馬利本人都有一點沉不住氣，外表雖力持鎮靜，內心卻焦急不堪。十一月二日凌晨英軍三度猛攻，情況仍然令人沮喪。經過一天苦戰，到夜幕低垂時，雙方暫停戰鬥，英國人還是感到勝利希望頗為渺茫，但事實上到此時他們已經贏得了這場會戰。隆美爾已經無力再戰，他能支持這樣久眞要算是奇蹟。

此後隆美爾遂不顧希特勒要求死守的命令，而率領所部迅速撤退，他知道再不走就會全軍覆沒，所以毅然不顧一切的譴責而負起救出其殘部的責任。在極端困難的情況之下，隆美爾終於還是安全撤走。他這次「大撤退」雖然是打敗仗，但從戰史家的眼中看來，要算是「雖敗猶榮」。此種艱巨任務的完成對於將道而言也可代表最高的造詣。不過一部分也是蒙哥馬利之所賜，因為他的追擊實在是太遲緩。

不管隆美爾是敗得如何光榮，蒙哥馬利是勝得如何吃力，但勝敗之分則毫無疑問。當非洲軍團已被擊敗，軸心在北非的勢力之崩潰也就指日可待。這是西方同盟自從開戰以來的第一次大勝。最值得注意的是「艾拉敏」為典型的「物資之戰」。面對著壓倒性的物質優勢，無論指揮官有多大軍事天才，無論部隊如何忠勇效命，結果還是無法對抗。戰史家認為這是一個「決定性會戰」，其理由即在此。

拾、登陸法屬北非的決策

一九四二年的北非戰役固然是以艾拉敏為地理上的焦點，以隆美爾為人物中的主角，但是在隆美爾先盛後衰，終於被蒙哥馬利逐退之前，在他的後方，聯軍又早已在法屬北非登陸，就戰略形勢而言，聯軍是已經造成東西夾擊的姿態，而在北非的整個軸心殘餘勢力是已經處於腹背受敵的窘境。

西方同盟軍在法屬北非登陸的決策經過是非常複雜而曲折。其觀念的發源是出自邱吉爾，其決定的作成則應歸功於羅斯福。早在一九四一年的夏季，在邱吉爾指導之下，英國參謀本部即開始考慮此種理想，他們預計英軍的反攻在十一月間可以達到的黎波里於是這種勝利應能引誘在北非的法軍總司令魏剛將軍(Gen. Weygand)脫離維琪政府，倒向英國方面。若此種安排能成功，則英國人將把一個裝甲師和三個步兵師的兵力，從本土直接送往法屬北非以作對魏剛的增援。這只能算是一個空中樓閣計畫，其代字暫定爲「體育家」(Gymnast)。

以後英軍既未能攻佔的黎波里，而魏剛也被維琪政府召回，所以此項計畫也就胎死腹中。但邱吉爾仍未死心。等到美國參戰後，在一九四一年十二月第一次華盛頓會議時，他遂向羅斯福舊案重提，並立即獲得羅斯福贊許。在這個階段，羅斯福對於邱吉爾是非常信任，幾乎可以說是言聽計從。邱吉爾的計畫是假定第八軍團能在昔蘭尼加獲得決定性勝利，則英美聯軍將不顧法國人的反對，應立即在法屬北非登陸以收東西夾擊之效。這種作戰也被視爲「縮緊對德國包圍圈」的步驟之一，並改名爲「超級體育家」(Super Gymnast)，預定在一九四二年五月間付之實施。

不過，美國三軍首長對此計畫的可行性卻深感憂疑。他們一致認爲美國既已參戰，就應採取「擒賊擒王」的戰略，即應迅速集中全力對希特勒的「歐洲堡壘」發動決定性的攻擊，所以一切節外生枝的行動均應儘量避免。儘管如此，他們又還是不敢公開的反對羅斯福所已作成的決定。羅斯福這個人是好大喜功，浮而不實，尤其最壞的習慣是不經深思熟慮，即貿然作下決定，甚至於在作決定之前不先與其主要幕僚商討。這種作風眞是誤盡蒼生。

到一九四二年二月下旬，太平洋方面軍情緊急，美國已無法提供北非登陸所需的船隻；同時，第八軍團又已被隆美爾打得落荒而逃，所謂「東西夾擊」早已成爲幻想。於是在三月三日，英美參謀首長聯合會議遂決定暫時不考慮執行此項作戰，而只將其計畫列為一種研究課題。

拾壹、英美的歧見

英國人的計畫既已落空，一向對邱吉爾深具反感的美國參謀首長遂立即乘機提出他們自己的計畫。那是分為兩個連續階段：㈠「波利羅」(Bolero)計畫，其主要內容是要把一百萬人以上的美國兵力集中在英國。預計要到一九四三年仲夏時始能完成；㈡「圍捕」(Roundup)計畫，也就是侵入歐陸的作戰計畫，預定在「波利羅」計畫完成後即付之執行。由於「波利羅」計畫預定要到一九四三年仲夏始能完成，馬歇爾為了保持應變的彈性，遂又提出一項「大槌」(Sledge hammer)計畫以為補充。其概念為如情況迫切有必要時，聯軍將於一九四二年內在法國登陸。

在此要作兩點說明：㈠若採納此項計畫，即等於確定在一九四二年內，如無特殊緊急情況出現，則美國陸軍將不參加任何戰鬥，而一心集中兵力準備在一九四三年對歐陸大舉進攻；㈡所謂特殊緊急情況即指俄國人已經支持不住，並向西方表示若不立即應援（即所謂開闢第二戰場）則他們將向德國投降。如果是這樣，西方國家才會迫不得已發動「大槌」作戰（即於一九四二年內在法國登陸）。至少在一九四二年上半年，此種特殊情況似乎是很少有出現的可能。

所以從立案的精神上看來，「圍捕」與「大槌」完全是兩件事。美國人根本上相信「大槌」只是以備萬一而已。戰後英國方面所發表的文獻常暗示馬歇爾似乎是一開始就主張在一九四二年進攻歐陸，甚至於連李德哈特也模糊的附和這種說法。實際上那是完全歪曲事實。

幾經爭論之後，英國人方勉強接受美國人的計畫，但內心裏仍然表示反對，這也不無理由：㈠在一九四二全年中，英國陸軍將獨立苦撐，而美國陸軍則閒著無事可做，照英國人看，這簡直荒謬；㈡英國目前最嚴重的問題是北非，而美國人對此卻毫無幫助，甚至於在積極推動「波利羅」計畫時，反而更會減少對中東的援助；㈢若不幸情況突變，而必須在一九四二年內執行「大槌」作戰，則作戰將以英國爲主力，很明顯，英國人對於此種「犧牲打」的任務當然不感興趣。

計畫勉強定案之後，一九四二年五月底，蘇俄外長莫洛托夫訪問英國並向邱吉爾重申在西歐開闢第二戰場的要求，邱吉爾只能給與一種不肯定的答復。莫洛托夫深感失望，幾天後他來到華盛頓卻發現羅斯福態度遠較樂觀。羅斯福告訴莫落托夫說他「希望」和「期待」西方同盟國在一九四二年開闢第二戰場。最後由莫洛托夫起草但經羅斯福認可而發表聲明如下：「對於一九四二年在歐洲開闢第二戰場的緊急任務（美俄雙方）已達成充分的諒解。」

羅斯福此舉實欠考慮，因爲他明知美英兩國所已同意的戰略是除非發生「特殊緊急情況」，否則不擬在一九四二年內開闢第二戰場。很明顯，此時尚無任何「特殊緊急情況」的出現。但一言既出，駟馬難追，爲了維持羅斯福的信譽，美國人現在就只好改變原有戰略計畫而準備在一九四二年內執行「大槌」作戰。

拾貳、火炬作戰

六月間，美英兩國領袖又舉行第二次華盛頓會議，戰略又再度成爲辯論主題。邱吉爾力陳過早在西歐登陸的危險和不利，並指出在北非登陸不失爲一種較好的代替。但立即遭到美國軍事首長的反對，於是遂毫無結論而散會。六月二十一日，消息傳來說多布魯克已被隆美爾攻陷，第八軍團正在全面潰敗中。六月底隆美爾又已進至艾拉敏之線並擬發動新攻勢，埃及已經危在旦夕。所以邱吉爾遂向羅斯福直接發出緊急呼籲，要求放棄「大槌」計畫，而將美軍迅速投入北非以濟燃眉之急。同時，他又指出美軍如欲在一九四二年內有所表現，則此爲唯一途徑，否則這一年的時間將會完全浪費。

美國軍事首長仍不爲所動。馬歇爾認爲登陸北非是無益的浪費，海軍軍令部長金氏則更認爲英國人缺乏誠意，主張徹底改變戰略，先向日本發動攻擊。但羅斯福卻毅然拒絕他們的建議。他告訴美國參謀首長，除非他們能說服英國人同意在一九四二年發動侵入歐陸的作戰，否則他就只有兩項選擇：㈠在法屬北非登陸；㈡把美軍派往埃及作戰。

羅斯福強調基於政治上的需要，美軍在這一年內必須採取顯著的行動。羅斯福的話具有三點含意：㈠開羅已危在旦夕，他不能坐視大英帝國的崩潰；㈡美國已經組成空前龐大的兵力，那不可能長久留在訓練營中不開上前線。美國人民一向缺乏耐性，總統的決定不能完全基於軍事考慮，而必須對民意有所交代；㈢爲了使對莫洛托夫的諾言兌現，最好是發動「大槌」作戰，但無英國人的合作則根本不可能，所以不得已而思其次，遂誠如邱吉爾所云，「體育家」不失爲一種勉強的代替品。

七月中旬，馬歇爾等飛往倫敦企圖對英國人作最後的說服，邱吉爾因爲已知羅斯福的態度，遂堅決不讓步。最後到七月二十五日，美國參謀首長才同意接受「超級體育家」計畫。羅斯福立即批准並在復電中強調登陸北非的時間不得遲於十月三十日。邱吉爾靈機一動，建議把代字改爲「火炬」(Torch)，這個頗有深意的名稱立即獲得一致贊成，爲了安撫美國人的情緒，他又建議「火炬」作戰的統帥應由美國將領充任。

當馬歇爾和金氏返回華盛頓後，他們仍繼續勸說羅斯福改變決心。於是又有「第厄普突襲」(Dieppe Raid) 慘敗的消息傳來。八月十九日，五千名加拿大部隊參加這次行動，結果死傷達三千三百六十九人之多。這可證明聯軍若在一九四二年企圖侵入歐陸將是一種極大的冒險，於是「火炬」遂成定案，不再有更多的爭執。

事後看來，聯軍在法屬北非登陸的決定可否算是最佳的選擇實不無爭論之餘地。假使說在一九四二年必須開闢所謂「第二戰場」，則毫無疑問「火炬」成功的機會遠高於「大槌」。但在一九四二年發動「火炬」作戰，則勢必要動用準備在一九四三年用之於「圍捕」作戰的人力和物力。換言之，也就是必須犧牲在一九四三年進攻歐陸的機會。這種選擇是否明智？大多數美國軍事領袖都深表懷疑。

這裏又牽涉到英美兩國在戰略思想上的基本差異。英國人一向怕打硬仗，主張採取所謂「周邊戰略」(Peripheral Strategy)，實際上，也就是李德哈特所謂的「間接路線」。即先用消耗手段來減弱敵人，然後再作最後一擊。這固然是受到傳統思想和戰爭經驗的影響，但也是基於國家利益的考慮。他們希望藉此機會打通地中海航線並鞏固大英帝國在中東的地位。

反而言之，美國人的傳統和經驗都完全不同。他們深信其生產力和組織力能在短時間內使同盟國獲得壓倒優勢，所以認爲有速戰速決的可能。魏德邁是美國計畫的原始起草人。他認爲「火炬」是不必要的插曲，但犧牲了不少的生命；地中海是一個陷阱，使歐洲的戰爭冤枉的延長了一年。

這些爭論孰是孰非實在很難斷定，不過有兩點卻似乎可以斷言：㈠假使在一九四三年發動「圍捕」作戰而又能成功，則戰爭也就自然會提前結束，但誰能保證成功呢？㈡假使美國總統因爲政治理由，必須在一九四二年發動一個作戰，則「火炬」實不失爲較合理的選擇。

拾參、艾森豪初任統帥

「火炬」作戰雖已定案，統帥人選也已派定，但是有關時間和地點的問題又繼續引起許多新爭論。這可以證明同盟戰略的協調的確是非常困難。在時間方面，邱吉爾是希望愈快愈好，所以英國參謀首長主張把D日定爲十月七日，但美國方面則主張應由統帥艾森豪去決定，因爲他有許多現實問題要考慮。到九月中旬，艾森豪始決定把D日定爲十一月八日。

關於登陸地點的問題，英美雙方的意見差距更大。英國人主張在非洲北岸上登陸（即地中海內），這樣可儘快奔向突尼西亞。美國人則堅持要在大西洋海岸上的卡薩布蘭加(Casablanca)地區登陸，因爲他們認爲在地中海內登陸太危險。英國人則認爲卡薩布蘭加距離突尼斯(Tunis)在千哩以外，在那裏登陸適足以打草驚蛇。

幾經磋商才獲致折中，但折中的產品也就往往是兩方不討好，一方面減低獲得決定性成功的機會，另一方面延長了作戰的時間。最後的決定是分三個地點同時登陸：㈠卡薩布蘭加，㈡奧倫(Oran)，㈢阿爾及耳(Algiers)。前兩個地區登陸兵力全爲美軍，後者則爲美英各半。全部人員約十萬名，飛機數百架，船隻二百五十八艘。在兩棲作戰領域中開創了一個新紀元，也是爾後同盟勝利的前奏。

聯軍在法屬北非的登陸，事先是作了相當充分的準備，並且預計將有一場惡戰；但是到了D日登陸時，其成功的輕鬆卻出乎大家意料之外。其原因安在？這是一個很值得分析的大戰略問題。

我們首先從德國方面說起。法屬北非有一天會成為西方聯軍重返歐陸的跳板，德國人並非不知道。但在一九四〇年德法休戰時，希特勒為了拉攏法國，對北非問題遂採取放任態度，同年十二月想假道西班牙進攻直布羅陀的計畫又不曾獲得佛朗哥的同意。以後由於希特勒對維琪政權不敢過分信任，而墨索里尼又非常妒嫉德法合作，同時德國人又忙於征俄戰役，無暇他顧，所以從一九四一年以後，希特勒對於北非就只以維持現狀為滿足。其防禦完全委之於法國人，至於他們能否抵抗西方的進攻則暫時未加考慮。

以後，在一九四二年內法國維琪政府和義大利當局都曾向德國統帥部討論過北非的問題。德國人的研判卻認為從敵人觀點上看來，法屬北非固屬有利的登陸地點，但在一九四三年春季之前，敵人似乎不會作此企圖。由於環境關係，義大利人對法屬北非當然比較關心。到十月間，他們的情報即已暗示聯軍正在準備登陸。希特勒卻不予採信，並警告義大利人不得對突尼西亞採取任何不成熟的措施。凱賽林（德國南歐總司令）雖同意義大利人的看法，但他卻不能左右希特勒的意見。

所以當聯軍攻入法屬北非時，德國人未採取任何對抗措施。希特勒似乎是信賴維琪政府的諾言，但事實上，後者對北非早已喪失控制能力。當軸心方面採取無為態度時，同盟方面正登陸之前卻早已展開積極的外交活動。此種活動可說相當成功，否則登陸行動以及爾後的作戰都不會那樣輕鬆。

這又應歸功於下述兩點：㈠美法兩國之間有極深厚的傳統友誼，尤其在維琪政府偏安之後，美國仍繼續與其維持外交關係，所以在北非也就還有美國的總領事，這也就使美國人與在北非的法國人很易於建立合作的基礎。㈡聯軍當局在外交活動上保有極高度的彈性，其對於合作對手的選擇完全是以現實利益為主。其最成功的一著即為與達爾朗(Admn Darlan)的合作。達爾朗為維琪政府中的第二號要人，此時由於巧合恰好正在阿爾及耳。在這一事件上，艾森豪和邱吉爾所表現出來的機智和魄力都很令人激賞。若無達爾朗的協助則同盟國的行動將遠較困難。北非尚有法軍十二萬人，分佈地區極廣，如果他們負隅頑抗，則對聯軍將構成嚴重的困難。

拾肆、聯軍登陸之後

聯軍在北非的登陸可謂獲得卓越的成功，但登陸以後的行動卻拖泥帶水，毫不精彩。反而言之，德國人事前雖毫無準備，但事後的應變行動卻極爲敏捷有效，十分值得讚賞。聯軍在十一月八日登陸，第二天（九日）德國飛機即已在突尼斯的一個機場上降落，空軍少數部隊將該機場佔領。法軍雖多卻只敢在外構成包圍圈而不敢攻擊他們。接著大量的德軍就分別從空中和海上迅速進入突尼西亞，並解除機場港口附近法軍的武裝。

十一月十六日，隆美爾手下的大將，前非洲軍軍長內林將軍，奉派前往突尼斯指揮那裏的德軍，那一共還只有三千人。到十一月底，也還只有一個師，儘管番號編定爲「第九十軍」。內林不愧爲隆美爾的高足，他不待兵力的集中，就迅速向西推進。法軍都自動退避，因爲在聯軍尚未來到之前，他們是不願與德國衝突。所以內林以這樣少量兵力，不僅守住突尼斯和比塞大(Bizerta)，而且還把橋頭陣地廣大，包括了突尼西亞的北部大部分在內。

聯軍在佔領阿爾及耳之後，如果立即向突尼斯和比塞大前進，則其成功可能易如反掌，因爲所隔距離極近，而當地法軍也大致都不會抵抗。但他們卻按兵不動，把大好機會完全錯過。直到十一月二十五日，聯軍才在第一軍團司令，英國安德森中將(Gen. Anderson)指揮之下，開始發動攻擊。此時德軍數量固已增加，但和聯軍相較仍衆寡懸殊。二十八日，聯軍矛頭進到距離突尼斯在二十哩以內的某點，卻為德軍所擊退。

十二月九日，希特勒派阿爾寧上將(Von Arnim)為突尼西亞最高指揮官，其部隊改稱第五裝甲軍團，但戰鬥兵力仍只有二萬五千人，而聯軍則接近四萬人。十二月二十四日，聯軍發動其在一九四二年內的最後一次攻勢，到次日即停頓不前。此時天氣轉壞，大雨把戰場變為泥沼，艾森豪遂命令停止作戰。換言之，也就是承認輸掉了這一場「向突尼斯的賽跑」。

邱吉爾之所以向羅斯福苦苦哀求，要趕在一九四二年內發動「火炬」作戰，其最主要的原因是為了解埃及之圍。但很諷刺，等到「火炬」作戰發動時，卻似乎已成「馬後砲」。十一月初，蒙哥馬利已經贏得最後一次的艾拉敏會戰，隆美爾也已經向後撤退。埃及的安全是早已不成問題。當然，聯軍方面也還有一個比較積極的戰略觀念，那就是第八軍團西進，第一軍團（即在法屬北非登陸兵力）東進，把隆美爾夾殺在兩支兵力之間。但到一九四二年底，這個理想也仍然還是未能實現。

聯軍既坐失良機，未能迅速攻佔突尼斯，而蒙哥馬利也進展極為遲緩，到年底都還沒有進入黎波里坦尼亞。此時東西兩面的西方聯軍也就同時面對著兩個軸心軍團——在黎波里坦尼亞為隆美爾的非洲軍團，在突尼西亞為阿爾寧的第五軍團。這兩支兵力又逐漸靠攏，於是照學理來說，他們也就開始享有所謂中央位置（內線）的戰略利益。這就是一九四二年年底北非戰略形勢的總結。

拾伍、隆美爾臨去秋波

但事實上，此種形勢又不過只是一種理論而已。到了一九四三年初，聯軍在人力和物力上都已居於壓倒性的優勢，德軍唯一能夠對抗的本錢僅爲領導比較卓越，而部隊素質也比較優秀。但誠如隆美爾所認淸的，那也只能取勝於一時，對於大勢的演變仍然無能爲力。

照隆美爾的想法，軸心軍應該利用此種有利的形勢，立即集中兵力給在法屬北非登陸的聯軍（也是兩支敵軍中比較弱的一支）先來一個迎頭痛擊。接著再回過頭來阻擊東面的第八軍團，後者由於補給線的拉長，實力也一定已受相當減弱。這樣的內線作戰若能運用成功，則也許可以贏得一段時間，以便讓在非洲的全部軸心軍可以安全的撤回歐洲。至於非洲的淪陷是早已成定局，最多也不過是時間問題而已。

但此種想法卻不爲希特勒和墨索里尼所接受。他們還沉醉在不現實的幻夢中，一心只希望奇蹟出現。所以隆美爾也就被公認爲是失敗主義者，同時又因爲他過去累建奇功，威名赫赫，於是也就受到許多人的妒嫉；現在遂變成了大家鳴鼓而攻之的對象。在這個階段中的隆美爾，眞是有英雄末路之感，其處境之惡劣是深値得同情。尤其是在突尼西亞的阿爾寧更有後來居上之勢，希特勒從歐洲調來的生力軍，加上新式裝備，包括從未使用過的「虎型」重戰車在內，都是交給他指揮，而隆美爾所指揮的部隊不僅是疲兵久戰，而且在補充和補給上也都不能獲得優先。照理說，隆美爾官居元帥，在非洲的兵力應由他統一指揮，但事實上，兩個軍團都是完全各自爲政。

一九四三年一月十五日，蒙哥馬利在獲得了足夠的增強之後，開始向在布拉特(Buerat)的隆美爾殘軍發動新的攻擊。其所擬的計畫固然很不錯，即以一部分兵力牽制敵軍的正面，另以機動兵力越過內陸沙漠迂迴前進，以切斷敵軍的退路。但蒙哥馬利卻是一位謹愼有餘，勇猛不足的將軍，其行動總是過於遲緩。結果隆美爾又還是安全的退走了。

隆美爾退到的黎波里城附近。儘管其上司要求他死守，但他卻毅然拒絕，他深知死守的結果將只是死而不守。一月十九日他繼續撤退，一直退到馬內斯防線(Mareth Line)，那是一個比較不易受迂迴的陣地，已在突尼西亞境內，距離的黎波里約一八〇哩。一月二十五日，蒙哥馬利才進入的黎波里那座空城。從艾拉敏算起已經前進一千四百哩，整整用去三個月的時間，對於第八軍團總算是走到了這一段里程的終點，而蒙哥馬利在心理上更是有如釋重負之感。

的黎波里的棄守使墨索里尼大爲震怒，隆美爾於一月二十六日被免職，其軍團改名爲第一義大利軍團，不過總算給他一點面子，隆美爾被允許有權自行決定移交和離職的日期。於是他就利用這一點殘餘權利發動其最後一次閃擊。這就是戰史所稱的「凱撒林之戰」(The Battle of Kasserine)。

隆美爾的意圖是先擊敗其後面的美軍，然後再回頭對付蒙哥馬利。但他的兵力非常有限，而且還要分兵防守馬內斯防線，所以不得不惜用阿爾寧的一部分兵力。後者卻很不合作，遇事推拖，這樣遂使隆美爾功敗垂成，十分可惜，隆美爾在二月十四日發動攻擊，美國第二軍很快的就被擊敗，但因爲種種牽制，他對於成功始終不能作迅速的擴張。拖到二十三日，遂只好自動停止。在這一戰中，他俘虜敵軍約四千人，擊毀戰車二百輛，自己的損失則極爲輕微，可謂最後的傑作，但可惜未能達到迫使聯軍退出突尼西亞的戰略目的。不過若一切能由隆美爾作主，則他可能會獲得一次決定性的勝利。

最令人感到啼笑皆非的是二月二十三日，羅馬又有命令來，把隆美爾官升一級，派他出任新成立的非洲集團軍總司令，指揮突尼西亞境內的一切軸心部隊。可是已經太遲了，已經喪失了的機會再也無法挽回。隆美爾認爲軸心部隊若再留在非洲，即無異於自殺。所以他三月九日以病假爲理由，飛回歐洲企圖說服希特勒接受他的意見。結果只是白費精力。後者認爲隆美爾已經變成悲觀主義者，遂不准他重返非洲。

拾陸、西方同盟第一次勝利

此時，軸心方面在北非的情況已無可挽救。只要聯軍集中其強大兵力來發動總攻，則突尼西亞的淪陷和非洲集團軍的毀滅也就不過是時間問題而已。但是聯軍的行動卻其慢無比。直到四月十九日才發動其最後的攻勢。軸心軍背水作戰，仍能使聯軍的攻擊一再頓挫。直到五月七日，英軍才攻入突尼斯，不久之後，美軍也達到比塞大。到五月十三日，二十餘萬軸心部隊始完全投降，只有六百三十三人從海上冒險逃走。這樣就結束了歷時將近三年的北非戰役。

對於軸心國家而言，這種結局實爲意料中事。本來在突尼西亞建立橋頭陣地，其唯一的目的就是使在北非的兵力得以安全撤回歐陸。但希特勒的想法卻完全相反，他的命令是不惜成本死守下去。這樣賴著不走的辦法寫眞毫無意義。結果是全軍覆沒。本來這些兵力可以用來阻止聯軍侵入西西里島。現在由於已無可用之兵，所以也就喪失了在南歐擊退聯軍的一切希望。

不過,突尼西亞的苦撐也使聯軍重返歐陸的時間至少延緩達數月之久,所以德軍統帥部宣稱：「突尼西亞的防禦使我方在時間上獲得重大利益，足以値得其一切犧牲。」但其代價卻是損失十五萬精兵並使義大利達到即將崩潰的邊緣。德國多數將領均認爲這是一次慘敗，其嚴重的程度實不亞於史達林格勒。尤其是誠如隆美爾所云，這些兵力如果能早一點交給他指揮，則他也許早就已經攻入開羅，直入中東了。

反過來說，北非的征服對於西方同盟國要算是一次偉大勝利，其意義可以列舉如下：

(一)這是西方國家自從開戰以後的第一次大捷，對士氣民心產生極大的鼓舞作用。

(二)不列顚海外帝國的安全從此解除威脅。

(三)地中海交通線完全打通，多出幾百萬噸可用的船隻。

(四)聯軍可以威脅的歐陸地區面積增加一倍，使希特勒更有備多力分，顧此失彼之患。

(五)對於美英兩國的聯合作戰，以及兩棲作戰的技術裝備都是一次成功的考驗。

(六)爲未來的勝利，在心理上和物質上，奠定基礎。

第十二章 從德國人的觀點論諾曼第之戰

壹、前言

一九四四年六月六日，美、英聯軍在艾森豪統率之下，向法國西部諾曼第(Normandy)地區實施兩棲登陸，跨出反攻歐陸的最後一步。「諾曼第之戰」是世界戰史中的一場決定性會戰。德國人輸掉這場會戰，也就注定第三帝國的覆亡命運。雖然第二次世界大戰自今日視之，似乎已經是一種古老的故事，但就戰爭研究(War studies)的觀點來看，仍然還是一種挖不盡的寶藏。在這次戰爭中還有很多疑問值得探索，還有很多教訓值得記取。諾曼第之戰即可為一例。

有關諾曼第的文獻眞可以說是多得不可勝數。所以，也許有人會說這樣的老問題還有什麼好寫的，事實上，並非如此簡單。至少有三點理由可以說明這個問題還是有深入研究的價值：㈠這多年來許多新的史料逐漸出現，不僅足以矯正過去研究的錯誤而且也帶來新的啓示。㈡戰後最先研究第二次大戰的人都是戰勝國方面的人，但現在戰敗國（尤其是德國）已有許多新的研究，不僅可以校正前者，而且更代表一種新的觀點。㈢就此時此地而言，諾曼第的研究對於我們更具有特殊的重要意義。諾曼第是有史以來最大規模的兩棲作戰，無論是對於登陸或反登陸都能提供教訓。

進一步說，德國人的研究似乎是更值得重視，其理由有二：㈠我們過去所曾接觸的資料大致都來自西方，德國人的觀點可以讓我們對於事實有較平衡的認識，而不為西方主觀所蔽。㈡德國人的研究是著重反登陸戰方面，這對於我們而言，也許是更符合現實需要。

本文的內容是完全取材於德國人的著作，並加以綜合敍述。不僅概述德國方面的準備和計畫，而且也從德國人的觀點來評論作戰的經過和得失。

貳、大西洋長城的建立

日耳曼民族是生活在中歐，歷史和地理背景使他們與海洋隔絕。當第二次大戰爆發時，幾乎沒有任何德國人會想到他們的海岸有受到兩棲攻擊的可能。一九四〇年法國的戰敗使此種情況發生巨大改變。德國所控制的領土增加一倍，海岸線增長到三千五百哩（小島在外），其大部分都暴露在海權直接攻擊之下。不過，此時英國在慘敗之餘，還無力反攻，所以西歐的安全暫時還無顧慮。

儘管如此，希特勒為保護其在法國西部的潛艇基地，以及準備發動「海獅」作戰的船舶和港口，仍必須對西歐海岸線設防。這條海岸線雖然從挪威北部一直延伸到法國西南部，但首先設防的地點是在英吉利海峽的最狹窄部分，這也可以算是所謂「大西洋長城」（Atlantic wall）的前奏。

由於「不列顚之戰」（The Battle of Britain）的失敗，希特勒不得不放棄「海獅」作戰，從此當他轉過身來進行征俄戰役時，以不列顚為基地而發動的兩棲攻擊也就開始成為一種經常存在的威脅。

希特勒是一代怪傑，他的頭腦中充滿各種奇想。有時非常高明，有時則非常不合理。但不管是好是壞，第三帝國的前途，日耳曼民族的命運又還是操在他的手中。他所作的決定具有絕對權威，無人敢於反對。這在整個戰爭過程中是一個經常必須要考慮的因素。

對於西歐的防禦，希特勒有其特殊的構想，他把優先給與挪威和英吉利海峽中的島嶼。第一，他始終相信英國人將嘗試在挪威登陸，所以他命令在該國建立堅強的要塞。此種工作一直持續到一九四四年。總計在挪威一共已經建築海防砲台三百五十座。其次，希特勒又同時執行一個在海峽島嶼上設防的八年計畫。每月有五萬噸材料運往那些島上，並有三萬二千工人在島上長期工作。從這些島嶼的位置上看來，此項計畫實毫無戰略價值，而只是浪費人力和物力。但由於希特勒的堅持己見，遂使法國西海岸的設防受到很嚴重的延誤。

攻俄的失敗加上美國參戰造成一種新的危險局勢。一九四二年三月二十三日，德國三軍統帥部(OKW)發佈第四十號統帥命令(Führer Directive No. 40)指明所有的歐洲海岸都已暴露在敵軍登陸威脅之下，要求三軍在統一指揮之下，對防禦和反攻作充分的準備。根據此項命令，六十九歲的老將倫德斯特元帥遂被派出任西線德軍總司令，負責統一指揮西線防務，並開始積極建立沿海防線。從此時開始，到一九四三年底，雖然已有二十五萬守軍和二十五萬勞工在構築工事，但所謂「大西洋長城」仍是有名無實。工程不僅偷工減料，而且也始終趕不上預定進度。其原因有二：㈠德國此時已經腹背受敵，力不從心，比起東線和地中海方面的戰爭，西線設防只能算是次要的工作，所以在資源分配上不可能獲得較高優先。㈡再度出山的倫德斯特已經學會如何保全祿位的祕訣，他儘量無為而治，同時他本人對於海防也缺乏信心。假使他能認眞監督，則應有較好的成績。

從一九四一年十二月開始，聯軍曾對歐洲海岸作過三次突擊，第一次是一九四一年十二月底襲擊挪威的幾個小基地，此項行動更增強希特勒對挪威的重視。第二次是一九四二年三月二十六日對羅爾河(Loire)口上的聖納西(St. Nazaire)，曾獲相當成功，但也使德軍警惕並顯示他們的弱點。第三次是一九四二年八月十九日，對第厄普(Dieppe)港的攻擊，聯軍幾乎完全失敗，同時也使德軍對於海防的改進獲得有價值的教訓。

對於德國人而言，從這些突擊中所獲得的主要教訓，爲一旦聯軍發動大規模登陸作戰，他們不會直接攻擊任何較大的港口，而會在開放的灘頭上登陸，然後嘗試從後方進入那些港口。至於如何擊退聯軍的第一次登陸則意見並不一致，這暫且留待下文中再詳細討論。

依照德國人的看法，由於海防工事尚處於未完成的狀態，在法國的駐軍不僅數量有限而且也缺乏必要的訓練和準備，所以同盟國若有決心，則在一九四二年也許只需不太強大的兵力即能在法國海岸上建立一個橋頭堡(bridgehead)。事實上，美國人曾作這樣的考慮，但由於英國人的堅決反對，於是最後始決定把攻擊的矛頭轉向北非。

聯軍一九四二年十一月在北非的登陸，對於德國人要算是一次戰略奇襲，並使其蒙受很大的損失，在北非戰役結束後，聯軍又向義大利進攻，並迫使義大利政府投降。這一連串的發展不僅使德軍迭遭挫敗，而且也付出相當重大的成本。假使說他們還有一點收穫，那就是爭取到一段時間可以用來增強西歐的防禦。但很不幸，他對於這一段時間並未作最佳的利用。最主要的原因有二：㈠倫德斯特不僅缺乏勇於任事的精神，而且他的權威也非常有限，幾乎無事不受希特勒的干涉，戰後他不諱言地說：「當我做西線總司令的時候，唯一能自己作主的事情就是調換門口的衞兵。」㈡還是前面已經說過的，缺乏充分的資源，此時德軍在其他地區中的消耗日增，而國內生產力則不夠應付，此外受到同盟國空軍的轟炸，使運輸更加困難。

一九四三年下半年，倫德斯特曾一再向希特勒要求增加兵力，其所獲得的答覆爲十一月三日的第五十一號統帥命令。此項命令除重述第四十一號命令的要旨以外，又同時指派隆美爾元帥視察西北歐防務，並提出報告及改進意見。這對於西線以後的作戰是一重大關鍵。

參、隆美爾視察西線

一九四三年十二月初，隆美爾率領一個由三軍專家所組成的小型幕僚，首先前往丹麥視察。爲什麼他奉命先往丹麥，其原因始終沒有解釋。雖然他在丹麥獲得若干經驗，但使他直到十二月二十日才開始對法國的視察。十二月三十一日他向希特勒提出報告，這份報告是一項非常重要的文獻，值得詳細引述和分析。

隆美爾首先說明其視察所獲印象：「陸軍對於強力的防禦只是勉強勝任，空軍及海軍則非常脆弱。除主要港口以外，並無一致的防禦計畫，甚至於在主要港口也並非一切必要措施都已執行。三軍之間在許多細節上都缺乏足夠的合作。對於在海岸防禦中如何使用砲兵的原則也未達成協議，陸軍主張將其位置在後方作間接射擊，海軍主張將其位置在海岸上作直接射擊。步兵因爲缺乏摩托化運輸工具，所以喪失機動。無論在陸上和水中佈雷的工作都不夠。幾乎每一位指揮官對於其防區應如何防禦都有其自己的觀念，但並非經常分淸楚。」

隆美爾接著就預測聯軍入侵的地點和時間。在這一方面有兩點特別有趣味：㈠隆美爾最初的看法與其以後的看法並不一致；㈡隆美爾在此時特別重視一項未知因素，即已達發展最後階段的V武器(V-weapon)。首先應指出當時德國內部對這個問題的意見相當分歧。OKW一向相信聯軍將越過多佛(Dover)海峽入侵歐洲。倫德斯特總部則選擇索穆河(Somme)兩岸的灘頭。隆美爾最初也大致同意此種看法，他說：「敵人的主攻可能是在布侖(Boulogne)與索穆河口之間的地區，並在加萊(Calais)的兩側。因爲在那裏敵人有最佳的長程砲兵支持，最短的渡海距離，以及使用其空軍的最有利條件。至於空降部隊則極可能用來迅速佔領我方長程飛彈的發射基地。」

以後他接管海防再根據實地考察，才終於認爲塞納灣(Seine Bight)即諾曼第地區是最有爲聯軍選中的可能。而他這種想法又恰好與希特勒的想法不謀而合。至於新武器也是他最關心的，他曾建議在聯軍登陸之前，先對英國南部海岸發射V-1武器以來阻礙其行動。但遭到希特勒的拒絕。後者希望等到大量生產之後才使用，同時也認爲V-1只能攻擊像倫敦城那樣巨大的目標。

至於時間方面，大多數德國人預期三月底以後，只要天氣及其他條件適合，則聯軍都有入侵的可能。隆美爾則認爲「敵軍攻擊時間很難確定，但他們將作最大努力趕在我方對英國發動長程攻擊之前先動手。假使由於天氣惡劣或海上條件不利而未能如此，則他們將會在我方長程戰役開始時或不久之後發動攻擊。因爲我方對英國攻擊愈久，其效果也愈大，而且必然會損傷英、美兩國部隊的士氣。所以在天氣不利於登陸的時段開始時，發動我方的長程攻擊，則有機會對於敵人的入侵造成特別不利的條件。」以上所云是一種非常微妙的戰略構想：用飛彈的長程攻擊迫使聯軍在不利條件之下匆忙發動兩棲入侵，然後將其擊敗。很可惜此種構想未能付之實現，否則也許眞會不知鹿死誰手。

隆美爾報告中最精彩也是最主要的部分即爲其對於聯軍將如何進攻以及德軍應如何防禦的分析。對於前者他所作的研判如下：

㈠登陸前先發動猛烈空中攻擊，並用強大海軍火力掩護部隊登陸。空降部隊可能降落在主攻區內，以切斷我方前線後方之間的交通線。

㈡我方現有海防極爲單薄，當敵軍在煙幕或黑暗掩蔽之下，從寬廣正面上，乘坐千百艘登陸艇向狂潮一樣湧向灘頭。我方淺薄防線不久就會突破。

㈢我方在海岸後方只有極少數預備隊，絕無反擊能力，所以敵軍一登陸就會站穩脚跟。不久防線上就會衝開一個大洞。

㈣此時只有迅速調集作戰預備隊，始有希望將敵人驅逐下海。但敵方空中優勢又足以妨礙一切大部隊的運動。所以到此時，敵軍登陸成功也就似乎已爲既成事實。

在作了如此悲觀的預測之後，隆美爾卻又提出一個相當樂觀的結論。他說只要能有適當的資源，並聽從他的計畫，則還是有擊敗聯軍的機會。簡言之，隆美爾的防禦計畫可以分述如下：

㈠應集中一切力量在海岸上把敵人擊退，必須建立一個設防地帶，從海岸線向內陸延伸，縱深達五、六哩。在海岸上各師有兩項任務：⑴守住海岸線不讓敵軍登陸。⑵守住設防地帶，防止空降突擊。

㈡爲減低敵方轟炸機和艦砲的毀滅威力，防區縱深必須擴大，並利用地雷以補人力之不足。根據北非作戰經驗，地雷對防禦有極大的貢獻。

㈢當敵軍尚在水面上或剛剛著陸時，即應予以迎頭痛擊，所以第一線火力必須儘量增強。當敵軍還在水上時，防禦問題也就比較簡單，只要他們一上岸，其戰鬥力就會增加幾倍。

㈣一旦已發現敵軍攻擊重點，預備隊就必須立即投入第一線，以阻止敵軍建立灘頭陣地。所以，迅速實爲成功的決定因素。空軍必須傾全力來掩護預備隊的行動。

隆美爾提出視察報告後，並自告奮勇向希特勒表示願意負責最重要的防區，希特勒欣然接受他的建議，將西線指揮系統改組，在倫德斯特之下分設兩個集團軍。由隆美爾出任B集團軍總司令，負責從荷蘭到羅爾河之間的防區，他所指揮的兵力有第七軍團位置在羅爾河(Loire)到奧尼河(Orne)之間；第十五軍團，位置在奧尼河到須爾德(Schedt)河之間，以及第八十八軍，位置在荷蘭。另設G集團軍負責法國西南部和南部的防務，總司令爲布拉斯考維茨將軍(Von Blaskovitz)。至於西線裝甲兵司令史維本柏格(Von Schwepenburg)則受倫德斯特指揮，也與隆美爾立於平等地位。照理說，在西線總攬全局的人應該還是倫德斯特，但他老人家採取明哲保身的放任主義，所以隆美爾在其管區之內是擁有相當巨大的自主權。不過他又還是像倫德斯特一樣，其權威受到很多的限制，他們都不能直接指揮海空軍，而且未向OKW請示之前，也不得調動任何裝甲師或其他的部隊。更增加困難的是所謂「戰鬥區」(kampfgebiet)向內陸的深度不超過三十哩，其他所有內陸地區都由在巴黎的軍事總督管理，而後者又同時受OKW和倫德斯特的指揮。

這樣複雜的指揮結構根本就不合理，而一旦面臨緊急情況時也就必然會發生脫節甚至於癱瘓現象。隆美爾當然明瞭其任務的艱巨，但他仍然懷著相當堅定的自信去接受考驗。

肆、隆美爾的設防

隆美爾在一九四四年二月接管B集團軍後，就立即開始照他自己的理想來加強海岸防禦。其時除主要港區以外，其餘海岸線幾乎是毫無防禦可言。因爲自倫德斯特以下，德軍將領大多數都認爲海岸防線根本不可能阻止敵軍登陸，此種思想影響部隊的心態，所以對工事從來就不曾認眞構築。僅在隆美爾親自督促之下，風氣始爲之一變。誠如其海軍顧問魯格(Friedrich Ruge)所云：「隆美爾以身作則，帶來新的活力，部下都深受感動並信服其見解。」事實上，隆美爾的構想是非常簡單，即儘量強化海岸線的防禦，使敵人不能在岸上立足，但誠如克勞塞維茨所云，「簡單並不意味著容易」，要貫徹此種簡單構想，則必須付出足夠的努力。

一般人也許會認爲海岸線如此綿長，敵軍到處都可登陸，所以處處設防是非常困難，但此種說法並不正確，海岸線雖長，但敵人並非到處都可登陸，由於有許多條件的限制，敵人對於登陸地點所能佔的選擇也非常有限，所以防禦者也毋需處處設防。隆美爾一開始工作即以諾曼第爲重心，但不幸，這個地區過去也正是比較不受重視。他的防禦計畫可以概分爲三點：㈠陸上防禦；㈡水中防禦；㈢反空降防禦。現在就簡述如次：

一、陸上防禦

在陸上，用雷陣所包圍的據點構成一道大約三哩寬（並未達到理想中的五到六哩）的防禦地帶，這也就是所謂「隆美爾地帶」其前沿即為海岸線。據點由步兵扼守，並由對空有良好掩蔽的砲兵陣地提供火力支援。最重要的關鍵就是地雷，隆美爾根據其在北非的經驗，認為僅憑大量的地雷即可使氣質較差的德國步兵對抗聯軍的登陸。

隆美爾對於佈雷工作已作最大努力，但時間已太遲而未能發揮其預期的效果，主要障礙為地雷供應量不足，他的工兵雖利用重砲彈來製造代用地雷，但還是緩不應急。到一九四四年五月二十日，在海岸地帶已佈雷四百一十九萬三千一百六十七顆，但距理想目標兩千萬顆仍僅及五分之一。

隆美爾認為第二次大戰初期的閃電戰已不再有可能，有良好工事和現代化武器的步兵已能作堅強的防禦，最主要的關鍵為必須增強步兵單位的火力，而不惜減少人力。但當時西線德軍的裝備實在太差。以第七軍團而言，它有三十二種不同的武器，二百五十二種不同的彈藥，其中有四十七種已不再生產，整個軍團只有一百七十門七十五戰防砲和六十八門八十六高射砲。由此可以暗示德軍的火力是不夠強大。

二、水中防禦

陸上防禦帶的縱深只有三哩，實在不夠深，所以隆美爾只好把防線向海水中延伸，也就是在水中設置障礙帶。所謂「岸前障礙」(Fore-shore Obstacles)就是利用各種不同的障礙物構成一種「人工暗礁」(Artificial reefs)，以使敵方登陸艇在接近岸邊時先在水中飽受損失。

隆美爾曾解釋說：「水中障礙不僅可以阻止敵軍逼近岸邊，而且也可毀滅其登陸兵力和裝備。最重要者即應能在各種水位都有效。最近敵軍的演習都是假想其砲火和炸彈能把岸前障礙掃除。但事實上，用火力掃除障礙是非常困難。敵人必須用巨量彈藥和長久時間始能勉強掃清某一地區中的障礙，但這也會洩露其意圖，使我方得知其攻擊重點在何處，並先作準備和調集預備隊。」

隆美爾準備在水中建立四道障礙帶以適應各種不同潮汐情況。因爲塞納灣高低水位差超過二十呎，所以工程的進行相當困難。到聯軍入侵時，還只完成一半。但事後發現，聯軍登陸艇的損失大部分又都是水中障礙物所造成，足以證明其效力。

隆美爾又主張應用水雷來加強阻力，但令他非常遺憾者爲海軍不與他合作，未能在岸邊淺水中佈放大量水雷。當時德國海軍已經發展一種KMA(Coastal Mine A)水雷，專供沿岸淺水之用。所以問題並非缺乏水雷或佈雷艇，而是指揮結構缺乏效率。事後證明若有較多的水雷配合，則水中防禦所能產生的效果必將大增。

三、反空降防禦

隆美爾也注意到敵方將以空降兵力來配合海岸登陸。他認爲敵人可能企圖在沿海地區獲致廣泛的立足點，傘兵到處都可降落，甚至整個空降師也可用滑翔機在後方著陸（當時尚無直升機，較重的裝備必須用滑翔機載運）。空降（運）兵力除企圖與海上入侵兵力會合外，還可能在後方到處擾亂，造成恐怖現象。

所以隆美爾指示：「最重要工作即爲使各地區對空降部隊都有預防，應使敵方傘兵和滑翔機在降落時受到重大損失。所有各師都必須採取必要步驟來加強對空防禦。」他也設計了一種對抗空降的障礙系統，那就是在較開闊地區中每隔一百呎揷下大約十呎高的木柱，然後在大多數木柱上掛著法國所留下的舊砲彈，並在木柱之間用鐵絲網連接。於是滑翔機只要一碰就引起爆炸。僅在D日之前幾天，B集團軍才領到一百萬顆舊砲彈，準備開始裝設，但已經太遲，未能產生效果。

不過，隆美爾對於空降的威脅並不十分害怕。因爲空降兵力究竟有限，只要能阻止其與登陸兵力會合，即不足爲大害，至於到處流竄的空降小型部隊，雖能產生擾亂作用，但很快就會被消滅。

伍、兩個難題

依照上述的設防計畫，隆美爾所希望的是利用堅強工事和強大火力，來擊敗聯軍的入侵。最好是在水上就把他們擊退，假使未能達成此種希望，則沒有被防禦火力和水中障礙所摧毀的登陸艇也就一定不太多。等到它們把殘餘的攻擊部隊送上岸時，那些組織和裝備都已不完整的部隊又會立即陷入火力、地雷和其他障礙物所構成的死亡陷阱中。這些兵力必須付出極高的成本，始能向內陸推進。

到此時，防禦者就必須阻止敵軍深入並將其集殲在海岸上。於是遂引起一項重要問題，即爲裝甲兵應如何使用。裝甲師具有高度機動性和強大打擊力，已成陸戰中的決定因素，此乃不爭之論，但爭論者則爲使用方法。隆美爾主張裝甲師的位置應儘量接緊海岸，只要敵軍一登陸，裝甲兵就能立即對前線步兵提供支援，他也認爲裝甲與步兵有密切合作之必要。所以，他常說：「D日有一個裝甲師，其價值遠超過D＋3日的三個裝甲師。」

隆美爾的意見並不能獲得其他多數將領的認同，尤以西線裝甲兵司令史維本柏格反對最爲激烈。大致說來，反對理由可歸納爲兩點：㈠這樣的部署將使裝甲師喪失作戰彈性，而且毫無縱深，一旦敵人突破即無法阻止其深入。㈡大多數人都不相信海岸防線能發揮如隆美爾想像的功效。所以認為既然遲早必會突破，則不如讓敵軍深入（甚至於可以說是誘敵深入），再集中機動兵力將其殲滅在陸上。此外可能還有一點私人性的原因，史維本柏格雖為西線裝甲司令，但所負責的只是訓練而已，他非常希望成立一個獨立的裝甲兵團由其個人指揮。而這也符合裝甲兵的傳統思想，所以連裝甲兵前輩，號稱「Panzer Leader」的古德林也表示贊同（他現任裝甲兵總監，也是史維本柏格的老上司）。

隆美爾則從另一種不同的角度來看這個問題。首先要指出他個人對裝甲兵的機動作戰有豐富經驗，也深知其威力和限制。其次在當時德軍高級將領中，幾乎只有他一人有與西方聯軍交戰的實際經驗。所以，這兩種經驗之結合，遂使他獲得一個綜合結論；即德軍不可墨守成規，而必須採取創新的觀念來適應新的環境。他說：「一個軍人不能僅只有勇而必須有智，這樣才能使其戰鬥工具發揮最高的效率。」

最具關鍵性的因素即為空中優勢。由於西方享有巨大的空中優勢，像過去那樣的大規模機動作戰已不再可能。當然夜間運動並非不可能，不過太慢而且夏季夜間更是太短，不能使戰車部隊迅速達到決定點。而只要天氣良好，在白天裏大量戰車也就幾無行動的可能。因此，裝甲師的位置必須儘量接近海岸線然後才有發揮影響作用的機會。簡言之，在西方空優之下，德軍的行動自由早已受到莫大的限制。

最後，隆美爾又認為只要聯軍在海岸上建立了一處灘頭陣地，則「第三戰場」（Third Front）的開闢即為已成事實。因為即令聯軍在向內陸前進時，由於德國裝甲兵力的攔截而受到挫敗，也還是不能將他們全部趕下海去。而且時間對聯軍有利，他們的優勢會與日俱增。所以，隆美爾始終認為勝負的決定就是D日那一天，因爲此時聯軍即令能登陸，其人數也還是有限，而其大部分兵力和重裝備仍留在海上，所以處於非常不利的情況，而這也就是德軍徹底殲滅其登陸兵力的唯一機會。因此，他常說：「最初二十四小時決定一切。」

從裝甲的問題也就直接導致第二個重要問題，那就是空軍的問題。一九四〇年德國裝甲兵在「法蘭西之戰」中所以能夠長驅直入，屢建奇功，其原因固然是多方面的，但德國空軍對地面作戰的密切支援可能應爲最重要原因之一。當時德國在西歐是享有足夠巨大的空優。但到一九四四年，此種優劣之勢即完全改變，這對於登陸而言，是一個具有決定性的因素。

首先必須指出假使聯軍若非享有空優，則他們根本不可能企圖發動入侵西歐的作戰，當年希特勒的「海獅」之所以胎死腹中，其主因即爲不能獲得英吉利海峽上空的支配權。所以，聯軍既能發動「大君主」作戰，則也就暗示德國空軍是居於劣勢，不過，雙方差距之大又還令人驚異。在D日那一天，西方空軍用來支援陸海軍的兵力約爲飛機六、七千架，而雙方實力之比則約爲十五比一，所以天空中幾乎看不見德國飛機的影子，德國部隊，當地人民，甚至於聯軍，都不禁驚問：「德國空軍那裏去了？」

這個問題的答案是冰凍三尺，非一日之寒。自從「不列顛之戰」失敗後，希特勒轉向侵俄，戰爭遂從三度空間回到二度空間。東線戰爭不僅曠日持久，而且對資源也構成重大消耗。所以，希特勒對於空軍遂無力對其作大量擴充。同時在長期作戰中，空軍又不斷的損耗，到一九四二年底，其第一線兵力甚至於已比兩年前還較少。儘管一九四三年飛機產量已有增加，但希特勒卻把優先給與轟炸機的生產，這也正是醉心杜黑理論的空軍當局（包括戈林本人在內）所一致贊成。因此戰鬥機實力遂益形減弱，但非常諷刺，想要對抗西方的空優又還是全靠戰鬥機的苦戰。

還有一個很有趣味的事實值得一提。早在一九四〇年，德國人即已有製造噴射機的構想，但希特勒以爲戰爭即將結束，下令停止一切研究發展。直到一九四二年始舊案重提，但已延誤十八個月的時間，以後又因爲希特勒想把噴射引擎用在轟炸機方面，而再浪費不少時間，所以到一九四四年聯軍登陸時，德軍尙無可用的噴射戰鬥機，如果當時有這樣的戰鬥機，則空戰方面將發生革命性的變化。等到一九四五年春季德國噴射戰鬥機終於出現，但戰爭早已接近尾聲，也就不能產生影響作用。

陸、反登陸戰的失敗

自一九四四年二月隆美爾接管海防之後，設防的工作才開始積極推動，但已經嫌遲，尤其是最關緊要的第七軍團地區，又因爲種種原因而更額外遲了幾星期，所以到聯軍進攻時，大致說來，工事都只完成一半，有些地區甚至於僅爲百分之十五。這又與聯軍的轟炸有關，因爲轟炸使法國境內鐵路運輸受到嚴重擾亂，以致於材料都不能如時送達。

D日前夕，受倫德斯特指揮的兵力共五十八個師，除裝甲師十個以外，其餘均爲步兵師，不僅缺乏機動，而且很多都是員額不足，素質裝備低劣。以如此綿長的海岸線而言，其兵力實嫌不足，但德國並非沒有兵力可以增強。事實上，在挪威境內還閒置著五十萬大軍，希特勒卻始終不肯調動。在裝甲方面，從一九四四年三月開始增加，但兵力分配卻很不合理，三個師送往法國南部，三個師受隆美爾戰術控制，另外四個師則保留爲「戰略預備隊」，由史維本柏格指揮，這是一種兩面不討好的折中方案。而更不合理的是各師的位置都是由OKW決定，前線指揮官並無機動調整的權力。這好像把棋子釘死在棋盤上。

一九四四年六月五日，天氣非常惡劣，德軍方面無人認爲兩三天內聯軍會發動攻擊，隆美爾遂乘機請假返回德國去向希特勒親自要求調整兵力。想不到聯軍就是在五日到六日之間的夜晚發動攻擊。但德軍方面又並非事先一點情報都沒有。六月五日夜間西線總部和第十五軍團部都曾收聽到英國廣播公司（BBC）的廣播，其內容顯然是通知法國地下總組織準備行動。第十五軍團曾立即命令其部隊保持高度戒備，但奇怪的是西線總部、B集團軍總部和第七軍團部都不曾採取任何行動。

聯軍登陸地點是在第七軍團轄區之內，該軍團雖有十五個步兵師，但接近登陸地點者只有三個師，而其中又只有一個師比較精銳。至於裝甲師則只有第二十一裝甲師駐在灘頭附近，能在D日投入戰鬥，但又因爲該師對隆美爾的命令陽奉陰違，其大部分駐地仍與海岸距離太遠，所以其準備行動的時間也較長，未能立即對登陸兵力發動打擊。隆美爾曾要求把第十二黨軍（SS）裝甲師調駐聖羅（St. Lo），但未獲批准，否則D日就可有兩個裝甲師發動逆襲，結果可能就會大不相同。

D日聯軍在五個攻擊區中都能形成了不同大小和縱深的灘頭陣地，但在任何點上都不曾達到其目標線。總計人員已登陸數字比預計者少百分之二十，車輛少百分之五十，而物資則少百分之七十，造成嚴重的彈藥缺乏。足以證明德軍的海防計畫雖未完全實現，但仍能發揮相當阻力。但不幸德軍並未能利用登陸兵力的弱點而在D日夜間發動反攻將他們趕下海去，其主因是：(1)指揮系統缺乏效率，不能作立即反應；(2)預備隊位置太靠後，不能立即塡補前線上的眞空。

在D日那一天，隆美爾尚在德國，前線只好由其參謀長史佩德（Hans Speidel）代行指揮。他雖然立即要求調動裝甲兵力，但並未獲西線總部批准，其理由爲尙須向OKW請示。到次日很晚隆美爾才回到總部，時間又過了一天，聯軍也乘機鞏固其灘頭。隆美爾在以後幾天中所遭遇到的困難也還是一樣，嚴格說來，他的敵人不是聯軍，而是他的上級（包括希特勒，OKW以及西線總部）。到六月十日（D＋4），聯軍已經據有一個有良好防禦的連續灘頭陣地，其深度足以保護登陸灘頭不受砲火的威脅，而且正在爲戰鬥機修築降落跑道。同一天黃昏時，仍在準備反攻的德軍裝甲兵司令部爲英國轟炸機所全毀，史維本柏格負傷，許多官兵都喪生，反攻的希望也隨之而斷送。從此「第三戰場」已成事實，第三帝國的命運也已注定。

柒、結論

德軍未能擊敗聯軍的登陸，其原因當然是非常複雜。依照德國戰史學家的分析，其主因至少可分四點：

㈠希特勒本人對於德國的失敗應負最大責任。其剛愎自用，遇事干涉的作風使整個指揮體系癱瘓，也使前線將領無法對情況作適時的反應。此外，其對於資源分配的不適當也使戰力深受影響。

㈡隆美爾若能在一九四三年夏季接管B集團軍，甚或出任西線總司令，又或在以後能照他自己的理想處理一切事務，則結果可能完全不同。

㈢聯軍之有艾森豪出任統帥實乃天賜。若非他決定在六月六日冒險進攻則後事實難逆料。而這又應歸功於英國氣象學家對天氣預測的精確。

㈣聯軍享有壓倒空中優勢，以及良好指導的海軍火力，使德軍一切行動都受干擾，以至於無法順利執行防禦和反攻計畫。

最後總結言之，從德國人的觀點看來，他們並非沒有擊敗聯軍登陸的機會，但關鍵則在於D日的二十四小時。

第十三章 諾曼第登陸戰的歷史分析

壹、引言

以「大君主」(Overlord)爲代字的諾曼第登陸戰不僅是歷史上的一次決定性會戰，而且也是有史以來最大規模的兩棲作戰。雖然已經事隔五十餘年，但對於研究戰略戰史的學者而言，它仍然還是一個極有趣味和價値的主題，而且對於後世也的確可以提供很多的教訓。此外由於歲月的推移，許多新的資料不斷的出現，所以即令過去已有不少的論著，但新的分析仍然値得一做。研究戰史並非僅只是鑽牛角尖，從事於考據工作，但是對於過去若干錯誤的記載和推斷若能加以改正，也仍不失爲一種有意義的貢獻。不過更重要而値得努力的工作就還是從過去的史料中去發現活的教訓。當然歷史並不會重演，我們研究歷史的人絕不可採取「刻舟求劍」的態度；反而言之，歷史卻能提供「永恆的智慧」，足以暗示我們對於未來的世變作比較更適當的應付。所以我還是強調我所曾經一再說過的兩句老話：「通古今之變，識事理之常」。必須基於這樣的觀點去研究歷史，然後始可以算是沒有浪費精力。

貳、最初的計畫

當地中海戰役還在熱烈進行中，「大君主作戰」也早已同時在倫敦開始進行準備。此項工作由一個英美聯合參謀小組負責，主持人是英國的摩根中將 (Lt. Gen. Morgan) 和美國的巴克准將 (Brig. Gen. Barker)。在一九四三年初的卡薩布蘭加會議時，摩根被任命為「聯軍統帥參謀長」(Chief of Staff of the Supreme Allied Commander)，這個頭銜簡稱為 COSSAC，比眞正的「哥薩克」只少了一個K字。這是一種很奇怪的安排，因為誰當統帥都還沒有確定，而居然就有了參謀長。

事實上，這是一個虛銜，摩根的任務只是限於對作戰計畫作初步的作為而已，摩根和他的副手巴克於一九四三年三月開始在倫敦辦公，當時的氣氛是非常的冷淡，由於英國人對整個作戰觀念表示懷疑，邱吉爾之所以同意這樣的安排，只不過是為了安撫性急的美國人而已。所以在摩根就職時，英國陸軍參謀總長布羅克就立即澆他一瓢冷水說：「儘管這個計畫毫無用處，但你還是要認眞的把它做好。」

誠然，摩根所擬計畫未被採用，但卻並非毫無用處。他的工作曾受到很多的譏笑和批評，但他本人和那一批計畫人員卻竭智效忠，盡到最大的努力，可以當作參謀（幕僚）的典型。摩根小組所作的計畫草案至少有兩點重要貢獻：㈠確定登陸地點；㈡說明所需兵力。以後這個草案雖經一再修改，但這兩方面的貢獻仍不喪失其價值。現在就分述如下：

一般人都以為某一地區的海岸線常長達千里，所以攻擊者可以到處登陸，而防禦者也必須處處設防，這實在是一種外行想法。摩根計畫對此可以提供最佳的解釋。該計畫指出：雖然德軍所控制的西歐海岸線全長三千哩，但可供聯軍登陸的地段卻不過三百哩左右。即從弗魯辛(Flushing)到瑟堡(Cherbourg)。因為只有在這個地段內，始可獲空軍的有效掩護。其次，所選擇的地區必須附有良好港口，足供大量物資的起卸，還要有寬廣的灘頭，以便先頭部隊搶灘登陸。這些因素的綜合考慮遂使可能的選擇僅限於兩個地區：㈠加萊(Calais)海峽，從敦克爾克到索穆河口之間的地段；㈡諾曼第西部，從岡城(Caen)到柯騰丁半島之間地段。對於這二者之間的比較，摩根計畫所作的分析又是有如下述：

㈠加萊地區有很多顯著優點，例如可以獲得最佳的空中支援，而運輸船隻來回也最迅速。但這也是敵軍防禦最堅強的地段，而且從這裏登陸，進一步的發展相當困難。

㈡諾曼第的守軍較少，防禦工事也較弱（這是指一九四三年的情形而言），海岸情況頗合理想，易於鞏固最初的灘頭陣地，多數地形都不利於德軍使用裝甲兵採取反擊行動。敵軍戰鬥因受航程限制也不易活動。但它也有弱點，距離較遠，空軍掩護較難，而想攻佔主要港口更需相當時間。

在利害相權之後，該計畫終於選擇了後者。此種決定可以算是相當明智，而且也合於所謂「間接路線」的想法，那也是英國人的傳統想法，由此也可暗示戰略思想是深受民族思想的影響。為了想迅速佔領瑟堡，也曾考慮在柯騰丁半島登陸的可能性，但由於兵力和地形的限制，此種構想終被放棄。於是決定最初的登陸只以岡城地區為限，而最終目的則為佔領瑟堡以及其附近各港口，以後計畫雖曾改變和擴大，但諾曼第的基本選擇卻始終維持不變。

參、兵力的計算

假使說對於地點的選擇是摩根計畫的一大直接貢獻，則對於兵力的決定，其所作貢獻就只能算是間接的，但其重要性卻又不因此而減低。摩根所奉到的命令是說根據華盛頓方面的估計，所有的船隻足供五個師作渡海攻擊之用，另外還有空降兩個師的能力。但經過他實地考察之後，才發現此種計算完全不正確。據他的估計，上面所給與的海空運輸工具只夠供空運三個傘兵旅和海運兩個步兵師之用。由於運輸工具的缺乏，自然只好縮小攻擊的範圍。

摩根小組假定全部登陸兵力為一個軍團，但初上岸的卻只能有一個軍（三個師），其餘兵力必須跟在後面在原地陸續登陸。此種計畫必須在最有利的條件之下始能成功，所以它假定德軍在法國的機動預備隊總數不得超過十二個師，而在D日分配給岡城地區的不得多於三個師，在D＋2日不得多於五個師，在D＋8日不得多於九個師。

依照摩根的計畫，在諾曼第最初登陸的兵力是比進攻西西里島時所用的兵力還要少，這顯然是不合理，尤其是在計畫中限制敵方所用的兵力，這幾乎成為一種笑話。但我們卻應原諒他，因為他是受到登陸船隻數量的限制，而不能不採取此種削足適履的辦法，其作這樣假定的眞正用意卻是暗示除非增加登陸船隻的數量，否則渡海攻擊絕難成功。

這裏又牽涉到一項非常有趣的問題，為什麼華盛頓的計算與摩根小組的計算會有那樣大的出入？摩根認為華盛頓當局沒有了解在兩棲攻擊時，一艘登陸船同時也是一種「武器」，所以它不能裝滿規定的容量。某種戰車登陸艦（LST）在一般航行可以滿載三十輛戰車，而在攻擊灘頭，卻不可能使二十五輛戰車一次登陸。簡言之，計算是應以「卸載容量」（Unloadding Capacity）為標準而不應以「裝運容量」（Carrying Capacity）為標準。這是在計畫作為過程中一連串錯誤的第一個。以後艾森豪也像摩根一樣要設法矯正這一類的錯誤。

艾森豪在接掌統帥權之後，他在這同一問題上也曾和美國海軍軍令部發生激烈的爭論。艾森豪說後者的計算是以太平洋作戰經驗爲基礎，與他所準備進行的作戰，性質大不相同。在反攻歐陸時，一個師所需要的船隻應當一個半師的標準來計算，始能容納一切必要的工兵、戰車、戰防、防空等單位的人員和裝備，以及控制灘頭的全部組織，否則部隊也就無法迅速上岸和站穩脚跟以來應付敵人的猛烈反擊。把太平洋方面的經驗拿來與諾曼第登陸相比較，那眞是小巫之於大巫。艾森豪準備在最初兩天之內把兵員十七萬人，車輛二萬輛送上歐陸，而在太平洋島嶼爭奪戰中，一次登陸的兵力很少超過一萬人。

肆、計畫的修改

儘管摩根小組所擬定的初步計畫可行性實在很小，但說也奇怪，在一九四三年八月舉行的魁北克會議中卻仍然照案通過，而未引起任何爭論。同時並決定以一九四四年五月一日爲暫定目標日。美國人對此一計畫的執行十分熱心，但英國人卻害怕兵力太少不足以突破德國人的海岸防線。邱吉爾主張把攻擊重量增大百分之二十五，但不爲美國人所同意。因爲所增加的船隻是要出自美國，而美國人卻認爲那樣勢必會影響太平洋方面的作戰。此時馬歇爾又主張把地中海方面的兩棲作戰裝備用在法國南部以牽制德軍，此即所謂「鐵砧」作戰。於是魁北克會議所作最後決定爲一九四四年春季從南北兩面攻入法國。至於計畫是否可行，卻始終無人挑剔。

在德黑蘭會議之後，羅邱二氏帶著他們的參謀首長又回到開羅，繼續討論作戰問題，此即所謂第二次開羅會議。此時距離暫定目標日只有五個月，但所準備的資源尚不夠執行摩根計畫之用。邱吉爾直接向羅斯福請求，後者才強迫美國參謀首長同意放棄攻入緬甸的計畫，而把所準備的船隻都調供大君主作戰之用，這樣遂可增加一個師的突擊兵力，但仍達不到邱吉爾的要求。此時，艾森豪已於十二月六日被任命為反攻西歐的聯軍統帥，所以開羅會議遂又認為一切計畫，應先由他審閱始可定案。

一九四三年除夕，艾森豪與蒙哥馬利一同謁見邱吉爾。艾森豪表示攻擊兵力必須增大，正面必須放寬，主要目的為迅速佔領瑟堡，蒙哥馬利也完全同意他的看法。次日，艾森豪啓程返美去說服他的上級給與更多資源，蒙哥馬利則奉命立即前往倫敦與已發表新職的聯軍總部高級將領共同研究如何修改原有的計畫。

一九四四年一月上旬一直都在倫敦進行討論。蒙哥馬利指出原計畫的弱點是將使攻擊軍在戰術和補給兩方面都深受限制。他認為一開始就要確保適當的灘頭陣地足供擴張戰果之用，否則不特難於擊敗敵軍的防禦，而且當敵軍使用預備隊發動反攻時，也就有被趕下海去的危險。所以他主張最初的登陸必須盡可能採取寬廣正面，不僅英美兩個軍團應同時登陸，而每個軍團又應同時將其兩個軍（甚或三個軍）一次送上岸去。攻擊時每個軍都有其專用灘頭，這也就是以後向前推進的基礎，其他各軍不得利用同一灘頭以免混亂。

於是蒙哥馬利要求把登陸正面擴寬，將奧爾(Orne)河口和柯騰丁半島東部的灘頭都包括在內。他主張應首先投下兩個或三個空降師（原計畫僅為兩個旅），接著在第一波中應有五個師（原計畫為三個師）分別在五個灘頭上登陸，另有兩個師裝在登陸艇，準備立即增援。簡言之，攻擊正面由二十五哩增到五十哩，第一波登陸兵力增加百分之四十，空降兵力增加百分之二百。

不過困難不在於兵力而在於船隻。據新任海軍總司令雷姆賽(Adm. Ramsay)估計，原計畫需要登陸艦艇三千三百二十三艘，軍艦四百六十七艘，掃雷艇一百五十艘；現在修改之後，掃雷艇要增加一倍，軍艦要增加二百四十艘，登陸艦艇要增加一千艘。本來連原有的數字都難籌足，現在還要增加，顯然是在五月一日以前不可能辦到。於是他和蒙哥馬利主張D日順延一月，以便設法湊齊這個數量。

艾森豪希望能在五月登陸以便可獲較長的作戰季節，但他仍同意向兩國參謀首長聯席會議要求延期，並請暫時放棄「鐵砧」作戰以便集中資源。這樣爭論了兩個月，直到三月二十四日，美國參謀首長始同意將「鐵砧」作戰延到七月中旬，以便把地中海方面的船隻都移用於西歐。但實際上此種決定是畫蛇添足，因為美國海軍所控制的船隻足供兩面作戰而有餘。

伍、技術的貢獻

如何能夠一舉擊破德軍防線，並保證聯軍能夠順利登陸和使死傷數字減到最低限度，加寬正面和增強兵力只不過是答案的一部分而已。僅憑登陸艇把兵員送上灘頭還是不夠，以血肉之軀向敵方堅強工事進攻，那才是凶多吉少，所以必須增強火力的掩護，提供裝甲的支援，始有成功的希望。所幸英國人從一九四二年的第厄普突襲慘敗經驗中學會不少的教訓，於是在技術方面遂能提供很多的新觀念，這對於以後的成功可以說是有很大的功勞。

第一、第厄普的經驗顯示先用飛機和艦砲的火力作攻擊的準備，並不能完全毀滅敵方的防禦兵力。

當轟炸和砲擊停止、登陸艇接近岸邊時，敵軍馬上也會趕緊增援，並守住許多殘存的工事。所以要使登陸艇在此緊要關頭上不致完全暴露在敵火之下，則必須要使用密接支援的武器以來維持一部分攻擊火力使其不至於中斷。於是就產生了「浮動砲兵」的觀念，即將火砲、迫擊砲、火箭發射管都裝在登陸艇上，和步兵一同前進。此種密接支援的火力可以射擊那些接近的目標，以來掩護步兵衝鋒。

第二，基於第厄普的經驗，英國陸軍參謀總長布羅克認爲步兵開始突擊時，就應有戰車的支援。所以在一九四三年三月間，他就把英國的第七十九裝甲師改編爲試驗部隊，命令其師長何巴特少將(Maj. Gen. Hobart)專門負責研究發展特種裝甲車輛以供兩棲作戰之用。何巴特要算是一位奇才，這次也就能充分發揮他的才智。

何巴特認爲登陸部隊必須跟在裝甲車輛後面前進，還有各種不同的機械化設備，始能完成其使命。他設計了各種不同的裝甲車輛，有「推土機」(Bulldozer)戰車，專門負責鏟除灘頭障礙物，有「連枷」(Flail)戰車，專供掃雷之用，有架橋戰車，以便渡過沼地和溝渠，有噴火戰車，專用來對付敵方的堡壘。而最重要的則爲兩棲戰車，它能在水裏一直跑上岸去，通常稱爲ＤＤ機車(Duplex Drive)。這些裝甲車輛，尤其是最後一種，對於作戰的成功實具有莫大的貢獻(詳見下文)。

第三、第厄普的教訓指出任何主要港口都很難迅速而完整的加以佔領。所以摩根計畫曾假定即令能在兩星期內攻佔瑟堡，但由於需要掃雷和修補，至少也要在兩個月後始能通航。因此在最初階段，聯軍必須從開放的灘頭上接受補給，所以對於運輸船隻的停泊，必須有一種特殊的保護方法。這樣才導致「人工港」的設計。

近代戰爭是有其深厚的技術基礎，因爲僅憑人海是絕對無法征服火海。許許多多的技術家以及工業生產人員，其對於勝利的貢獻是並不亞於戰鬥部隊，諸曼第之戰可以作爲一個最佳的例證。

陸、師克在和

近代戰爭不僅是打技術而且更是打組織，換言之，不僅要有人力和物力，而且還要把人力和物力加以合理有效的組織，始能充分發揮其功效。就這一點而言，西方國家是遠勝於納粹德國，他們之所以能獲最後勝利，除龐大的物質資源之外，高度有效而又具有彈性的組織實爲主要原因之一。

諾曼第登陸戰對於組織能力可算是一種極嚴格的考驗。此種史無前例的大規模兩棲作戰之準備工作是複雜到了極點，而且一切的工作又都要在不到半年的時間之內完成，這眞可謂組織上的奇蹟。當時與準備工作有關的人員，其數量可能無法估計，但上上下下都能各自站在本位上努力，此種精神是至爲可佩。談歷史的人往往總是把注意力的焦點放在少數英雄人物的身上，事實上，我們卻隨時隨地都不應忘記那許多無名英雄的偉大貢獻。

尤其是當艾森豪出任統帥時，所謂準備者幾乎可以說大部分還沒有開始。而在一九四四年最初的兩三個月內，也還是障礙重重，一切的工作都是在不確實的氣氛之下進行。若非艾森豪的態度堅定，毅力過人，一方面不屈不撓的向其上級據理力爭，另一方面儘量向他的部下打氣，向他們保證一切困難終將克服，否則必然會產生嚴重的心理後果而影響到準備的完成。許多戰史家，尤其是英國人，例如鼎鼎大名的富勒少將，都認爲艾森豪碌碌無奇，只不過是庸人多厚福而已。這種批評實在是淺薄。艾森豪也許不能算是一位傳統典型的「名將」(Great Captain)，但他扮演聯軍統帥這個角色卻要算是相當的稱職。一九四四年聯軍的成功是組織的成功。中國古語說「師克在和」，所謂「和」者就是組織良好的意義。如果沒有艾森豪的領導，則諾曼第登陸戰的準備工作能否順利完成實頗有疑問。

柒、防禦的優勢

誠如邱吉爾所云，大君主作戰是「有史以來最困難和最複雜的作戰」，在準備階段，同盟國雖已付出不少的成本，但直到五月初，也就是距離預定的D日差不多只有一個月，一切都還雜亂無章，很難說得上準備就緒，更不必說已有確實把握。

自從隆美爾接管德國B集團軍之後，德軍的防禦即開始日益增強，使聯軍的攻擊問題也相對的日增其困難。由於聯軍享有制空權和制海權，便於進行偵察工作，所以聯軍技術專家能夠嚴密監視隆美爾所採取的各種防禦措施，而逐步尋求破解的對策。這是一種高度的鬥智，同盟國憑藉其優越的科技和工業，的確很有成就。但在戰術階層，防禦對攻擊是享有一種先天的優勢，而尤以兩棲作戰爲然。防禦者所採取的即令是最原始化的手段，攻擊者雖用最新奇的技術也都還是很難克服。對於聯軍而言，可謂非常僥倖，隆美爾不曾早六個月就職，而他的計畫既未爲上級所全部採納，又未能徹底付之實施。

當技術專家正在努力研究如何克服登陸的困難時，艾森豪和他的高級僚屬則更憂慮全部兵力的平衡問題。在這一方面是更足以顯示兩棲登陸的另一重大先天弱點。據聯軍總部估計，至少需時七星期始能把D日之前集中在英國的四十七個師完全送上歐陸投入戰鬥。聯軍的突擊和增援都同樣受到船隻和飛機數量的限制。而灘頭的本身也是一種限制，因爲其容納量非常有限，根本不可能把許多人員和裝備一口氣都堆積在那個狹小的空間之內。

據估計在D日只能送上八個師（其中三個爲空降師），次日可增加兩個師，到第五天，海岸上應有十五個師，此後因爲部隊增多，補給所需船隻也隨之增多，於是增援速度反而降低，到D+10日始可達十七個師。

在對方的德軍，因爲要據守很長的海岸線，其第一線兵力也相當單薄；不過他們在歐陸上卻可以利用極便利的交通網以來調動其增援兵力，這卻是聯軍所望塵莫及的。當聯軍最初擬定計畫時所假想的敵情是有如下述：D日敵方在諾曼第的第一線兵力可能爲五到六個師，D+10日可達二十五個師。

到五月中旬，這個估計又有改變：D日德軍可能有八個師（其中兩個爲裝甲師），在D+2日以前，德國可能獲得三個裝甲師和一個步兵師的增援。很明顯可以看出隆美爾是想在灘頭上擊敗來犯的聯軍，所以最緊要的關頭是在第一星期或最初十天。在這個階段中，雙方兵力的增加可以預估如下：

	D日	D+1	D+3	D+7	D+10
聯軍師數	8	10	13	16	17
德軍師數	8	12	15	22	27

從以上數字估計看來，聯軍若欲登陸成功，其機會實在很小。以D日而言，雖然雙方都是八個師，但德軍方面包括有兩個裝甲師，而聯軍方面卻有三個空降師，其實力尚不及一般步兵師。誠然，聯軍的師（尤其是美軍）人數較多，裝備也較佳。但德軍卻佔有地利，而且其戰鬥經驗也較豐富。就常理而言，攻與守兵力之比應爲三比一，何況兩棲作戰是更爲困難。進一步說，即令聯軍能夠勉強上岸，

則在D日所能佔領的也不過是狹窄的灘頭，如果此後德國增援的速度是眞如預計的那樣迅速，則在D＋10日以前被趕下海去的可能性也就非常巨大。

捌、欺敵行動

所幸德軍在D日的兵力，以及D日之後的增援能力都並不像聯軍所預計的那樣強大。這又可以分別檢討如下：B集團軍所轄兵力分爲三個單位：㈠第八十八軍駐荷蘭；㈡第十五軍團，在安特衞普到奧恩河之間；㈢第七軍團，在奧恩河到羅亞河之間，聯軍登陸的地區是在第七軍團轄區之內。該軍團雖有十五個步兵師，但接近登陸地點的卻只有三個，而其中又只有一個（第三五二師）比較精銳，至於裝甲師則只有第二十一裝甲師是駐在灘頭的附近，因此在D日能參加戰鬥的也就只有它。隆美爾希望能把第十二黨軍裝甲師調駐聖羅（St. Lo），但未獲希特勒的批准。否則在D日就可以有兩個裝甲師來發動反攻，結果也就可能大不相同。

到D日前夕，名義上受德國西戰場總司令倫德斯特指揮的兵力是共爲五十八個師（聯軍估計爲六十個），其中裝甲師共九個（外加裝甲步兵師一個，聯軍估計爲十一個），可算是精兵，至於步兵師則多缺乏機動能力，員額既不充足而素質亦頗低劣。

在編組上，德軍兵力分爲兩個集團軍（B和G），每個集團軍下轄兩個軍團（B另有一個獨立軍），此外還有一個裝甲司令部爲戰略預備隊（四個師）。全部兵力從荷蘭一直延展到法國南部，似不無備多力分之嫌。於是論者遂認爲此乃由對敵軍可能登陸地點估計錯誤之所致，而聯軍方面又有人將其歸功於欺敵計畫的成功。蒙巴頓則更有其獨特的見解。他認爲德國人對於第厄普突襲學到了錯誤的教訓。他說德國人根據這次作戰遂確信聯軍將以港口爲目標，也許可能是小港，因爲他們也知天氣對於在開放灘頭上的增援和補給所能產生的擾亂作用實在太大。所以德國人遂浪費了很多的精力去加強港口防禦，尤其以在加萊-布倫(Calais-Boulogne)地區中爲甚，因爲幾乎所有的將軍都認爲那是最理想的登陸地點。

聯軍爲了不讓敵人事前確實知道登陸地點，的確曾經執行規模龐大，成本高昂的欺敵計畫。目的是希望使德軍深信攻擊重點是在加萊方面，甚至於聯軍已在諾曼第登陸之後，還要他們相信那僅爲聲東擊西之計，聯軍當局希望能把二十五萬德軍吸引在哈佛到安特衛普之間，直到諾曼第登陸戰獲得成功爲止。

此一代字爲「堅忍」(Fortitude)的行動由空軍和無線電來執行。譬如說每派一架飛機將往諾曼第則必定同時派兩架前往加萊，每在哈佛以西投擲一噸炸彈則必在以東投擲兩噸。無線電通信也顯示聯軍重兵是集中在加萊方面。但此一行動究竟有多大成功則很難斷言。誠如蒙巴頓所云，幾乎所有的德軍將領都認爲加萊地區是最理想的登陸地點，所以也就可以說他們並非由於受到欺騙才作如此的想法。而且至少有兩個人(也是最重要的)不曾受到欺騙，那就是希特勒和隆美爾，他們都深信聯軍將在諾曼第登陸。

事實上，德軍的兵力部署，在哈佛以東和以西各爲一個軍團並非不合理。即令隆美爾在內心裏相信聯軍一定會在諾曼第登陸，他也還是不能冒險把其他地區的兵力減弱到不設防的程度。因爲要防守那樣巨大的西歐，德軍兵力的確是不夠充足。此外，在法國南部也必須留置相當兵力，因爲若無德軍的控制，則非常可能爆發政變。所以除了裝甲兵力的位置以外，德軍防禦部署實無可非議，至於裝甲兵的問題已在〈隆美爾怎樣準備防守諾曼第〉一文中詳加分析，讀者可以參看，在此不必再行贅述。

玖、勝負之機

D日直後的增援能力也許要比D日灘頭防禦兵力還更重要。因爲對於海岸防禦部署雖有輕重緩急的假定，但事實上還是必須處處設防，所以在某一地段之內能夠集中的兵力仍屬有限。於是要想完全阻止敵人不上岸，多少也就是一種不易達到的理想。隆美爾的確是想做到這樣的理想，但是直到二月，隆美爾才能開始照他個人的特殊想法來增強海岸防禦，在此以前，除主要港口以外，其他地段即幾無防禦之可言，而尤以諾曼第地區更差。直到D日前夕，一切設防措施還是距離完成的標準尙遠。因此，完全阻止敵人上岸仍已無可能，於是勝負之機也就要決定於增援。

聯軍在戰略上是想採取三種步驟以來減低德軍的增援能力：㈠在俄國和義大利戰場上施加壓力，以牽制德軍使其無餘力對西戰場作重大增援；㈡在加萊海峽和法國南部保持威脅態勢，以迫使德軍分散其兵力；㈢對西歐運輸系統作廣泛轟炸，以防礙德軍預備隊的調動。當D日日益接近時，聯軍當局也就迫切希望這三策都能發揮效果。

事實上，想在其他戰場上牽制德國的理想可謂完全落空。聯軍在義大利的進展還是非常遲緩，德軍能應付自如而不需希特勒給與任何增援。東戰場在四月中旬地面即已解凍，俄軍攻勢在泥濘中已陷於停頓。希特勒在三個月之內是可以大膽的把兵力從東線向西線轉調。在加萊海峽和法國南部保持威脅以迫使敵人分散兵力，其成就也相當有限。德軍固然把兵力分駐各地，但這卻似乎是出於其自己的計畫，而並非受到聯軍的影響。

到D日將至時，艾森豪的確憂心如焚，其唯一的希望就是寄托在最後一種對策之上，即對西歐鐵路系統作有系統的轟炸。只有這樣才能阻止德軍的增援以便讓聯軍有在岸上站穩腳跟的機會。自從一九四四年三月起，聯軍即已在歐洲建立空中優勢，所以艾森豪可以充分利用空權以來支持大君主作戰，但空權應如何使用卻引起冗長而激烈的辯論。艾森豪認為除非通往諾曼第的鐵路系統全被癱瘓，否則即無法對抗德軍的增援能力。但僅憑聯軍總部本身的戰術空軍還不夠，而必須動用戰略空軍。後者卻直屬聯合參謀首長會議而不受艾森豪的指揮。那些號稱轟炸大王的戰略空軍指揮官都不願意接受此種觀念，而一心只想用摧毀德國工業的手段來獨力贏得戰爭。

由於邱吉爾和馬歇爾的大力支持，到三月間聯合參謀首長會議才同意艾森豪對戰略空軍有權作「戰略控制」，這實在是一項非常重要的決定。現在艾森豪遂已控制三支獨立空軍，即美國和英國的戰略空軍以及他自己的戰術空軍。實力可謂空前強大。總計有重轟炸機三千五百架，中型及輕轟炸機二千三百架，戰鬥機五千架，而供空降作戰之用的還有運輸機一千四百架，和滑翔機二千五百架。

對鐵路系統的攻擊從三月六日開始，此種有計畫的轟炸很快就顯示效力。五月初，德軍方面即已認清情況非常嚴重。維持法國境內德軍的補給，每天需要從德國開出一百列車，四月間的平均為每天六十列，而到五月初又已降到三十列。所以增強海防工事的材料都無法運輸，而在海岸附近儲積彈藥和燃料的計畫也無從實現。到五月底，所指定的八十個目標只有四個尚未全毀，通過法國的運輸量已減少百分之七十。

此種阻絕作戰相當成功，使隆美爾增強防禦的努力受到很大妨礙，同時也使第一線德軍難以獲得適當增援。總計在D日直前三個月內，美英空軍共投炸彈六萬六千噸，邱吉爾說：「繞著諾曼第創造了一個鐵路沙漠。」此種成功使聯軍總部感到信心大增，認爲D日後第一星期若能繼續享有如此空中優勢，則定可贏得增援之戰。

拾、氣象專家

聯軍的攻擊是準備以空降展開序幕，預定在D日前夕把三個空降師投在敵線後方，主要目的爲穩住灘頭陣地的兩翼，並從敵後發動攻擊以減弱其前線的抵抗。D日拂曉時，海上攻擊也就開始。五個師分別在五個灘頭登陸。當第一批兵力完全登陸後，在諾曼第的海岸上就已有八個師的兵力，從D+1日起即開始增援之戰。預定D+90日應達到塞納河之線而勝利結束諾曼第會戰。在攻擊發動前，已經準備就緒的兵力共爲三十九個師，陸海空三軍總人數爲二百八十七萬六千四百三十九人。

身爲統帥的艾森豪所面臨的第一個難題即爲D日之選擇。登陸日期和時間的選擇是要受到許多因素的影響，尤其是聯軍一部分空降，一部分從海上侵入，而兩棲登陸的兵力又分爲五個灘頭，所需要的條件都各不相同，所以問題也就更形複雜。把許多複雜條件歸納在一起，其最後的結論可簡述如下：在D日拂曉後四十分鐘時，柯騰丁半島東部海岸應恰好是半潮，而前夜的滿月是在午夜一時左右升起，因此每一個陰曆的月分中只能在三天之內去選擇。在一九四四年五月三十一日之後，只有六月五至七日三天可以合於條件，於是遂決定以六月五日爲暫定的D日。

但最後又還要取決於天氣。三軍所能共同接受的最低條件是略如下述：D日本身應風平浪靜，接著還要有三天好天氣。地面風力在岸上不超過三級，在海上不超過四級；雲層底部高度在三千呎以上，厚度不超過5／10，能見度至少為三哩，為便於空降著陸應有半月的亮度。從過去一百年的記錄上來看，諾曼第六月間這樣的天氣並不多，差不多只有十三分之一的機會。

儘管五月天氣很好，從六月一日天氣就開始轉變。當有史以來最大規模的登陸戰即將發動時，氣象專家的預測卻令人非常失望。但一切準備工作仍照常進行。艾森豪命令各隊照原定時間表行動，希望天氣能突然好轉。六月四日凌晨四時聯軍高級將領會報，首席氣象專家史塔格(Dr. Stagg)報導天氣不可能好轉。於是艾森豪只好決定將D日延期一天。

六月四日夜間九時，聯軍高級將領又開會聽取史塔格的報告。後者認為天氣有了意想不到的發展，在六月六日（星期二）拂曉前將有一段好天氣，接著雲層又會加厚，但到深夜又會好轉。以後雖常有變化，但在星期五以前，中間仍有很長的好天氣。當史塔格報告時，天氣還是很壞。所以是否相信這種預測實在是一個很難的決定。

陸軍前敵總指揮蒙哥馬利，海軍總司令雷姆賽，統帥部參謀長史密士都主張決定以六月六日為D日，但空軍總司令李馬洛則表示保留，不過展期的危險卻更大，因為戰爭機器已經開動，雖可暫停一兩天但卻不能開倒車。艾森豪遂認為大致已可決定，不過仍應李馬洛的要求，同意在六月五日凌晨四時再作一次會報，然後再作最後決定。到時天氣已開始明朗化，史塔格的預測也更樂觀，認為好天氣可能延續到星期四上午為止。於是艾森豪遂以統帥身分宣佈其最後決定：「O.K. Let's go.」。

史塔格的天氣預測足以代表第二次大戰中科學家所作的最大貢獻，其意義比原子彈可能都更較重大。反而言之，素以科學見長的德國人，這次卻落了下風。因爲六月五日天氣還是非常惡劣，所有的德國人，包括隆美爾在內，都認爲至少在幾天之內是不會有危險，所以他乘機請假返回德國。這一件事和戰局的勝負關係極爲重大，且留待下文中再說。德國的氣象專家不曾提出適當的警告，遂使聯軍的登陸多少產生了奇襲作用。

拾壹、六月六日

在艾森豪作下最後決定不到二小時後，聯軍的登陸船團即開始出港，此時海上還是波濤洶湧，而天空也愁雲密佈。六月五日黃昏後，載運空降兵力的飛機從二十多個機場分批起飛。午夜時始組成大編隊向歐陸飛去。六月六日上午二時傘兵開始著陸。儘管天氣不算太好，但空降仍相當成功，損失輕微也在意料之外。空降部隊對敵方造成很大的驚擾，並使從灘頭登陸的兵力獲得很多幫助。

上午三時起，空軍開始對海岸防禦設施輪流轟炸，五時五十分艦砲也參加轟擊。但如此強大的火力準備效果卻並不理想。事後調查，發現被毀的岸砲陣地尚不及總數的百分之十四。當突擊兵力接近海岸時，驅逐艦和砲艦也就成爲浮動砲臺，使灘頭完全籠罩在砲火之下。爲增強火力密度起見，又使用火箭登陸艇，其瞬時火力可相當於二百艘驅逐艦。直到部隊搶灘時，此種接近射程的彈幕才升起。爲了提供空中掩護，十個中隊的戰鬥機不斷的巡邏。只要海面風浪許可，都是在海上放出兩棲戰車，由其領先前進，其他各種特殊戰車也都是儘可能在接近陸地時從登陸船中駛出。艾森豪在其報告書中曾指出兩棲戰車損失極重，但若無它們的支持，則登陸可能不會成功。

概括言之，各灘頭的登陸都未被擊退，所以都要算是成功，只不過程度上有所差異而已。到六月六日黃昏時，聯軍已在諾曼第突破了德軍防線約達三十哩的寬度。參加突擊的兵力約十五萬六千人，損失僅爲二千五百人，爲六十比一，實可謂意想不到的輕微。這應歸功於準備的周密，海空火力的強大，和各種機械裝備的使用，尤其是聯軍在最初四十八小時內，擁有完整的制空權。

但德軍的防禦也並非完全不成功。聯軍在每個灘頭上都不曾達到預定目標線。在各灘頭之間各都有若干缺口，並未能連成一氣。下列數字更可作爲證明：

	人員	車輛	物資(噸)
D日預定目標數字	一〇七、〇〇〇	一四、〇〇〇	一四、五〇〇
D日實際登陸數字	八七、〇〇〇	七、〇〇〇	三、五〇〇
缺額百分比	二〇	五〇	七〇

德軍之所以未能阻止聯軍上岸，以及在上岸後又未能把他們趕下海去，其原因很多，現在可以扼要列舉如下：

㈠德軍的防禦工事未能依照計畫完成。根據隆美爾在D日前所作的報告，在諾曼第方面的進度僅及百分之十四。這也與聯軍對鐵路系統的轟炸具有密切關係。

㈡德軍預備隊（尤其是裝甲師）位置太靠後，不能迅速開入第一線塡塞空缺和發動反擊。在D日只有第二十一裝甲師能立即投入戰鬥，但該師對隆美爾的命令陽奉陰違，其大部分駐地仍太向內陸，於是其準備出擊的時間也遠比B集團軍總部所期待者較長。

㈢聯軍享有制空權和良好指導的海空火力，使德軍一切行動都受到嚴重干擾，以至於一切的計畫都很難順利執行。

㈣德軍高級指揮組織的反應極爲遲緩，這又可以分爲三點來分析：

(1)希特勒直到下午才知道聯軍登陸的消息。他是一個起居無節的人，深夜才睡而起床很遲。儘管軍情緊急，他的親信都不敢把他吵醒，又不敢自作決定。於是必須等到希特勒起床後始能發佈重要命令。

(2)假使隆美爾本人沒有離開其集團軍總部，則增援兵力的調動可能將比較迅速。因爲隆美爾威尊望重，那是其參謀長所無法比擬的，他敢作敢爲，任何人對他都有三分敬畏，他可以要求希特勒直接聽電話，他甚至於還可以直接調動兵力，「先斬後奏」。但恰好他抽空回家，等到他趕回總部時已經是D日的黃昏。聯軍早已在岸上立定了腳跟。

(3)更糟的是直接負責諾曼第地區的第七軍團司令多爾曼(Cen Dollmann)也不在司令部中，而正在不列塔尼主持一次兵棋演習。充任機動預備指揮官的第一黨軍裝甲軍長狄特里希(Gen. Dietrich)也因私事前往布魯塞爾。駐在瑟堡附近的一位傘兵軍長在參加兵棋演習之後返回軍部的途中，遭遇到美國的傘兵而被殺死。據李德哈特說，另外還有一位重要指揮官恰好在那一夜和女人去幽會。所以艾森豪決定不顧天氣的威脅而冒險登陸，的確是使聯軍獲益不少。

總結言之，諾曼第登陸戰要算是一次史無前例的冒險，甚至可以說是賭博。當時勝負之機實間不容髮。聯軍之成功應歸之於人事，而德軍之失敗則可委之於天命。兵凶戰危，可不愼哉。

第十四章 諾曼第作戰與法國南部作戰的比較研究

壹、引言

一九四四年的夏季（從六月到八月），是西方同盟國揚眉吐氣的日子，一連串的勝利接踵而來，令人有目不暇給之感。當然，其中最為人所稱道而且也流芳千古的是大君主作戰即六月六日的諾曼第登陸。但另一個有關連的作戰，即八月十五日的法國南部登陸，代字原為「鐵砧」(Anvil)，以後又改為「龍」(Dragon)，卻很少為人所提及，甚至於也可以說已經被遺忘了。大君主與鐵砧是彼此密切地交織在一起，對於整個聯軍的戰爭努力也都具有重大的貢獻，但在戰史中的地位卻相距頗遠，這不僅是一個很值得研究的問題，而且也令人有不平之感。

在戰史中很少有兩個作戰在時間上是如此的接近，而且在許多方面又如此的互相關連。所以把它們來當作一種比較研究(Comparative Study)的對象可以說是非常適當，而且只有使用比較的方法才可以發現其間的異同和解釋若干疑問。

貳、從計畫到執行

首先要研究的就是這兩個作戰的起源。換言之，我們所想了解的第一點是：在計畫作爲的階段，這兩個作戰之間的關係是怎樣？最簡單的答案是幾乎從一開始它們之間的關係就非常密切。

一九四三年八月第一次魁北克會議時，美國總統羅斯福與英國首相邱吉爾同意在諾曼第登陸的基本原則。在此同一會議時，美國參謀首長聯席會議(Joint Chiefs of Staff)提出一項以「在歐洲擊敗軸心的戰略觀念」(Strategic Concept for The Defeat of the Axis in Europe)爲標題的備忘錄，建議在法國南部進行兩棲登陸。在魁北克對此雖未作具體的決定，但卻認知此一「助攻」(Subsidiary Attack)的目的是「儘量牽制德軍的兵力以來協助大君主作戰。」

基於此種認知，所以在以後的若干月內，聯軍的參謀機構遂開始擬定在諾曼第之前先在法國南部進行小規模作戰的計畫。但是到了秋天，這些計畫人員開始感覺到若是先在法國南部登陸可能引起不利的反應。因爲假使聯軍首先在法國南部登陸，希特勒因此而就會趕緊增強德國在法國境內的兵力，於是等到以後聯軍在諾曼第登陸時，也許就會受到較多德軍的對抗，換言之，也就是會使聯軍喪失奇襲的利益。所以最後，他們認爲最好是兩方面的作戰同時發動。一九四三年十一月底，當羅邱二人在德黑蘭與史達林會晤時，他們也贊成參謀人員的此種想法。

到一九四四年初，想同時發動鐵砧和大君主作戰的希望又很快的化爲泡影。下述三點原因注定了鐵砧的命運：(一)主要裝備的缺乏，尤其是登陸船艦的缺乏；(二)在諾曼第登陸正面的放寬，由三個師變為五個師；㈢義大利戰役進展遲緩。（後兩個因素使聯軍感到兵力不夠用）所以到了三月二十一日，聯軍統帥艾森豪遂毅然作下其決定：暫緩執行南面的作戰。

到此時，英美兩國領袖對於鐵砧作戰的最後命運發生了嚴重的歧見。英國人認為義大利戰役已經陷於僵局，所以對於那個地區中的聯軍必須立即增強，否則將產生不利的後果。因此，必須犧牲鐵砧作戰，尤其是許多準備送往法國南部的部隊，都是要從義大利方面抽調。戰後，時常有人指控英國人是想從義大利進兵巴爾幹，即邱吉爾所謂的「歐洲軟下腹部」。事實上，那只能算邱翁一個人的幻想，英國參謀本部並無此種過分不現實的考慮。反之，他們主張徹底取消鐵砧作戰，以免對義大利方面造成不利影響，那卻是事實。

在另一方面，美國卻仍繼續認為法國南部的入侵是整個戰略的一部分。鐵砧對於大君主仍為最佳的支援工具。此外，也是把法國部隊引入歐陸的最便捷途徑。最後，若能攻佔法國南部港口，最主要的是馬賽(Marseilles)和土倫(Toulon)，則對於未來的補給問題將有莫大的幫助。所以，美國人只同意暫緩。並堅持在大君主之後仍應繼續執行。

儘管英國人儘量地嘗試說服美國人，但美國人卻始終不改變其決心。於是到七月二日，也是諾曼第登陸後差不多一個月之後，英國終於勉強同意在八月十五日發動南面的作戰（因為保密的原因，代字改為「龍」）。

參、兵力的比較

第二個可以比較的問題就是兵力。大君主可以說是一個史無前例的，巨大而複雜的作戰。最初登陸兵力約十五萬五千人（包括空降部隊二萬三千人），由六千九百餘艘船艇負責運輸和支援，動用各式飛機一萬二千餘架。攻擊正面寬六十哩，五個師一同登陸。在英國所集中的兵力爲三十六個師，共一百四十四萬人，還有更多的增援將從美國源源送來。

龍的規模雖不能與大君主比擬，但也相當的可觀。八月十五日最初登陸的兵力約六萬人（空降部隊九千人），船隻二千二百艘，飛機四千架，正面寬四十哩，領導突擊的爲三個師的美國精兵。全部兵力爲十個師（共二十五萬人）。誠然，不能與諾曼第相提並論，但法國南部的登陸也絕非小型作戰。任何兩棲作戰若用到二千艘以上的船隻和四千架以上的飛機就都要算是相當大規模的作戰。

其次可以比較的數字是在兵力增建方面。到D＋5日，聯軍在諾曼第灘頭上已有部隊三十六萬人，車輛五萬輛，補給六萬噸。到D＋24日，累積數字爲部隊八十六萬人，車輛十五萬輛，補給五十萬噸。

在法國南部，D＋5日的數字爲部隊十一萬人，車輛一萬七千輛，補給四萬五千噸；到D＋24日，分別爲部隊二十萬人，車輛五萬輛，補給二十八萬噸。此種增建速度固然並不慢，但以數量而言，則比諾曼第方面是不免瞠乎其後。儘管如此，我們又還是不能因此而認爲南部作戰毫無價値，因爲在以後的階段中，法國地中海港口所輸入的補給達總需要量的四分之一到三分之一。

另一種更複雜也更有意義的比較是聯軍與德軍之間的比較。在西歐德軍共有五十八個師，其中十個爲裝甲師，共約一百九十萬人。但其中三十三個師都人員素質不佳，裝備惡劣，並缺乏機動能力。德國海空軍實力則更差。在英吉利海峽中一共只有艦艇五百六十一艘，大部分都是掃雷艇和巡邏艇。空軍總數爲飛機九百一十九架，但在D日只有五百一十架可以作戰。所以概括言之，當聯軍在諾曼第登陸時，船隻是要比德國的多十三倍，飛機多二十五倍。

不過德軍現在所打的是防禦戰，他們已經花了三年半的時間在修築「大西洋長城」，雖然工事的進步並不如理想，但到六月六日，已經建造了一萬二千個永久性堡壘，並且也已在沿海部署了三千三百門火砲。若再把在此區域中所集結的戰車一千三百輛、自走砲三百三十門也計算在內，則其海岸防禦火力的強大似亦不可輕視。此外，他們又已放置了六百五十萬顆地雷和五十萬具以上的水中障礙物。所以，聯軍儘管在海空軍兩方面享有巨大優勢，但成功的登陸仍非易事。

因爲德國人預計聯軍將不只在一處登陸，並相信地中海方面是一個可能的選擇，所以他們在法國南部也早已設防，不過在程度上當然趕不上英吉利海峽方面。六月六日，德軍在南部沿岸有七個步兵師，另有三個師充當預備隊，其中有兩個爲裝甲師。

到八月十五日，德國在此地區中仍有八個師以上的兵力，不過由於原有的兵力都已調往北面作爲增援，而換來的則都是已經殘破不堪的部隊。所以在「龍」作戰發動時，德國方面只有部隊二十一萬人，船艇七十五艘，飛機一百七十五架，那也就當然不是聯軍的對手。在這一方面，德軍只建造了九百四十二座堡壘，部署了六百門火砲，放置了六萬枚地雷和水雷，另加上七十五輛戰車，所以對於聯軍的大規模攻勢實不無螳臂擋車之感。說起來似乎很諷刺，聯軍原有的戰略構想是要以南面的作戰來牽制德軍的兵力，於是也就可以使北面的登陸變得較爲容易。但事實的結果卻恰好相反，由於北面的戰鬥激烈把德軍的兵力都吸收了，所以南面登陸的輕鬆程度也就出乎意料之外。

肆、作戰的比較

在六月六日和八月十五日，德國方面對於聯軍的意圖究竟已經知道多少？換言之，他們所受奇襲的程度是怎樣？這種比較也頗有意義。

在大君主方面，德國人固然知道聯軍的入侵即將來臨，但他們始終不曾正確的猜出地點和時間。根據所有一切的官方記錄，都不能證明德國方面是早已獲得這種情報資料。甚至於在六月五日，隆美爾的B集團軍總部在其報告中還是說：「敵軍登陸地點可能是在敦克爾克與第厄普之間。」簡言之，德國人至少是受到了戰術上的奇襲。

他們不僅受到奇襲，而且也受到欺騙。聯軍的欺敵措施要算是相當成功，德國人所估計的聯軍數字要比在英國當時所實際集結的兵力多出三、四十個師。因此，在D日之後，他們仍繼續相信諾曼第只是一種牽制行動，聯軍的主力將會隨後在加萊地區登陸。這種想法一直持續到七月間為止，這對諾曼第的作戰產生很大的影響，因為當時德軍迫切地需要增援，但希特勒始終不准許從塞納河以北的地區調動兵力。

在「龍」作戰方面，情形又不一樣。八月七日，負責法國南部防務的G集團軍總部即已根據聯軍轟炸的方式，判定聯軍未來登陸地點將在隆河(Rhone)與法爾(Var)河之間的地區中，這樣也就只限於一百五十哩的海岸線之內，事實上，聯軍的確在這個地段中登陸。

至於時間方面，德國人在八月十二日，根據來自地下抵抗組織和一般人民的謠言，即判定八月十五日，拿破崙的誕辰，可能即爲聯軍的D日。同時聯軍的一切準備活動，德方也都知道。所以在法國南部的登陸是毫無奇襲意味之可言。不過，德軍卻已無足夠的人力和火力來對抗這個攻擊。

現在再比較德軍在這兩方面的作戰情形。在諾曼第，德軍因受奇襲之故，最初的反應是比較遲鈍。但是等到從混亂中恢復正常之後，他們立即調動相當大量的兵力，企圖圍堵聯軍並將其趕下海去。儘管損失慘重（那主要是由於同盟國享有制空權），而北面的兵力又不准調動，但到六月底，德軍還是已經增到十六個師，其中八個爲裝甲師。事後看來，德軍的努力要算是相當成功。在整個六月裏，雖未能把聯軍趕下海去，也未能阻止美軍攻佔瑟堡，但他們卻還是能夠把聯軍封鎖在海岸邊緣上，使其始終不能突出。不過，由於聯軍不斷增強，所以到了七月底，衆寡之勢已經至爲明顯，聯軍開始越過法國前進，所向披靡。

在法國南部，德軍根本就無力阻止聯軍的前進。八月十七日深夜，即D+3日，德軍統帥部已下令G集團軍立即撤退，只留下少許兵力據守主要港口。只用三個師的部分兵力作後衛，德軍迅速背進。在一個月的時間當中，他們一再逃出了聯軍的包圍，而向北退走了四百餘哩。到九月十五日，他們已與在西歐的德軍殘部會合，並在法國東部建立了一道防線。

德軍反應不同，所造成的效果也就隨之而不同。在諾曼第方面，聯軍的計畫是預定在D日就要攻佔岡城，D+8日攻佔瑟堡。事實上是到D+34日才進入岡城，而進入瑟堡則爲D+21日。換言之，在初期的作戰中由於德軍的英勇抵抗，聯軍遂趕不上預定進度。在另一方面，聯軍計畫人員對於爾後的作戰進度卻又作了比較保守的估計。他們預定D+90日達到塞納河，D+360日（即大約一年後）達到德國的國界。但自七月底以後，德軍即已精銳喪盡，不堪再戰，於是戰局開始急轉直下。

美國於D+79日越過塞納河，比預定進度早了十一天，而到D+95日，已有若干聯軍單位接近德國國界。簡言之，聯軍的實際進度最初是太慢，而後來又太快，完全出乎意料之外。德軍並未如聯軍計畫人員所想像的，曾在法國境內沿著每一條河川防線作頑強的抵抗，事實上已無此種可能，因為德軍在諾曼第已經把所有的力量都用盡了。

在原有的計畫中，聯軍當局根本上就不曾想到一九四四年結束戰爭的觀念，而且事實上，那也只是不現實的幻想。但到了九月間，就開始有人希望在年底之前贏得勝利，等到事與願違時，於是遂紛紛譴責艾森豪不懂戰略，坐失機宜。這種謬論一直到戰後仍繼續流傳，實不值識者一笑。

聯軍計畫中所假定的是一種逐步的推進，這也是一種正常合理的構想，雖然事後看來，對進度的估計不免失之保守，但基於量敵從寬的原則，也未可厚非，尤其是，聯軍根據北非和義大利的作戰經驗，深佩德軍的勇敢善戰，所以自不敢掉以輕心。至於以後的發展是誰也無法預料，並不能因此而苛責計畫作為者。

但一切後勤的準備都是以原定計畫為基礎，那是不易改變。尤其是實際作戰與計畫進度相差愈遠，則後勤方面的困難也就愈大。這樣也引起了英美兩軍之間的嚴重爭執和摩擦，因為雙方都希望能獲得足夠的補給以來維持繼續前進。而德軍又採取一種意料之外的行動而使聯軍的困難更形增大。德軍對於重要的港口都留下兵力，死守到底，並且徹底破壞一切設施，這樣使聯軍在相當長期之內都無法加以利用。

在南面，德軍是不戰而退，雖港口還是留有守兵，但自不能抵抗聯軍的重大打擊。到D+14日，土倫和馬賽都已攻佔——原定的日程是D+35日和D+40日。因此，這兩個南方大港也就可以預定的時間早一點派用場，不過仍然來不及幫助克服秋季補給危機。儘管如此，到一九四五年對於聯軍的後勤卻是的確有很大的貢獻。

伍、結論

關於諸曼第作戰應否發動的問題是從來不曾構成爭論，但法國南部作戰應否發動卻是始終成爲一項爭論的主題，從戰時到戰後，繼續不休。

艾森豪在其所著《歐洲十字軍》一書中曾經這樣說：「在此階段中的一切發展再沒有比從隆河河谷中推進的助攻對德軍最後完全成敗更具有決定性。」英國戰史大師富勒將軍的看法則完全與此相反。他認爲這個作戰若能在諸曼第登陸之前發動，或至少同時發動，則還有若干戰略價値，但在諸曼第登陸之後，即已成爲畫蛇添足，毫無存在的理由。

艾森豪的話是爲美國人所作的決定辯護，誠不足取。但富勒的批評卻又引起一個新的問題。當時美軍已有足夠的餘力（還要加上法軍），總不能閒置不用，假使不用之於法國南部，又應用之於何地？照英國人的想法（包括富勒在內），那是應該用於義大利，但此種意見實頗有商榷之餘地。㈠從牽制德軍兵力的觀點來看，義大利的作戰並非有利的戰略投資。在六月六日以前，聯軍在義大利的兵力共達三十個師，而德軍只有二十二個師，若以實際人數來計算則比例更可能超過二比一。所以爲了牽制德軍而把更多的兵力投在義大利實非得策。㈡聯軍雖已在六月四日進入羅馬，但就整個的義大利戰役而言，則反而感到前途茫茫。義大利北部地形險惡，交通不便，聯軍愈向北進則行動將愈遲緩，而且即令攻佔了整個義大利半島，對於全面戰略而言，也還是沒有太多的意義。㈢雖然指揮義大利作戰的英國亞歷山大將軍相信他的兵力到八月十五日即可突破德軍在義大利的最後一道防線——即所謂「哥德防線」(Gothic Line)——此後他就能迅速通過「盧布拉納缺口」(Ljubliana Gap)而直趨維也納。這也正是邱吉爾所夢寐以求的戰略構想。事實上這只是一種紙上談兵的想法。義奧兩國之間萬山重疊，易守難攻，第一次大戰時，雙方苦戰經年都不能越雷池一步，可為殷鑑。尤其是聯軍每一個師每天需要補給七百噸，要想把幾十個師的兵力，從巴爾幹送入中歐，從後勤的觀點上來看，根本無此可能。

簡言之，假使說把兵力用來法國南部是不適當，則用在義大利則可能更不適當。如果只有這兩種選擇，則選擇法國南部似乎比義大利又還是較為合理。現在再看德國戰史家魯格(Friedrich Ruge)的意見。他認為事實證明「龍」作戰在時間和地點上都是作的錯誤的選擇。若能用這些兵力去攻取比斯開灣(Bay of Biscay)上的港口，或打通須耳德(Schelde)河口，則對其聯軍的補給將可有較大的貢獻。至於留在法國南部的少數德軍大可聽其自生自滅，因為他們對於戰局已不能產生任何影響作用。但把他們逐退之後，這些兵力反可用來防衛德國西南部並增強對聯軍前進的阻力。

德國人的見解似乎要比較高明，但聯軍若眞已採取此種路線，則是否即能在一九四四年結束戰爭，也仍大有疑問：㈠在此二地區中，聯軍所將遭遇的抵抗將會比在法國南部遠較強烈，所以其進度也可能較慢，尤其港口設施的修復需要時間也至少是一樣的多。因此，要想短期內對後勤有重大貢獻，似不可能。㈡德軍雖已損失慘重，但其潛力仍不可侮，希特勒在十二月即能發動反攻可為反證。所以聯軍如欲乘勝窮追，則必須敢於冒險。就當時聯軍將領而論，也許只有巴頓一人具有這樣的氣質，其他的人都是碌碌庸才，他們不可能作這樣的嘗試，即令勉強進攻，也不過是虎頭蛇尾而已。㈢聯軍的後勤尾巴實在太大。這與組織制度和生活方式有關，不可能突然改變。拖著那樣大的尾巴，自然不可能進行「閃電」式的作戰，而只能穩紮穩打。

從原始的計畫作爲說起，同盟國當局本來就沒有想在一九四四年之內結束戰爭，如果當時有人提出這樣的觀念，則一定會被大家斥之爲不現實的妄想。所以戰爭之不能在一九四四年結束，實屬理所當然，至少不能說那是誰的過錯。假使說在一九四四年九月間的確已經出現了這樣的機會，而聯軍未能予以利用，誠然值得惋惜，但那是由於先天的限制，而非人謀不臧。

第十五章 戰略與後勤：第二次大戰的經驗

壹、引言

研究戰爭的人幾乎每個人都愛高談戰略，但對於後勤的問題卻似乎很少有人感到太多的興趣。以現有的軍事著作而論。討論後勤問題的書簡直像鳳毛麟角一樣的稀少，而與以戰略或戰術爲主題的書相比較，則可能百不得一。什麼叫作「後勤」（Logistics），照約米尼在《戰爭藝術》中的解釋，那就是一種「調動軍隊並使他們獲得補給的實用藝術」。用一種更抽象的語句來說明，那也就是空間和時間因素對戰爭的應用。

孫子說：「軍無輜重則亡，無糧食則亡，無委積則亡。」足以證明這位我國的「兵聖」深知後勤之重要。拿破崙也說：「有關軍隊調動的數學問題值得請一位牛頓或萊布尼茲去計算。」事實上，戰爭中的事務幾乎可以說是百分之九十都是屬於後勤的範圍，因爲軍隊可能一百天不打仗，但卻不可能一天不吃飯。往往有人把下棋來比喻戰爭，嚴格說來，那是完全不正確，因爲在棋盤上的棋子並未拖著一條後勤尾巴。

古今中外，幾乎沒有一個戰略決定不與後勤考慮有關。一般戰略家的想法都認爲後勤計畫是導源於戰略計畫。簡言之，照邏輯來說，是先決定戰略，然後再來擬定後勤計畫以對前者提供必要的支援。但第二次大戰的經驗卻顯示事實與此種理論往往相反。戰略路線的選擇常受後勤考慮的影響或限制。後勤雖不一定能完全決定戰略路線，但往往能指出一條路線是比較有較大的可行性。

貳、以美國爲例

在整個第二次大戰中，各國的後勤計畫作爲都是事先缺乏一種足夠明確的戰略指導。當然對於未來戰略觀念，一種大致的輪廓仍然是有的，不過這並不能替生產計畫奠定穩固的基礎。這也是一種必然無可避免的事實，因爲許多武器裝備的生產先導時間（lead time）都必須長達十幾個月或數年之久，所以在開始生產時，對於未來的戰略情況實在是很難作過分肯定的研判。因此，所有的經濟動員都不是以戰略計畫爲基礎，而只是加速累積各種裝備，以便能夠執行任何未來的戰略計畫。

最明顯的例證就是美國的情形。自從一九三九年歐洲戰爭爆發，美國當局即開始感到警惕，所以在一九四〇年即有所謂「軍需計畫」（Munitions Program）的擬定。此時美國尙處於中立地位，對於是否加入戰爭都尙無認眞的考慮，當然更談不上具體的戰略路線。一九四一年，當美國實施所謂「勝利計畫」（Victory Program）時，陸軍部次長派特森（Robert P. Patterson）曾公開說明：目前最重要者即爲生產的總量，至於武器的未來使用方式則爲次要的考慮。

一九四一年十二月，珍珠港事變發生，美國置身於全球戰爭。美國與英國當局開始討論和擬定同盟戰略，照理說，此後的後勤工作是應該接受戰略的指導，但事實上，一九四二年以後的生產計畫仍然還是採取我行我素的態度。因爲生產是有連續性，一經發動之後就必須不斷的加速推進，而不能隨意改變。反而言之，由於後勤因素已經先戰略而存在，所以戰略的考慮，計畫，和決定都無往而不受到它們的影響和限制。

參、「歐洲第一」的戰略決定

美國的戰爭潛力固然巨大無比，但也還是需要相當時間才能將其完全發揮出來。至少在短時間之內，是不可能希望它有能力同時擊敗歐亞兩面的強敵。這裏所面臨的又是後勤限制的問題。美國陸海兩軍參謀本部對於如何進行兩洋戰爭的問題曾經作過多年的考慮，直到一九四〇年十一月，當時海軍軍令部長史塔克(Adm. Stark)始提出一項備忘錄，主張一旦美國若同時與德日兩國開戰，應採取「先歐後亞」的戰略。陸軍參謀長馬歇爾也同意此項見解，於是在一九四一年一月遂作成了成案。接著美英兩國軍事首長之間又舉行祕密會談，再度認可此項原則。從此也就成爲美英同盟的基本戰略路線。

日本襲擊珍珠港在美國曾造成相當的感情激動，以至於有許多人要求應首先擊敗日本。但幾星期後，美英兩國首長在聯合會議時仍冷靜的堅持原有決定不變。這也可以證明後勤因素所具有的巨大影響作用。美國在當時不僅沒有足夠的實力以來應付兩面作戰，而對於遠洋作戰所需要的工具是尤感缺乏。同時越過大西洋的交通線也比太平洋方面較短。所以也就暗示以歐洲爲第一優先是合理的選擇。最後，就一九四一年底的情況看來，英俄兩國若不能立即獲得巨大援助，則都有被迫退出戰爭的危險，這對於原有的決定也就更產生了增強作用。

儘管如此，環境又迫使美國所採取的第一步戰略行動仍然是在太平洋方面。因爲日本人的攻勢非常凶猛，菲律賓、馬來亞、東印度群島都先後淪陷。美國即令只想採取守勢也必須先行穩住陣脚。於是美國當局決定立即集中全力在澳洲建立一個巨大基地，並確保其交通線的安全，否則再拖下去，即可能無法控制日本的攻勢。此時英國人十分希望美國人與他們合作，趕緊佔領法屬北非，但他們也同樣關切澳洲和紐西蘭的安全，所以也就不敢反對。但由於美國要增援澳洲，則勢必要佔用許多的運輸船隻，這樣也就使預定的北非作戰不得不延期。

事實上，美國海軍的建艦計畫，以及其對太平洋方面的關切，自始至終都對整個戰爭指導產生相當牽制作用——很諷刺，「先歐後亞」的基本觀念又還是由海軍方面所首先提出。儘管德國第一的原則是一再受到強調，但太平洋方面的戰爭仍不斷的擴大，很快就達到轉守爲攻的階段，這樣也就迫使美國不得不分散其實力，並且也產生嚴重的後勤影響。

肆、「波利羅」與「圍捕」

一九四二年四月，羅斯福派馬歇爾和霍布金斯前往倫敦，把一項準備越過英吉利海峽進攻歐陸的計畫送請英國首相邱吉爾及其軍事顧問們加以考慮。此項計畫要求下述三點：㈠對於裝備採購的優先次序、原料的分配、部隊和補給的運輸應立即作必要的協調；㈡準備用四十八個師和五千八百架飛機（其中三十個師，約一百萬人和三千二百五十架飛機由美國提供）來對歐陸發動大規模的侵入戰，其目標日定爲一九四三年四月一日；㈢假使蘇俄有突然崩潰的危險，則應立即準備對歐陸發動一次緊急性的登陸作戰。美國人對於計畫的集中部分所用的代字爲「波利羅」(Bolero)，作戰部分所用代字爲「圍捕」(Roundup)，而緊急部分則稱爲「大槌」(Sledge Hammer)那是另成一案。

英美雙方對於所應採取的戰略是具有重大的歧見，所以曾經一再發生爭論。英國人是德國人手下的敗將，對於敦克爾克有慘痛的經驗，同時對於美國的後勤能力也無太多信心，所以始終主張採取邊緣戰略(peripheral strategy)。那也就是不敢和德國人硬碰硬，而希望用間接路線來制勝。美國人的想法則完全不同，他們堅持應以不列顛爲基地，渡過英吉利海峽來對西歐發動一次大規模的攻擊。

美國人不僅對於自己的後勤能力（包括生產和運輸）深具信心，而且也基於後勤的理由來替其戰略計畫辯護：㈠在地中海方面支援大規模作戰，補給線將會更長和更難於維持；㈡要想越過南歐山地進入中歐心臟地區，那眞是談何容易，那一方面的交通情況遠比西歐困難，所以邱吉爾所說的歐洲「柔軟下腹」(soft under belly)實際上是萬山重疊，寸步難行；㈢深信直接打擊德國工業中心地區，實爲迅速獲致完全勝利的捷徑。

在英國人勉強同意之後，所謂「波利羅」計畫也就立即付之實施。除了總統和參謀首長更積極要求增加飛機、船隻、戰車、火砲等的產量以外，對於在珍珠港事變之前所擬定的「勝利生產計畫」是並未產生任何的基本性的改變。但不久即發現對於把兵力集中在英國的行動，眞正的限制是運輸船舶之不足。同時又逐漸顯示，對於登陸戰而言，最重要的工具就是登陸船艇。使用特別設計的船隻和小艇把人員、武器、補給、車輛從海面上直接送上灘頭，這是一種全新的觀念，過去從來不曾受到認眞的考慮。

此種登陸船艇的大規模使用，對於計畫中的太平洋、大西洋、地中海作戰，都構成必要的基礎。陸軍要依賴海軍提供這一類的船隻，但海軍卻認爲正常的造艦計畫是更較重要。此外，美國最初所擬建造的是只限於較小型的登陸艇，直到一九四二年五月，英國人才說服了美國人勉強同意建造較大的遠洋型登陸船。儘管此種新的計畫是立即付之實行並列爲第一優先，但還是遠水救不了近火（註：在整個二次大戰期中，英國對於科技利用都要比美國前進，許多新裝備都是出於他們的設計，而美國軍人則比較保守，不大願意接受新觀念）。

當同盟國當局在執行「波利羅」計畫的同時，又還是不能不考慮其他戰場上所發生的新要求。一九四二年四、五月間，許多新問題接二連三出現，例如對太平洋的增援、對中東的增援、對中國的加強援助、對蘇俄租借物資的增加。凡此種種都無一不需要分散預定用於「波利羅」的力量，但羅斯福的態度相當堅定，仍繼續要求增建在英國的兵力。

到一九四二年八月底，美國部隊已到達英國和正在運輸途中的總數共約十七萬人；而在六、七、八三個月內，運入英國的軍需物資也已有一百三十萬「船噸」(ship ton)。這種成就固然已經不錯，但要想在一九四三年四月發動侵入歐陸的作戰，則還差得太遠。當時能否找到更多的船隻來加速運輸，和英國的港口和內陸運輸體系能否接受得了，都顯然大有疑問。再加上中東情勢的緊急和蘇俄一再要求增加援助，所以在一九四三年春季發動「圍捕」作戰的希望也就更日益渺茫。

伍、北非戰役的影響

羅斯福熱烈希望在一九四二年之內能對德國發動一次具有重要性的作戰。因爲作爲一位美國總統，在戰爭期中每年都必須要作戲劇化的表演，否則他的政權即不易於維持。所以他終於不顧軍事首長的反對，而同意邱吉爾的要求，在一九四二年發動對北非的火炬作戰。美國軍人並非不知道北非的戰略重要性，但他們之所以拚命反對，是因爲害怕這樣一來，對西歐的主力作戰一定更會受到延誤。他們的顧慮一點都不錯，由於進行北非作戰，於是一九四三年也都完全耽擱了。歸根結底，又還是後勤問題。從戰略上來看，絕無不可同時侵入北非和西歐的理由，眞正的限制卻是資源不夠。

但非常矛盾，由於改變戰略計畫和對西歐作戰的默認展期，結果又反而使美國有了閒置的剩餘資源，因爲北非是一個比較狹小的戰場，能夠投入的兵力自有其限度。於是美國的注意力也就自然的轉向太平洋方面。一九四二年六月美國海軍贏得了中途島會戰，不久即獲得發動有限攻勢的批准。八月間，美國海軍陸戰隊在瓜達康納爾島(Guadalcanal)登陸，接著陸軍的援兵也紛紛送來。到一九四二年十二月底，用來對抗日軍的美國陸軍兵力已達四十六萬四千人，比春季中所批准的數字多出二十萬；用來對抗德義兩國的兵力反而只有三十七萬八千人，比預定計畫大約少了五萬人。由此可知在戰爭領域中，現實與理想的差距是如何巨大。

火炬作戰在一九四二年十一月發動，最初的進展似乎比預計要順利，所以同盟國領袖也就開始考慮到下一個步驟。又還是像往常一樣，意見是非常分歧。美國人主張立即增強在英國的兵力，加速回到「圍捕」的舊路；英國人則希望繼續擴大地中海方面的作戰。但還不僅此而已，空軍方面希望把作戰重點放在戰略轟炸上，麥克阿瑟想要重返菲律賓，尼米茲則重視中太平洋的攻勢。此外，東南亞、中國、蘇俄等戰場也都有新的要求。

一九四三年一月，羅斯福與邱吉爾率領其軍事顧問們在卡薩布蘭加集會，企圖解決這些互相衝突的要求。結果還是採取折中路線，換言之，爲了使每一種要求都能獲得部分的滿足，於是也就只好犧牲集中於某一點上的決心。說起來眞是非常矛盾，侵入西歐的計畫本來是被視爲最重要，所以分配給它的資源也就應該最多，但正因爲這種大量資源的累積很不容易，於是對於該計畫的執行在時間上也就一再拖延，但在這個拖延的階段中又自不能無所事事，而且同時其他方面所提出的新要求又層出不窮，結果遂使本來準備累積不用的資源又受到一再的拉動。這樣遂使最優先的計畫反而變成了最落後的計畫。

所以在卡薩布蘭加會議時，除了大家同意對在美國的兵力增建仍繼續推進外，又決定先行從事下述各項作戰：㈠對西西里島發動登陸戰；㈡對德國發動巨型空中攻擊；㈢加強反潛作戰；㈣準備在緬甸發動攻勢；㈤在西南太平洋方面發動對拉布爾(Rabaul)的包圍；㈥在中太平洋方面繼續進攻日軍所據守的島嶼。從這些項目上看來，要算是英國人的勝利，因爲他們一向主張採取邊緣戰略。但太平洋方面的計畫也使一部分美國人感到滿意，因爲他們一向強調那一方面的重要性。但是在理論上被列爲第一優先的西歐侵入戰，在一九四三年也就無異於被公認爲應暫予擱置，一切的希望都只能寄托在一九四四年了。

陸、地中海對英吉利海峽之爭

即令沒有把投入歐陸兵力的增建工作爲第一優先，但僅僅爲了在一九四三年間來執行各種預定計畫，也還是會感到後勤資源不夠分配。等到北非戰役在整個春季裏陷入膠著狀態之後，補給和船舶也就繼續大量消耗，更顯示一月間在卡薩布蘭加所作的決定是以不現實的假定爲基礎。五月間，美英兩國領袖遂又在華盛頓舉行一次長達兩星期的會議，才終於明確決定在一九四四年春季發動越過英吉利海峽的攻擊（目標日暫定爲五月一日）。

在這次會議中，地中海對英吉利海峽之爭又再度出現，概括說來，又還是一個後勤問題：說得更具體一點，則更是登陸船艇的問題。美國人並非不願支持地中海作戰，但其條件卻是不消耗投入法國西部所需要的人力和裝備。反而言之，英國人也不反對早日投入西歐，但卻希望地中海作戰能繼續進行。

最後雙方所達成的協議是：到目標日，在英國境內所集中的兵力應達到二十九個師，並有足夠的登陸船艇（估計約爲四千五百零四艘）以來同時載運五個師的兵力——其中三個師爲攻擊矛頭，其他兩個師則立即跟進。美國始終害怕地中海會變成消耗資源的無底洞。所以又同時規定地中海方面的兵力不得超過二十七個師，並自十一月一日起，把四師美軍和三師英軍調回英國。

美國人對於英國人偏愛地中海而不熱心於對西歐的攻擊深感不滿；反之，英國人也不滿意美國受太平洋方面的牽制，他們認爲美國似乎已經忘記「歐洲第一」的原則。所以儘管已作明確決定，爭論仍然喋喋不休。此時，英國的摩根中將已奉派爲未來聯軍統帥的參謀長，並由他率領一個小型的聯合參謀組織，在倫敦開始草擬所謂「大君主作戰」的計畫。但是來自地中海和太平洋的要求是那樣的龐大，顯得這個被預定爲主力的作戰眞是寒酸得可憐。

一九四三年八月第一次魁北克會議時，由於驅潛作戰的成功，同盟國運輸船隻的損失數量遂日益減少，這對於戰略與後勤兩方面而言，都是一個極大的轉機。於是在這次會議時，美英兩國的軍政首長態度遂比過去遠較樂觀。他們不僅重申其對西歐作戰的承諾，並且對於兵力和裝備的集中，也作成較具體的計畫。同時也確認地中海方面的作戰只是「大君主」的輔助。這次會議更假定歐洲戰爭在一九四四年十月即可結束，而對日本的戰爭在此後一年內也將結束。

在會議中，對於此項巨大攻勢的後勤可行性也仍然有人表示憂慮。但計畫人員卻認為裝備本身已不成問題，而長程運輸工具（商船）現在也已逐漸增多；最足以限制戰略發展者還是兩棲突擊性的船艇。事實上，這個問題的癥結並非如一般人所想像，是生產過程中出現了「瓶頸現象」。到一九四三年，美國工業動員是已達最高峰。在這一年內美國共生產了一萬九千四百八十二艘登陸船艇，但美國海軍當局卻只肯把其中的百分之五撥給「大君主作戰」。

一九四三年是一個會議之年，在十一月和十二月又在開羅和德黑蘭開過兩次會議。邱吉爾始終主張繼續擴大地中海方面的作戰，並夢想從巴爾幹進入東歐。他認為因此而將「大君主」的D日順延二月也是值得的。羅斯福對此問題的意見是頗饒趣味：「擺在眼前的還是一個後勤問題。是否大君主能維持其完整而在地中海的火焰又還可以不熄滅呢？」

事實上，魚與熊掌是不可得而兼。英國人之所以偏愛地中海固然是受到其傳統戰略思想的影響（即所謂間接路線和周邊戰略），同時邱吉爾在那時也可能已經考慮到戰後的政治利益。但最主要的原因還是他們對於美國的後勤能力，似乎並不深具信心，他們害怕此種直接性的攻擊可能虎頭蛇尾，不足以產生決定作用。反而言之，美國人的辯論也是以後勤為基礎。他們一方面指出東南歐地形惡劣，交通不便；另一方面又認為對美國而言，越過北大西洋的距離是最短，而英國又可作為發動巨型兩棲作戰的基地，所以深信這一方面的打擊將最有效。

美國將領們最害怕的是俄國人爲了要想打通黑海的直接交通線，並減輕德軍對烏克蘭的壓力，而附和英國人的意見。等到史達林在德黑蘭會議時，傾全力來支持美國人的主張，並建議立即指派一位負責指揮「大君主作戰」的聯軍統帥時，他們才在內心裏感到如釋重負。根據這個建議，羅斯福遂於一九四三年十二月六日宣佈特派艾森豪爲聯軍統帥。

柒、大君主作戰的精神

「大君主作戰」雖已定案，但在其進一步的發展過程中——包括計畫與準備——後勤考慮仍繼續扮演具有支配性的角色。例如港口容量對於集中地區的選擇爲一重要條件，而船隻的供應量，對於兵力的安排更是關係極大。

一九四四年一月十四日，艾森豪將軍到倫敦履新。此時他的幕僚在蒙哥馬利主持之下，早已對摩根所原擬的計畫作了全面檢討（作者註：在艾森豪出任統帥之後，參謀長由美國的史密士將軍接充，而摩根則調任副參謀長）。蒙哥馬利建議把攻擊正面從二十哩增加到四十五哩，第一批突擊兵力由三個師增爲五個，此外仍保留兩個師在突擊船隻上，作立即支援之用。此項計畫很快就獲同盟國高階層的批准，但限制兩棲作戰的老問題又來了——即登陸船艇的供應量。

照統帥部海軍總司令雷姆賽(Adm. Ramsay)估計，原定計畫需要登陸船艇三千三百二十三艘，各式軍艦四百七十七艘，掃雷艇一百五十艘；現在計畫修改後，掃雷艇要增加一倍，軍艦要增加二百四十艘，而登陸船艇則要增加一千艘。本來連原有的數字都已很感困難，現又還要增加，那顯然是五月一日以前無法交卷的，於是雷姆賽和蒙哥馬利都主張將D日順延一月，以便設法湊足這樣龐大的數量。

艾森豪只好同意，除向兩國當局要求延期外，更建議暫不發動對法國南部的作戰。但美國參謀首長雖同意延期，卻不肯放棄所謂「鐵砧」作戰。其爭執又還是在後勤方面。華盛頓的計畫人員認爲船隻可以夠用。艾森豪說：「照他們估計，所有船隻除夠大君主方面七個師同時登陸之外，還可在鐵砧方面供兩個師之用。這個數字和我們的計畫大有出入。」

華盛頓的算法是以太平洋作戰經驗爲基礎，這與艾森豪所準備的作戰，性質大不相同。因爲進攻德軍的大西洋長城時，一個師所需要的船隻要當一個半師的標準來計算，始能容納一切必要的工兵、戰車、戰防、防空等單位的人員和裝備，以及控制灘頭的全部組織。否則部隊即不可能迅速上岸和站穩立足點以對抗敵軍的猛烈反擊。在太平洋方面，一次登陸的兵力很少超過一萬人，而艾森豪卻計畫在最初兩天內，把兵員十七萬人和各種車輛二萬輛送上灘頭，其難易眞是不可同日而語。

自從一九四三年秋季起，美國部隊和補給就不斷的湧入英國。到一九四四年五月，美軍到達英國人數已超過一百五十萬人，換言之，魁北克會議所預定的目標早已超過，此外，約五百萬噸的美國物資也早已運到英國。假使不能累積這樣多的人力和物力，則「大君主」也就會像「海獅」一樣的成爲泡影，由此可見後勤實爲戰略的基礎。

但是登陸船艇的問題還是拖了很久才解決。直到三月二十四日，美國參謀首長們始同意將「鐵砧作戰」延到七月中旬再發動，而把所有準備用在南面的船隻，都先用在諾曼第方面。不過實際上，這種決定是多餘的，美國海軍所控制的船隻足夠進行兩方面的作戰而有餘，只是海軍軍令部長不肯幫忙而已。「大君主作戰」一共準備動用各式登陸艦艇六千餘艘，但美國海軍所提供者還不及一半，在其所擁有的全部數量中所佔的比例則更是渺乎其小。

捌、諾曼第登陸

「大君主作戰」爲有史以來空前最大規模的兩棲登陸戰，在準備的階段，聯軍所要作的事情眞是千頭萬緒，這些事情大部分都是屬於後勤的範圍，但是寫戰史的人卻往往一筆帶過，很少有詳細的敍述。實際上，這次作戰的成功，那些默默無名的流汗英雄，其功勞之大實不亞於那些赫赫威名的大將，和浴血苦戰的戰士。

在後勤領域中有兩件比較突出的事情值得一提：㈠是利用混凝土製的沉箱所拼湊組成的人工港口，一共有兩個，代字爲「桑椹A和B」（Mulberry A and B），每一個的大小幾乎和多佛港相當。此種觀念的來源是一九四二年第厄普突襲的教訓。根據那次教訓的分析發現任何主要港口都不易迅速而完整的加以佔領。假定瑟堡能在兩星期內攻佔，但掃雷和修補的工作也至少需要兩個月。在此期間之內，登陸兵力仍須在開放灘頭上接受補給，所以對於運輸船隻必須有此種臨時性保護。㈡爲了預防敵人對港口設備的破壞，以及加強運輸效率起見，聯軍遂又決定在海峽中敷設輸油管以確保最重要的補給品（燃料）能迅速而安全的送往歐陸。這個計畫的代號爲「閻羅王」（PLUTO），實際上是「海底管線」（Pipe-Line-Under-The-Ocean）的縮寫。今天建造海底油管已經沒有什麼稀奇，但是在當年（一九四四）卻可以算是一種勇敢的創舉。

聯軍當局以恐懼愼戒的心情來準備這次空前的登陸戰，結果到D日，卻似乎一切都很順利，於是有人遂以爲聯軍的準備是未免有一點過分，登陸作戰是並不像他們想像的那樣困難。此種說法實乃似是而非。嚴格說來，諾曼第登陸的成功一半是由於機會，另一半則應歸功於聯軍準備的周密。若非如此，則聯軍很可能會被趕下海去。

實際上，聯軍贏得並不輕鬆。到D日夜幕低垂時，聯軍雖在諾曼第海岸上已突破大西洋的正面約三十哩，但中間仍有許多空隙，而每一個灘頭也都不曾達到預定的目標線。下述的數字不僅可以作爲證明而且更具有極重要的含意：

	人員	車輛	物資（噸）
D日預定目標數字	一〇七、〇〇〇	一四、〇〇〇	一四、五〇〇
D日實際登陸數字	八七、〇〇〇	七、〇〇〇	三、五〇〇
差額（百分比）	二〇%	五〇%	七〇%

由此可知登陸作戰的困難不是在戰術方面而是在後勤方面。把人員送上岸去是遠比把各種裝備和補給送上岸去要容易得多，但是人員上了岸，並不能赤手空拳去和敵人拚命。現代化的軍隊若無適當的後勤支援則根本無法作戰。假使德軍能在D日夜間即迅速發動猛烈反攻，而其裝甲預備隊又能如隆美爾所主張，是駐在接近海岸位置，能迅速投入戰鬥，則聯軍能否守住灘頭實大有疑問。

玖、歐洲的戰爭為何不能在一九四四年結束

諾曼第登陸雖僥倖成功，但所謂「諾曼第之戰」卻拖了很久才結束。聯軍預計在登陸的第一天就要攻佔岡城，而在D＋8日就要攻佔瑟堡。但實際上的進度卻與計畫差得很遠。直到六月二十七日，聯軍始攻入瑟堡，而英軍則在七月十日才終於進入岡城。七月三十一日，美國第三軍團在巴頓指揮之下，攻克阿夫藍士(Avranches)，於是瓶頸終於被突破，聯軍從諾曼第地區像洪水一樣的衝出，戰局開始急轉直下。

到此時，德軍早已苦戰二月，損失慘重，自無餘力來對抗巴頓的新銳之師。估計聯軍在人力上至少已享有二比一的優勢，戰車與火砲則大約為三比一，而空軍更享有絕對的制空權，所以自可不必作任何「慎重」的考慮，而大膽的長驅直入。

八月二十四日，聯軍輕鬆的渡過塞納河，照原有的假想，在此應有一場苦戰，結果卻出乎意料之外。八月二十五日，又兵不血刃而光復了法國首都巴黎。總結言之，諾曼第會戰的結果是聯軍大獲全勝，德軍潰不成軍，對於西方同盟國而言，進入德國心臟地區的道路似已暢通無阻。當時有許多人預言歐洲的戰爭將會在年底結束，那知道又是事與願違。一直到次年五月八日午夜，第二次大戰的歐洲部分才正式結束。

為什麼聯軍在一九四四年的秋天，正當勝利似乎已伸手可及時，卻突然變成強弩之末呢？這是一個非常有趣味的問題，而且也曾引起不少的爭論。事實上，最主要的答案又還是必須從後勤與戰略的

關係中去尋找。

當草擬「大君主作戰」計畫時，聯軍當局假定德軍會憑藉流過法國和比利時的幾道大河作分段的抵抗。因此預計在賽納河之線將有一場血戰，並估計聯軍要到D＋90日始能達到該河。此外，計畫中所假想的是一種逐步的推進，而並非對已喪失組織的敵軍作捨命的窮追。儘管這些假定以後都變得與事實不符，但一切後勤的準備都是以原定計畫爲基礎。那是很不易改變。

作戰的實際發展與計畫中的進度相差很大，更增加後勤的困難。聯軍在最初七個星期內是被局限在諾曼第灘頭中，進展遠比預計者遲緩；而到七月底突破後，進展又遠比預計者迅速，在開始突破時，比預定進度約落後三十天，但八月二十四日（D＋79）達到塞納河時，卻已提前十一天。其原因是希特勒堅持其寸土必爭的死硬原則，把一切可用的兵力都在諾曼第消耗殆盡，所以也就更無任何障礙物可以阻止聯軍的前進。從後勤的觀點上來看，聯軍向塞納河的迅速前進卻帶來嚴重的困難。

聯軍到達塞納河時比預定進度只提前十一天，就理論而言，一切後勤計畫和組織都有相當彈性，對於這樣大小的差距是應能應付而不至於感到過分困難。但實際上，這個差距是四十六天而並非十一天，因爲在D＋49日，聯軍的位置還在D＋20日，而在D＋79日即已達D＋90日之線。換言之，在三十天之內完成了七十天的進度。戰車和其他戰鬥部隊都可以加速狂奔，但交通線必須有相當的時間始能建立。尤其能用的港口還只有瑟堡，而且由於敵人的破壞，其啓用的時間也比預定遲了很多。

照預定計畫，在D＋90日到達塞納河之線的美軍將不超過十二個師，並假定要到D＋120日才開始發動渡河攻擊。事實上，在D＋90日（九月四日）已有十六個師的美軍越過該河並已前進了一百五十哩。在D＋98日（九月十二日）聯軍已達計畫中的D＋350日之線。簡言之，從八月二十五日到九月十二日之間，他們在十九天之內越過了預定在二百六十天之內所應通過的距離。巴黎的光復也增加補給的負擔，因為那比預定時間表提早了五十五天。

總結言之，戰爭是一種非常複雜微妙的現象。戰略的運用只能在後勤的可能範圍之內。一九四四年後期聯軍未能迅速前進實乃自然之理，而且從原定計畫的標準上來衡量，他們的表現也無可非議，至少還是超過了進度。

拾、太平洋戰爭

在太平洋方面，自始至終，後勤對戰略都具有重大影響作用。因為距離是那樣遙遠，所以後勤支援也就是較困難。誠如麥帥所云：「太平洋戰爭的最大問題就是兵力的運輸和維持。勝利的基礎即為後勤問題的解決。」

太平洋是一個太大的戰場，而且同時又包括著美國陸軍和海軍兩套不同的獨立指揮系統，所以西南太平洋（麥克阿瑟）與中太平洋（尼米茲）兩個戰區之間始終對於有限的資源繼續不斷的展開激烈爭奪戰。因此美國參謀首長聯席會議也就被迫只好採取一種分頭進攻的彈性戰略：尼米茲越過中太平洋向西進攻，麥克阿瑟越過西南太平洋向西北進攻，以菲律賓和臺灣附近為會師點。至於優先和目標則將根據情況的發展而作適當的彈性調整。

最初是各打各的仗，彼此暫時相安無事，但到一九四四年的中期，兩支兵力的矛頭是越來越接近，於是美國陸海兩軍對於下一個主要目標的問題遂開始發生了激烈的爭論。主題就是究竟應以呂宋還是臺灣爲會師目標。麥克阿瑟堅持美軍必須直接光復菲律賓，因爲這不僅是一種政治性和道義性的責任，而對於進攻日本本土的準備也是一種軍事上的需要。海軍軍令部長金氏則在參謀首長聯席會議中壓迫他的同僚們同意採取臺灣爲主要目標，並由尼米茲在中太平洋的兵力擔負主攻的任務。陸海兩軍的爭論固不乏爭功的動機，但也表示他們對於後勤支援問題各有不同的估計。

陸軍方面除了害怕在開放的海洋上越過巨大的距離外，同時也認爲馬里亞納和帛琉等島嶼實在太小，不足以當作向日本內圈防線發動巨型攻擊的基地。他們相信必須有較大型的陸上基地始能採取進一步行動。此外，他們在西南太平洋的作戰經驗也都是只限於較短的水上距離，對於遠距離的越洋作戰自然視爲畏途。

海軍方面的經驗和觀念則完全不同。自從一九四二年以來，在中太平洋戰區，越過長距離的水上作戰是早已成爲慣例。尼米茲的問題與麥克阿瑟的完全不同，所以其解答也不一樣。麥克阿瑟是以陸地爲基地，而尼米茲則帶著他的基地一同走。換言之，他的大艦隊一方面是作戰基地，另一方面又是打擊兵力。那是一種四位一體的組織——一個浮動基地、一支艦隊、一支空軍，和一支陸戰隊。在中途島之戰以後一年半內，此種兵力即已設計和組織完成，在世界海軍史中應算是偉大傑作之一。此種戰爭工具不僅具有強大威力，而且更能自給自足，把所有的補給、維護、修理等設施都帶著走，所以也就具有無限長的行動半徑。因此，金氏和尼米茲對於陸上基地並不那樣太重視。

最後的決定又還是像過去許多基地決定一樣，主要關鍵仍爲目前已有的後勤資源。對於進攻菲律賓的作戰，目前已有夠用的資源，但對於進攻臺灣的作戰，則必須等待從歐洲方面調來更多的船隻和後勤部隊始能順利進行。經過這樣衡量之下，於是麥克阿瑟的意見遂終於被採納。

自從菲律賓群島上的要點已被攻佔之後，美國軍事當局遂希望早日進攻日本本土，而不再願意採取麥克阿瑟主張繼續攻佔臺灣和中國沿海的想法。不過參謀首長們又一致同意認爲有攻佔硫磺島和沖繩來作爲戰略踏腳石之必要。前者爲一彈丸小島，其唯一戰略價值就是供從馬里亞納起飛轟炸日本的B-29作緊急降落場，和護航戰鬥機作中繼基地之用（當時戰鬥機的航程還是太短）。至於後者則爲琉球群島中最大的一個，長六十哩，平均寬八哩，其面積足供陸海軍作爲入侵日本的基地。其位置在臺灣與日本之間，距離每一端均爲三百四十哩，而距離中國海岸則爲三百六十哩，所以若以此爲據點則可同時威脅和控制三方面。

拾壹、對日戰爭的結束

美國人付出高價才攻佔了沖繩，其目的是要把該島作爲入侵日本的基地。事實上，這種考慮是畫蛇添足，因爲美國人已不需入侵即可擊敗日本。簡言之，美國的海權加空權即已能產生決定性的效果。日本爲一海洋帝國，戰略物資幾全仰給國外，國內糧食亦不能自足。當發動戰爭時，其商船僅共六百萬毛噸。比一九三九年的英國連三分之一都不到。日本海軍對護航作業毫無計畫和準備，僅當商船損失慘重後才開始尋求對策，但已來不及了。

美國潛艇部隊對勝利之貢獻實極重大，其打擊針對日本經濟弱點和軍事弱點，所以能產生雙重決定性。一方面切斷其軍事組織的後勤系統，使其分散海外的大軍陷於孤立地位，並使其海空軍由於缺乏燃料而效率大減。另一方面使日本工業不能獲致必要原料，甚至於人民也感受饑餓威脅。因此，其總崩潰實已可計日而待。除了潛艇以外，第二項決定因素即為美國戰略空軍。前者無聲無臭，後者聲勢奪人，前者切斷海上帝國的四肢，後者則猛擊島嶼帝國的心臟，但足以制日本死命則一也。

但是在當時，究竟僅憑海空權能否擊敗日本，抑或必須入侵其本土，又還是很難定論。美國陸軍所採取的是悲觀看法。一九四五年一月雅爾達會議時，美國參謀首長報告已準備在年內入侵日本，並假定如七月一日能結束對德戰爭，則再過十八個月，始能結束對日戰爭。

為了對兵力作再部署，其計畫中的後勤行動，規模之大實乃史無前例。一百二十萬人將從歐洲調往亞洲，從歐洲轉運亞洲補給和裝備，將達五百萬噸，另有五百萬噸則將運回美國。至於目標和兵力的大小也是要根據後勤因素來決定。預計在一九四五年十一月一日發動對九州島的攻擊，次年三月一日再發動對本州東京平原的攻擊。

由於對日本實力估計過高，而同時發現此種大攻勢的準備眞是勞民傷財。所以也就增強美國當局希望從速結束戰爭的願望。這與決定使用原子彈和繼續要求蘇俄參戰兩件事是不無間接關係。到日本投降時，美國在太平洋方面還只有二十一個師的兵力，由此即可暗示後勤因素與對日戰爭的提前結束是不無微妙因果關係。

本文僅以美國在第二次大戰中的經驗為例以來說明戰略與後勤之間的因果關係。從此項經驗看來，後勤不僅構成戰略的基礎，而一切戰略決定也似乎無不受後勤考慮的影響。所以從事戰略研究的人對於過去一向不受重視的後勤問題實應多加注意。

第十六章 第二次大戰中對德國的戰略轟炸

壹、獨立空軍與戰略轟炸

飛機成爲戰爭工具固然是在第一次大戰之前即已開始，但所謂「空權」(air power)的觀念卻是第二次大戰的產品。首先建立第三軍種的是英國，時間是在一九一八年四月一日。此後，其他歐洲國家也都起而效尤，不久法德義等國都有獨立的空軍。航空部隊在第一次大戰中所作的主要貢獻即爲支援地面作戰，但自從空軍取得獨立地位之後，所有空軍人員遂開始不以此種任務爲滿足，此乃非常自然的心理，假使空軍除支援地面作戰之外即更無其他完全屬於其本身範圍之內的任務，則其享有獨立軍種的地位也就似乎缺乏理論的根據。於是所謂「戰略轟炸」(strategic bombing)的理論遂應運而生。

首先提倡戰略轟炸思想的人即爲英國空軍將領，最重要領袖人物是從一九一九年到一九二九年之間連任英國空軍參謀總長的滕恰德(Hugh Thenchard)。第二次大戰之後，有許多人把此種理論的創立歸功於義大利的杜黑將軍(Giulio Douhet)，但據李德哈特考據，杜黑雖在一九二一年即已著作其《制空論》(*The Command of Air*)，但因人微言輕，在兩次大戰之間的時代對歐洲軍事思想所產生的影響實極爲有限。

杜黑爲砲兵軍官出身，誠然其思想頗富創造性，具有先知先覺的意味，但對於航空卻是外行。他的書最多只能算是開風氣之先，至於內容則不僅簡陋而且錯誤百出。李德哈特認爲英國空軍參謀本部的思想是早已有遠較完整的發展。

英國空軍的基本思想可以簡述如下：「戰略空中攻擊是一種對敵國作直接攻擊的手段。其目的爲剝奪敵方持續戰爭的工具和意志。其本身即可能爲勝利工具，也可能爲使其他軍種贏得勝利的工具。此種攻擊與過去任何種類的攻擊都有所不同，因爲只有此種攻擊始能使敵方心臟地區受到立即和直接的毀滅。」

在兩次大戰之間的時代，這種理論可謂完全言過其實。以當時的航空技術而欲進行如此富有雄心的攻擊，實無異癡人說夢。但英國空軍又是不得已而必須唱此高調，否則在其成立的最初十年內，也就無法對抗那兩個資深軍種的壓迫，而將再度淪爲他們的附庸。

因此在思想的發展上遂不免矯枉過正。第一，認爲空軍應以戰略轟炸爲主要任務，其他一切任務都認爲次要甚至於不必要。第二，確信攻擊爲最佳的防禦，要擊敗敵方空軍和贏得制空權，其最有效方法就是轟炸敵方航空工業和空軍基地。此種理論本身有無疑問姑置不論，僅以當時實際情況而言，也可說文不對題。但其影響卻遍及所有各國的空軍，於是在空軍組織之內，轟炸機部隊變成天之驕子，而戰鬥機部隊則恰如辛氏小妹。

貳、第二次大戰初期的經驗

德國空軍自建軍以來，基本思想也大致和英國人相似，即重轟炸而輕戰鬥。所不同者，他們卻比較重視戰術性的轟炸，尤以所謂斯圖卡(Stuka)俯衝轟炸機最負盛名。戰爭爆發後，德國空軍對支援地面作戰的任務有極卓越的成就，對初期閃擊戰的勝利是功勞頗大。但此種成就並不能使好大喜功的戈林(Hermann Goering)感到滿足，因爲他也像當時各國空軍領袖一樣，希望能有一次讓空軍單獨贏得勝利的機會。

但此種嘗試卻完全失敗。最先他誇下海口，保證空軍可以殲滅在敦克爾克的英軍殘部，結果卻讓他們安全逃走。接著在不列顛之戰中又想僅憑空軍力量來擊敗英國，結果是損兵折將不了了之，自此之後，德國空軍遂一蹶不振。概括言之，德國空軍的作戰始終還是處留在戰術的階段，根本缺乏戰略攻擊能力。

一九三九年九月二日，即德軍侵入波蘭的次日，由於羅斯福的呼籲，英法德三國政府都宣佈其轟炸將僅限於軍事目標。一九四〇年二月十五日，英國首相張伯倫又再度宣佈：「不管其他國家如何，英國政府絕不因爲恐怖主義的目的而攻擊後方平民。」邱吉爾也曾說過：「從空中攻擊不設防城市是一種可鄙的行爲。」但當他就任首相那一天，卻下令轟炸德國弗萊堡城(Freiburg)。史配特(J. M. Spaight)說：「在德國尚未轟炸英國之前，英國卻首先轟炸他們的城市，這是一件歷史事實。」史配特爲當時英國空軍部次長，其言應信而有徵。此即所謂「戰略」轟炸在第二次大戰中的開始，實際上應該說是「非戰略」，因為弗萊堡為一座古老的大學城，毫無戰略意義之可言。

一九四〇年九月三日邱吉爾說：「戰鬥機雖是我們的救星，但轟炸機才是爭取勝利的工具。我們必須加速發展轟炸能力以求炸毀敵人的全部工業和技術組織，那也是其戰爭努力與經濟生活的基礎。」他發表這種言論也自有其苦衷。自從敦克爾克之後，英國人在地上除了挨打以外幾乎沒有還手的機會，所以唯一報復的途徑即為從空中攻擊德國的本土。但以一九四〇年那樣粗劣的轟炸工具，而希望能命中德國境內的工廠，又或希望對城市的轟炸能打擊德國人民精神和動搖納粹統治基礎，那眞是荒謬的笑話。誠如富勒將軍所形容，當英國轟炸機第一次把炸彈投在魯爾（Ruhr）地區時，簡直好像是把豆子撒在金字塔上。

參、轟炸目標的分類

在原子彈尚未發明之前，要想用轟炸手段來造成大量毀滅眞是談何容易。要想達到此種目的，不僅需要極龐大的兵力，而且在目標選擇上更必須作愼重的考慮，即令如此，也還是不能使戰爭獲得迅速的結束。

從理論上來分析，第二次大戰時轟炸機所攻擊的目標可以概括的分為下述五大類：

㈠軍事類：這主要是屬於戰術轟炸的範圍。

㈡工業類：那是一種複雜而分散的目標。要想毀滅敵人的工業，也許需要好幾年的時間，其所需要的飛機數量將達到天文學上的數字。

㈢都市類：即城市及其居民。轟炸目的是要使他們精神崩潰，發生叛亂或強迫政府投降。這幾乎是一種不可能的希望。

㈣能源類：包括煤與石油。當時煤爲德國經濟的動力基礎，而石油則爲戰鬥部隊的機動來源，若無石油則一切作戰都將癱瘓，但煤礦本身不易從空中加以攻擊，石油工業也是一種比較不易攻擊的分散性目標。

㈤運輸類：主要即爲鐵路系統。若能使其癱瘓，則整個德國的戰爭努力也都會隨之而癱瘓。不僅戰時生產將趨於停頓，而且作戰也將受到嚴重障礙。

基於以上的分析，即可知最重要的是運輸類目標，簡言之，即爲德國的鐵路網。若能徹底摧毀此一目標，則許多其他目標也都間接受到極大的影響，甚至於比直接攻擊它的本身還更爲有效。反而言之，最無戰略價值，最不人道也最不經濟的攻擊即爲轟炸城市。但很令人費解，英國空軍在較早的階段對於有重要價值的目標卻很少觸及，而對城市的攻擊則似有樂此不疲之感。

主要原因是英國轟炸部隊技術太差，命中率太低，而在日間作戰時又難於對抗德國戰鬥機的攔截。所以唯一能採取的方法就是對城市的夜間濫炸。爲了掩飾自己的弱點，遂更強調宣傳其攻擊對敵方民心士氣的重大影響。簡言之，他們認爲粉碎敵方人民戰鬥意志比毀滅敵方戰爭實力遠較重要。

肆、千機大空襲

一九四二年二月，號稱「轟炸大王」的哈里斯(A. T. Harris)接任英國轟炸機部隊司令。此公個性堅強，勇於負責，對這個部隊的確能提供有力的領導。但事後看來，他卻是頭腦硬化，剛愎自用，有許多觀點和決定都曾犯重大錯誤。

哈里斯新官上任之後，其主要的貢獻即爲宣傳已久的「千機大空襲」。他希望能集中數量以減少損失和產生較大效果。一九四二年五月三十日哈里斯集中一切兵力，勉強湊足轟炸機一千零四十六架向科隆(Cologne)城發動一次空前的大空襲。以後又繼續作過兩次大轟炸，但飛機卻都只有九百餘架。此種攻擊雖聲勢駭人，但實效並不如理想，而英國空軍損失則相當可觀，而且大部分都是尚在訓練中的單位，殊屬可惜。此後一直到一九四四年爲止，英國人都不曾再作「千機」的空襲。

事後發現在一九四二年內，德國軍需生產大約增加百分之五十。石油工業本是德國的最大弱點，但幾乎完全無恙，而飛機產量還大有增加。總括言之，從一九四〇年到一九四二年，英國空軍所作的戰略轟炸是既不合於經濟原則，又不具戰略價值，幾乎完全是浪費。

伍、卡薩布蘭加會議的決定

一九四三年一月的卡薩布蘭加會議(Casablanca Conference)對於戰略轟炸的作戰曾作成下述的決定：英美空軍應逐漸毀滅和破壞德國的軍需工業及經濟體系，並打擊德國人民的精神達到足以使其軍事抵抗能力受到嚴重減弱的程度。此項決定非常微妙，使美英兩國的戰略空軍都各得其所。美國第八航空軍(8th. U.S.A.A.F.)所重視的是決定的前一段，而英國轟炸機部隊則爲後一段。他們所採取的方法也不相同：英國人仍繼續在夜間濫炸德國城市，美國人則認為欲使轟炸精確必須日間攻擊。就理論而言，美國人的見解似乎比較高明，不過其效果也還是不如理想。

儘管德國戰爭工業曾受無數次的攻擊，但產量不特沒有減少反而繼長增高。一九四五年所發表的「美國戰略轟炸調查報告」曾解釋說：「建築物的毀滅並不一定表示其重要機器也成比例毀滅，所以敵人往往仍能繼續生產，其恢復之迅速幾乎超出想像之外。」

對都市內目標的攻擊雖也能造成重大損失，但對軍需生產卻無太多實質影響。從一九三九年十月到一九四五年五月，同盟國空軍曾對六十個城市投下一百五十萬噸炸彈，在這些城市中共有居民二千五百萬。估計約有三百六十萬間住宅被炸毀，約佔德國住宅總量百分之二十，也已使七百五十萬人無家可歸，大約炸死三十萬人和炸傷七十八萬人。誠然，此種打擊相當殘酷可怕，但「戰略轟炸調查報告」對德國人民的心理反應卻曾分析如下：

> 在納粹的無情控制之下，他們對於連續不斷的空襲所產生的恐怖和痛苦，家庭和財產的損失，生活的困難都表現出驚人的抵抗能力。他們的信心和精神固已降低，但只要生產工具仍存在，則他們還是能夠有效率的繼續工作。一個警察國家對其人民的控制力是絕不容低估。

在一九四三全年內，投在德國境內的炸彈總量約二十萬噸，比一九四二年差不多高達五倍，但德國生產力反而升到新的高峰，全部軍備產量平均都增加百分之五十以上。在同盟國方面，此種好大喜功的戰略轟炸對於資源的消耗幾乎已成無底洞。自從一九四二年十一月，聯軍在西戰場發動攻勢以來，幾乎在每一戰役中都感到登陸船艇和運輸機的不夠用，如果能把用在戰略轟炸方面的資源分一點給其他方面，則聯軍作戰效率可能會有所提高，而進度也可能較為迅速。簡言之，直到一九四四年春季，所謂戰略轟炸都只是一種浪費的失敗，徒然消耗許多人力和物力，結果不特不能縮短戰爭，反而可能已經延長戰爭。

陸、「大君主」作戰

當艾森豪開始準備進攻法國時，戰略轟炸才開始轉變新的方向。艾森豪根本不相信僅憑戰略轟炸即能使德國屈服。事實上，除極少數死硬派以外，連（航）空軍人員也都同樣不相信有此可能。由於「大君主」作戰現在已成西方同盟國一切戰爭努力的焦點，艾森豪遂要求在準備和進攻的階段中，戰略轟炸部隊也應由他統一指揮，以便集中一切可用的三軍兵力來發揮最大的戰鬥功效。

儘管這是非常合理的要求，但很自然會受到戰略空軍大將們的激烈反對。他們始終執迷不悟，相信自己的法寶。因為有邱吉爾和馬歇爾的支持，所以最後遂作成一種折中案：英美兩國戰略空軍名義上仍維持其獨立地位，但實際上應受艾森豪的「戰略控制」。艾森豪遂授權其副帥，英國空軍上將泰德(Lord Tedder)代他執行此種控制。

指揮系統勉強作成合理安排之後，次一個需要解決的問題即為攻擊目標的選擇，城市和工業的攻擊都已證明效果不佳之後，現在所剩下來的選擇就只有能源和運輸兩大類。美國戰略空軍指揮官史巴茲(Gen. Spaatz)主張集中兵力轟炸煉油廠，泰德卻力主攻擊鐵路系統。他認為只有轟炸運輸線始能對德軍產生立即性的影響，而轟炸煉油廠，則也許還是要有幾個月的時間始能收效。這種想法毫無疑問是完全正確，不過爲了尊重美國人，結果在優先次序上定爲運輸第一，人造石油第二。

在一九四四年四月到六月之間，英國轟炸機部隊遂改以法國的鐵路網爲主要攻擊目標，並且也還參加對軍事目標的攻擊。至於對德國城市的濫炸則已暫時停止。事後看來，泰德用空軍癱瘓敵方運輸系統的作戰對於諾曼第登陸的成功是有莫大的貢獻，美中不足的是美國第八航空軍在這個階段中仍繼續其對德國石油目標的攻擊，而未參加此種作戰，否則收效可能還會更大更快。

柒、能源的攻擊

在聯軍準備侵入和登陸進攻的期間，空軍主要作戰目標爲破壞德國與諾曼第之間的鐵路交通，以後由於戰線的東移，於是對水陸交通的攻擊也就向德國境內延伸，到十月間，德國西部的交通遂已全面癱瘓。這樣也就使作爲德國主要能源的煤供應失調，因爲煤的運輸有百分之四十都是由鐵路負責。所以對德國戰時生產的打擊也非同小可，遠比直接轟炸工廠更爲厲害。

德國石油來源有二：㈠爲羅馬尼亞和匈牙利的天然石油，而又以前者爲主；㈡爲國內十八個煉油廠所生產的人工石油。美軍雖曾一再轟炸羅馬尼亞的油田，但收效甚微。不過在一九四四年八月，那些油田即已爲俄軍所佔領，於是人工石油的重要性遂突然增大。因此，史巴茲所指揮的攻擊也就開始發揮巨大的戰略作用。

一九四四年五月，德國人工石油產量爲三十一萬六千噸，六月減爲十萬七千噸，九月更減爲一萬七千噸。航空燃料則從十七萬五千噸減到五千噸。石油減產對德軍戰鬥效率產生直接減弱作用：飛機無法起飛，車輛也無法行駛。此外，對於一切要用石化產品爲原料的工業，例如彈藥和人工橡膠等，也都產生嚴重影響。

從以上事實看來，僅當空中攻擊專以運輸和能源爲目標之後，才眞正可以算是戰略轟炸。假使從一開始即有此種認識，則可以節省不少的人力、物力和時間。

捌、最後階段的作戰

從一九四四年十月到一九四五年五月可算是轟炸機日正當中的時代。一九四四年四月，英國轟炸機部隊的第一線兵力爲一千零二十三架，十二月增到一千五百一十三架，次年四月更增爲一千六百零九架。美國第八航空軍的轟炸機實力則分別爲一千零四十九架、一千八百二十六架、和二千零八十五架。一九四四年最後三個月內，英國轟炸機所投的炸彈比一九四三年全年還要多，在這幾個月內，魯爾地區曾落下六萬噸炸彈，誠如英國官方戰史所云，此時轟炸機的作戰幾乎是無所不能，無往不利。在這樣的攻擊之下，德國人的抵抗日益消沉，其戰時經濟也已被絞殺。

在這樣情況之下，英國轟炸機部隊又恢復其對城市的濫炸，無論從戰略或道德的觀點上來看，這都是不必要而應加以譴責。反之，美國空軍則仍堅持其精密轟炸的原則，其態度實遠較認眞合理。到一九四五年四月，値得一炸的目標的確已經太少，於是無論區域性或精密性的戰略轟炸都已無用武之地，所以轟炸部隊遂又改以對陸軍的直接支援爲主要任務。但此種支援不僅畫蛇添足，而其所造成的廢墟反有礙於陸軍的迅速前進。

玖、結論

當英國人開始對德國進行戰略轟炸時，曾寄與以莫大的希望，事後看來，那種想法簡直是荒謬。直到一九四二年，轟炸對於德國只能算是痲煩而不是威脅，對於英國人最多只能產生一點興奮作用，甚至於連這一點也都頗有疑問。在一九四三年，由於有了美國生力軍的參加，轟炸對德國所造成的損失才開始增大。但事實上，對德國的戰時生產或民心士氣還是不曾產生重大影響。

直到一九四四年春季始眞正決定性的改變，其最大貢獻還是對「大君主」作戰的支援。有充分證據顯示若能對交通和石油目標作較佳的集中攻擊，則戰爭也許至少可以提早幾個月結束。

總結言之，對於英美空軍對德國的戰略轟炸可以作成下列三點結論：(一)以當時客觀條件而言，空軍不能也不曾獨力贏得戰爭；(二)直到一九四四年方算有眞正的戰略轟炸，但其效率也仍不曾充分發揮；(三)儘管有其一切的失算和錯誤，但轟炸作戰對於擊敗希特勒的戰爭仍不無相當重大的貢獻。

第十七章　第二次大戰中美德陸軍戰力的比較

壹、引言

在古今中外的戰史中，經常有所謂「精兵」的出現。像凱撒時代的羅馬軍，成吉思汗時代的蒙古軍，拿破崙時代的法軍，往往在戰場上都是每戰必勝，所向披靡。他們不僅是精兵，而且也是一種遠比其同期的其他軍隊較有優越的軍事組織。

雖然勝利對於軍事組織的優越與否為一重要考驗，但並非唯一的標準。一支小型兵力，無論它是如何精銳，也還是可能被較大兵力所壓倒，儘管後者並不太優越。面對著惡劣的政治和經濟環境，即令是素質優越的兵力也還是難免於戰敗，但那卻不是其本身的過錯，所以要斷定軍事組織的優越程度，必須對於其內在素質作比較深入的研究。

決定一個武裝部隊軍事價值的因素不是人員的數量，也不是裝備的數量和品質，而是其整個組織的「戰鬥力」(Fighting Power)。戰鬥力是建立在心理、知識和組織的基礎上，它是軟體而不是硬體。其表現即為紀律、團結、士氣、主動、勇敢、堅毅。換言之，乃是部隊有戰鬥的決心和視死如歸的精神。故部隊必須先有旺盛的戰鬥精神，然後始能作有效的戰鬥。

雖然戰爭中的武器和方法常有改變，但戰鬥力的本質卻經得起時代的考驗，大致說來是沒有什麼改變。誠然，優良的裝備是常能補戰鬥精神之不足，不過也自有其一定的限度。如果部隊過分缺乏戰鬥精神，那也就無異於烏合之衆，則即令給與以最佳的裝備，也還是不能發揮其應有的戰鬥效率。歷史（包括最近的戰爭）曾一再顯示若干裝備精良的部隊，均常由於缺乏戰鬥力之故，在戰火的強烈衝擊之下，往往潰不成軍。

造成部隊戰鬥力差異的原因是什麼？戰鬥力的祕密究竟在那裏？從希臘古代的色羅奉（Xenophon）開始，到今天曾有不少的人尋找這個問題的答案。有人把戰鬥力的根源歸之於民族性，也有人認爲那是受到宗教或思想信仰的影響。此外，當然也還有人提出其他的解釋，眞所謂見仁見智，不一而足。

不過，對於此一問題的認眞分析實在是很不容易，以色列的戰史專家克里費德（Martin van Creveld）曾寫一本書名爲《戰鬥力》的專書，其內容爲一種個案研究，透過對德美兩國陸軍在第二次大戰中的表現比較，以求發現戰鬥力的眞正祕密。他這本書的確寫得相當精彩，其一切的分析也都有科學化的根據，是很值得加以介紹。由於長達二百頁的篇幅，所以我才決定把該書中最重要的部分，加以濃縮而寫成本文以供國內讀者的參考。

貳、第二次大戰中的德軍

假使說名譽就是衡量軍隊素質的標準，則德國陸軍也就的確可以算是天下無雙。即令到今天，無論那一國的軍事專家對於德軍的評價仍然都還是極高。

假使說勝利也是一種衡量標準，則德軍的成就更是極爲卓越，其在法國（一九四〇）、俄國（一九四一）、和北非（一九四一到一九四二）的作戰都被世人認爲是軍事史上的傑作，甚至於也幾乎已經變成流傳千古的神話。其在挪威（一九四〇）和克島（一九四一）的較小型勝利也都能在千鈞一髮的時機中獲得，令人拍案叫絕。至於在波蘭和巴爾幹，因爲他們享有優勢，則更是輕取勝利，易如反掌。

特別值得重視的是德國往往並未具有物質優勢，其後勤準備也經常不適當。戰後經過許多專家的研究，發現納粹德國對戰爭並未作充分準備。舉例來說：其陸軍單位的百分之八十都還是依賴馬拖的運輸工具。甚至於作爲先鋒的裝甲師，其戰車約有三分之二都是以訓練爲目的而設計者，根本缺乏堅強的行動能力。所以，德國陸軍從一開始起所打的即爲一種「窮人戰爭」(poor man's war)。

儘管如此，德軍雖在人力和物力上都居於劣勢，但憑藉其高度戰鬥力，而仍能在六個星期內擊敗法國，後來聯軍雖享有壓倒優勢，還是花了四個月的時間才把他們逐出法國。在俄國方面也是一樣：數量遠較劣勢的德軍只花了五個月的時間就到達了莫斯科城外，而俄軍卻整整地花了兩年半的時間才把德軍逐回到其原有的戰爭發起線。

但是我們卻絕不可以成敗論英雄。德軍在打敗仗時的表現可能比在打勝仗時更令人欽佩，當他們面對著三倍、五倍，甚至於七倍的敵軍強大優勢時，仍能挺身而鬥。他們不逃不潰，始終服從其上級的命令。甚至於到了戰爭末期，德國人都已明知勝利無望，其國內也已被轟炸得殘破不堪，而許多將領也都已感覺到希特勒是近似瘋狂，但德軍在戰場上還是繼續奮戰不屈，直到正式休戰時為止。到一九四五年四月，德軍已經死了一百八十萬人，被俘者約為此數之一半。許多單位都只剩下其編制人數的百分之二十，但他們仍繼續維持其團結力和抵抗力。這種成就眞乃天下第一。

參、德軍的戰爭思想

德軍之所以如此英勇善戰，其根本原因並非出於民族性，也非由於其軍人在社會中享有特殊地位。要解答這個問題，最佳的途徑就是應先了解德國陸軍的思想，此種思想可以從一九三六年定名為「部隊指揮」(Truppenführung) 的教範中直接獲得。此一教範 (Manual) 措詞非常簡明扼要，可以代表德國軍事思想的精華。現在就將其「導言」(Introduction) 中的重要部分分別摘舉如下：

(一)戰爭是一種藝術，一種位置在科學基礎上的自由創造活動。它對於人的整個性格 (personality) 作最高度的要求。

(二)戰爭藝術是在經常發展的狀況中。新武器使戰爭呈現經常改變的形式。這些武器的出現必須能提早預知，並對其效力作正確的研判。並能作迅速使用。

(三)從戰爭中出現的情況有無限變化。此種改變常出乎意料之外，而且很少能事前預知。往往正是那些不能量度的因素具有最大重要性。我方的意念是受到敵人獨立意志的對抗、摩擦和差誤每天都有。

四不可能把戰爭藝術詳盡地列為規則(regulations)。後者只能作一種指導，必須依照環境來應用。在行動中的簡單(simplicity)和一貫(consistency)為獲致結果的最佳方法……。

五雖然技術進步，但個人所扮演的角色仍具有決定性。現代戰爭的流動性更增加他的重要性。戰場的空曠，要求獨立思想和行動的戰士用一種考慮的、堅決的和勇敢的方式以來利用每一種情況。

六指揮官和兵員的素質決定單位的戰鬥力（德文為Kampfkraft)，而又必須有高品質的補給持續獲得，來提供適當支援。

吃苦耐勞的習慣、意志力、自信和勇氣，使人能控制最困難的情況。

高戰鬥力可以抵銷數量劣勢。此種素質愈高，則戰爭的行動自然也就愈能機動而有力。優越的領導幹部和部隊實為勝利的安全基礎……。

七從最年輕的軍人開始，都必須要求他們獨立運用其精神、智慧、和體力。必須如此始能把部隊的全力充分發揮出來。世人必須如此，始能使人員在危險時發揮勇氣和決心。

所以，決定性行動仍為戰爭中成功的第一先決條件，從最高指揮官到最下層士兵，都必須認清消極無為和喪失機會要比選擇手段時所犯的錯誤更較嚴重。

在說明這些基本觀念之後，德軍教範又說明制勝之道如下：

八在決勝點上的兵力是應儘量加強。分散兵力或把他們用在次要任務上都是大錯。

利用速度、機動、較長的行軍、黑夜和地形、奇襲和欺敵，較弱的兵力亦可能在決勝點上擊敗較強的兵力。

(九)空間與時間必須作正確的使用，應迅速認淸有利情況並決心予以利用。對於敵人的每一種弱點都能增強我方的行動自由……。

(十)奇襲是獲致成功的一項極重要的手段。不過，僅當不讓敵人有時間採取有效對抗措施時，奇襲的行動始能產生預期的效果。

敵人也會作奇襲的企圖，這一點必須經常防範。

以上這些引述即可充分表現德國陸軍的基本思想。

此外，還有一點必須說明，地理使德國位置在歐洲的中央，時常迫使他們必須同時面對數量優勢的聯合敵軍作戰。因此，德國人也就特別重視「作戰」(operation)的藝術（即兵力在戰場上的運用），至於其他一切的工作都被視爲支援性的，有時甚至於還會故意地予以忽視。而在戰鬥行動中，則又特別重視攻擊，並認爲那是達到速戰速決的目的唯一手段。

肆、德美思想的比較

美國陸軍在一九四一年所頒發的「野戰教範」(FM 100-5)與上述德軍教範很相似，甚至於有許多地方是抄自德文，不過，在詳細比對之後，仍能發現兩國思想之不同，這是一種非常有意義也有趣味的研究。

在其教範的「導言」中即謂：「雖然戰鬥行動的基本準則(doctrines)是不多也不複雜，但其應用卻時有困難。」有關這些準則的知識以及其應用的經驗對所有各級指揮官在特殊情況中的行動提供一種堅實基礎。此種知識和經驗使指揮官能用最適當的彈性組織來完成其任務。固定的規律和方法必須避免。它們限制想像力和主動精神。它們也對敵人構成一種固定的作戰典型，使他們比較易於應付。

指揮的功能爲協調不同軍種及兵種的戰術和技術，以求對指定任務發展必要的合作(teamwork)。

除導言以外，下列各條也值得加以引述：

㈠人爲戰爭中的基本工具，其他工具可能改變，但人的因素卻很少改變。必須了解其行爲和本性，否則在計畫作戰和領導部隊時將鑄成大錯。

㈡簡單而直接的計畫和方法並配合立即和徹底的執行對於成功的獲致往往具有決定性……。

美軍的思想雖然有許多地方都與德軍教範相似甚至於雷同，但雙方對戰爭的基本觀念，仍有若干微妙的差異。

德國人認爲戰爭是一種「位於科學基礎上的自由創造活動」，美國則認爲那是一個對「準則」有適當了解並作適當應用的問題。其目的爲使指揮官能用「彈性組織」以完成其任務。從這些語句中可以顯示美國人對於科學管理之重視。

德國人認爲在行動中的「簡單和一貫」爲制勝祕訣，而美國人卻把它改譯爲「簡單而直接的計畫」，顯示其思想比較缺少彈性。

德國教範強調「不可能把戰爭藝術詳盡地列爲規則」，美國人雖也認爲有避免「固定的規律和方法」之必要，但又希望能對指揮官「在特殊情況中的行動提供一種堅實基礎」。可能正是由於這種原因，美國規程並未像德國教範那樣強調獨立行動（那也是德國教範眞正精神之所在），常對每一點幾乎都作了較詳盡的規定。

雖然雙方都同樣強調個人的重要，但德國方面對人的「整個性格作最高度的要求，而美國方面則僅視其爲許多工具」(instruments)中之一種而已。

反而言之，美國人重視「合作」(teamwork)，而在德國教範中則幾乎找不到與其直接相當的名詞。這又進一步，暗示美國人對於協調和控制的重視。

概括言之，美國人是有一種「管理主義」(managerialism)的心態，他們比較重視準則、計畫、控制。其原因之一是美國軍隊中的大多數人員來自民間，比較缺乏經驗，所以很難獨立行動而需要較多的監督，連許多軍官也不例外。從另外一個角度來看，這也代表他們的傳統經驗。美國人通常都享有壓倒的物質優勢，所以不必像德國人那樣依賴戰鬥力。因此，美國人比較不重視德國人的那種「作戰」觀念，而寧願注重組織和後勤以求對物質資源作最有效的使用。簡言之，美國人打的是富人戰爭(rich man's war)。

伍、指揮的原則

指揮系統的重要是毋庸解釋。德軍之所以能有高度戰鬥力，其指揮系統的靈活有效是主要原因之一。與一般流行的傳說恰好相反，在德國陸軍中絕無所謂「盲目服從」或「普魯士紀律」之存在，至少從老毛奇的時代開始，德國陸軍即經常強調個人主動和責任的重要，甚至於連最低階層也都無例外。早在一九〇六年，德國陸軍的教範就指出：「戰鬥要求有獨立思想的軍官和能獨立行動的部隊。」一九〇八年的教範又更進一步強調：「從最年輕的軍人開始，所有一切官兵都必須將其全部體力和心力完全獨立地使用。只有這樣始能充分發揮全軍的力量。」

爲了鼓勵各級指揮官敢於負責作獨立的思考和行動，老毛奇又發展了一套所謂「任務導向指揮系統」(missionoriented command system，德文原名爲 Auftragstaktik)。在此種系統之下，各級指揮官必須養成一種習慣，只告訴他的部下應該作什麼(what to do)，而不管他們怎樣去做(how to do)。簡言之，在一個整體架構之內，給與各級指揮官以非常寬闊的行動自由，讓他可以獨立地擬定和執行其自己的計畫。當然，這種權力自然也增加了他們所負的責任。不過要有效地實行此種制度卻並不容易，那需要徹底的訓練和長期的經驗。最重要的條件是上級與下級之間彼此都有完全的互信，這樣始能保證思想的一致性，和行動的可靠性。

從一九三六年的德軍教範中可以找到許多證據足以證明下級指揮官的獨立地位，和此種「任務導向指揮系統」是如何受到尊重。現在就摘要引述如下：

㈠指揮的基礎是由任務和狀況所形成。任務由所應達到的目標所構成。對任務負責的人，其眼光應永遠不離開目標。一個含有許多部分的任務容易使注意偏離主要目標。

狀況的混亂是常態。能知正確詳細的敵情是非常罕見的。雖然企圖發現敵情是事理之常，但在困難狀況中等待消息則爲大錯。

㈡決定(decision)的作爲是以任務和狀況爲基礎。當任務已與狀況不適應時，決心必須要考慮已經改變的環境，當任何人改變任務或未能執行任務時，必須向上級報告，並對其後果承當一切責任。他永遠是在全體架構之內行動。

決定必須指出一個明確目標，並使用一切可用兵力去追求它。那必須用指揮官的堅強意志來徹底執行。往往意志較強者勝。

一旦作成決定之後，除非有眞正重要理由，原則不可改變。不過，由於戰爭環境瞬息萬變，頑固地堅持已作的決心也可能導致錯誤，領導的藝術在於能適時認清需要重新決定的環境和時刻。

在其本身目標不受危害的限度之內，指揮官應容許其下級指揮官保有充分行動自由。但這並非說他可以授權下級代作他自己所必須負責作成的決定……。

㈢一份命令所應包括的內容爲下級在獨立執行其任務時所必須知道的事情，並且僅以此爲限。所以，命令必須簡明、具體而完整，爲受命者所能了解，而在某些環境中，更應配合其性格。下命令的人應永遠記著要替受命者設身處地著想。

㈣指揮用的文字必須簡單和不發生誤解。任何疑惑都必須澄清，那是比正確的格式還更重要。不可因爲求簡而使含意不清。

㈤僅當環境可以先知時，命令始應有拘束力，但狀況卻時常使指揮官必須在黑暗中下命令。

㈥假使執行時狀況有改變可能，則命令尤需避免涉及細節。在較大規模作戰的狀況中，命令必須早幾天下達，這個問題尤其值得注意。在這樣的狀況下，全面目標是特別重要，命令必須對此特別強調，至於執行方法則不必提及。

以上所云乃德國教範中所陳的指揮原則，現在再來就美軍的情形來作一對比。

美國人從來不曾發展任何與「任務導向指揮系統」類似的觀念。巴頓將軍曾指出許多美國指揮官根本不了解這種原則，其理由並不難解釋，所謂「科學管理」是首先發展於美國，並且也是在該國作了非常普遍的應用。此種管理系統是對於每一個層面的執行者的一切行動都是事先有詳細的設計，而事後也加以嚴密的控制。簡言之，人在這種管理系統中是被當作一種工作機器。

因此，美國的「野戰教範」（FM 100–5），雖然有許多地方都是照抄德國人的文章，但在基本精神上卻有很大的差異。尤其是其中有許多詳細規定，而那卻正是德軍教範警告其指揮官所不應該做的事情。譬如說，它企圖預知許多不同情況，對於行動的細節作相當詳盡的說明。反而言之，對於下級指揮官的獨立責任則一字不提。

現在為了簡捷起見，不擬再引述美國野戰教範的原文以為對照，而改用另一種資料來顯示美德兩國在指揮觀念上的重大差異。

一九五三年，美國陸軍修訂其 FM 100–5，並企圖把第二次大戰的教訓納入新版之中。為了慎重起見，曾邀請一批前德國軍官組成一個小組來對其草稿提供意見和批評。這個小組由前陸軍參謀總長哈爾德主持，他們所提出的主要意見可以簡述如下：

㈠教範的任務，除傳達有關指揮和戰鬥的基本資訊和觀點以外，即為教育。

㈡我們有意把這個問題的教育方面列為第一優先。

㈢德國高級指揮部(German high command)曾經指出下列五點對於任何教育均為主要目標：

(1)在所有各級指揮階層都保持高度的獨立性。

(2)需要一種任務導向的紀律，即內部工作一律依照所給與的任務來處理。

(3)自由創造力。

(4)作成「完整」(Whole)的決定（即明確而不模糊），並集中一切力量來執行它。

(5)經常照顧部隊並維持他們的戰鬥價值。

在表示了這些正面的意見之後，這個小組逐對於美國的教範作了毫不客氣的批評，其要點可以列舉如下：

㈠若與德國的戰爭觀念作一比較，則美國教範經常表現出一種企圖預料狀況，並對行為模式作詳細規定的趨勢。這種辦法限制指揮官的行動自由，使他不能依照實際狀況來處理問題，也使他喪失一種制勝的重要先決條件。

㈡美國教範對於個別戰士在現代戰爭中的重要性不曾給與以應有的重視。

㈢由於享有歷史性的物質優勢，美國教範表現出一種輕視奇襲、運動、和緊急應變措施的顯著趨勢。

㈣由於企圖事先預知每一種情況，美國教範遂有流於刻板化的趨勢。
㈤美國教範對於戰爭的心理方面和體力方面都有低估趨勢。
㈥最後，哈爾德特別鄭重建議應在教範中加上這樣一句話：「在戰爭中，性格(character)的素質要比心智(intellect)的素質較爲重要。」

上述的最後兩點，當然即爲德國教範中基本觀念的重述，而前面四點也可以解釋爲什麼美國陸軍的指揮系統不能適應現代戰爭的理由。

陸、綜合評比

根據歷史記錄來分析，第二次大戰期中的德國陸軍應該可算是超級的戰鬥組織，從士氣、精神、團結和彈性等觀點來看，二十世紀任何國家的陸軍也許無一點能出其右。以色列陸軍也許可以勉強和它比較，不過以色列陸軍在一九六七年所打的只是「六日戰爭」，而德國陸軍卻曾苦戰達六年之久。

德軍之所以勇敢善戰，其原因是多方面的，除在上文中所曾詳細分析的兩大主要因素（戰爭思想與指揮原則），此外，可能還有許多其他因素，不過我們無法在此逐一予以分析。

一位普通的德國軍人並非天生的勇士，他也不是爲政治思想或社會地位而戰。他之所以能夠挺身而鬥，是因爲他屬於一個特殊團體（組織）。這個團體即爲德國陸軍，那是一個有良好整合和良好領導的組織，所有的成員都能獲得公正和平等的待遇。

德國陸軍的思想基礎為克勞塞維茨的觀念：戰爭為獨立意志的衝突。德國在地理上經常面臨著兩面受敵的困境，在經濟和物質上也受到嚴重限制，所以德國人不得不打窮人的戰爭。德國陸軍是把一切注意力都集中在戰爭的「作戰」方面，面對於其他一切問題則不重視，甚至於完全忽視。德國陸軍的思想、訓練、組織都是完全配合此種戰鬥至上的路線。他們只把少量的資源用在後勤、行政、或管理方面，有時也許實在是太少。他們是有系統地和有計畫的把最好的人員送上前線，而對於後方則幾乎故意置之不顧。其一切有關籌餉、升遷、勛獎等項安排都以鼓勵戰鬥為目的。毫無疑問，這許許多多的因素加在一起即足以揭穿戰鬥力的神祕。

由於專心致力於作戰，德國陸軍並不像美國人那樣重視科學管理。若用現代標準來衡量，那只能算是相當原始化的組織。德國軍人很少利用統計資料，甚至於也不懂數學模式。這種落後現象的形成可能是由於保守主義和納粹思想，但也有其正面的意義。德國陸軍內部是儘量簡化行政手續和減少文書數量，這樣才能使軍人一心打仗而不至於案牘勞神去處理許多不急之務。

在許多狀況中，美軍司令部所認為必不可缺的資訊，對於德國人而言，是根本不存在，而且即令有那些資訊，他們也沒機械化的數據處理工具，所以也不能作有效的利用。反而言之，德軍各級指揮官也都已養成把握要點，不管細節的習慣，所以那些繁瑣的資訊對他們也的確並無太多價值。

這種差異可以從雙方的思考步驟和所用語言上表現出來，當德國軍官面對著某種任務時，他會問：「這個問題的核心是什麼？」而一位受過管理教育的美國軍官則會問：「這個問題包括著那些部分？」

德軍的組織原則是不惜一切成本以保持他們認為對戰爭具有決定性的因素。互信、勇於負責，以及各級指揮官作獨立決心的權利和義務。

要鼓勵獨立，則又必須給予以自由；要訓練人負責則必須建立長久的共識和互賴。此種邏輯的直接後果，即爲德軍教範是要言不煩，絕不牽涉細節，也不事先說明答案。這樣也就把一切隨機應變的責任都加在指揮官的肩上。

假使再把第二次大戰時的美軍拿來作一對比，則更可以顯示兩國陸軍在思想和行動上的差異。從一九四〇年到一九四五年，美國陸軍由官兵總數二十四萬三千人，擴充到總數超過八百萬人的大軍。這是一種打破歷史記錄的成就，甚至於可以說，除美國以外，任何其他國家都不可能有這樣的成就。

美國不僅建立這樣一支龐大的兵力，而且還要遠越重洋把他們送到舊大陸戰場上，然後再憑藉強大的物質力量把敵人壓倒並終於獲致全勝。此種勝利可以稱之爲「組織的勝利」，表示美國人是長於組織，善於運用科學管理，所以才能如此迅速有效地動員其資源以擊敗對方。但這又必須有一先決條件，即不僅擁有巨大的國力，而且還有一個安全和安定的後方，可以容許其動員不受干擾。簡言之，美國的環境和德國完全不一樣，所以，前者有資格打富人戰爭，而後者則只能打窮人戰爭。

富人的戰爭也就是物質的戰爭，美國軍隊不僅是有巨大生產工廠做他們的後盾，而且其本身，實際上，也等於是一座生產巨大火力的工廠。所以從美國人的觀點來看，決定戰爭勝負的因素是物質，是機器，是火力而不是戰士。因此，在他們的軍語中並沒有一個與德文「operativ」完全意義相當的名詞。他們所重視的是管理而不是指揮。

誠然，在第二次大戰中美國是最後的勝利者，但從戰鬥力的觀點來評分，德軍應該考第一名，而美軍則瞠乎其後。所以德軍雖然戰敗，他們卻很可以有理由說：「非戰之罪也！」

柒、結論

自從第二次大戰結束以來，到今天已經五十餘年。假使對於歷史的研究僅僅只是為瞭解或解釋過去，則也似乎並無太多的現實價值。但事實並非如此，研究過去也正是為未來著想。所以基於以上的分析，我們可以提出三個問題來作為結論：

㈠軍事組織應具有何種性質。

㈡現代技術會產生何種衝擊。

㈢戰鬥力是否仍然重要。

現在就分別檢討如下：

㈠首先必須鄭重指出軍事組織是一種特殊組織，有其特殊任務，所以與其他的非軍事組織有其本質上的差異。軍以戰鬥為主，換言之，建軍就是為了備戰。假使不是為了應付可能發生的戰爭，則國家又何必勞民傷財去建軍呢？把軍事組織視為一種大企業或官僚系統，那是完全錯誤。誠然，現代軍事組織由於科技的進步，社會型態的改變，已經變得非常複雜，所以管理的技巧是絕對需要，否則那樣龐大的組織根本上無法行動（運作）。但又必須認清管理只是一種手段而非目的，軍事組織的目的（或任務）還是打仗（戰鬥）軍隊若不能打仗，則管理得再好也還是毫無用處。

一般組織都是假定在正常情況中運作，所以其管理的原則也就「合理化」(rationalization)，換言之，即以「成本效益」(cost-effect)的計算為基礎。這種原則在平時對於軍事組織也至少可以作某種程度的應用，但一到戰時，而尤其是戰場上或戰鬥中，其效用就會大打折扣。軍事指揮官所面臨的問題是遠比企業管理家要更艱巨。後者所要考慮的只是賺錢或虧本，前者所要負責的則為「死生之地，存亡之道。」

因此，軍事組織不能完全合理化，因為戰爭本來就不是完全合理的，在平時被認為合理有效的組織到戰時可能完全癱瘓，或錯誤百出。所以軍事組織必須具有充分彈性，能夠應付奇襲和變局。

㈡現代技術對於戰爭型態和軍事組織都已產生重大衝擊，此乃無可置疑的事實，但戰爭的本質並未因此而發生改變。戰爭仍為獨立意志的衝突，打仗的仍然還是人而不是機器，或較嚴格地說，是人用機器來打仗，所以，儘管有一切的科技進步，軍人的身分依然還是戰士(fighter)而不是技師(technician)。尤其是軍官還是必須維持其傳統專業精神，他對於部下負有領導和教育的雙重責任。

誠如德軍教範所云：「雖然技術進步，但個人所扮演的角色仍具有決定性。」尤其是現代化的工業社會中，要培養戰士是遠比培養技士較為困難。人類的文明愈進步，合於戰鬥條件的人也就愈少，所以向未來看，文明社會可能會面臨「無可用之兵」的危險。從此種觀點來看，則德國陸軍如何養成高度戰鬥力的經驗也就不特不會由於技術的進步，而變得無意義，反而會因此而更提高其價值。

㈢戰鬥力是否仍然重要？本文的答案是肯定的。不過，也許有人要說，假使能像美國那樣擁有巨大物質優勢，則戰鬥力就會變得不重要。這種想法實乃似是而非，我們可以分為幾個層面來加以分析。

首先要指出的是世界各國情況都不一樣，有的國家有資格打富人戰爭，憑物質優勢取勝；但有的國家則只能打窮人戰爭，憑戰鬥力取勝，就整個世界而言，當然是後一類的國家要比前一類的國家較多。窮人絕不可企圖打富人戰爭，因爲他沒有充足的本錢，如果不自量力，則必然失敗。反而言之，富人卻可以學窮人之所長。在第二次大戰時，如果美軍有較佳的戰鬥力，則其獲勝也就可能會遠較迅速，而所付出之成本也會比較輕微。

其次，假使有兩個國家物質力量在伯仲之間，但其中某一方面之軍隊戰鬥力較佳，則在正常之情況之下，它也就享有優勢或較大之成功公算。

最後，在某些特殊之戰爭情況中，物質力量的效用會由於種種原因而受到減弱。於是高度機械化和技術化之兵力反而無法擊敗窮人的軍隊，美國人在越南的經驗即爲現成的例證。如果當年在越南作戰的美軍能有較高的戰鬥力，則歷史可能要重寫。

第十八章 第二次大戰的最高戰爭指導者

壹、引言

歷史的最大教訓即爲告訴人類應如何溫故而知新。人類爲何那樣愚笨？無分古今中外，無分大人物或小人物，都會一再重蹈前人的覆轍。歷史究竟又能給予人們何種啓示？這也許即爲我們研究歷史時希望能夠獲致答案的問題。但沒有了解「爲何」(Why)之前又必須先了解「如何」(How)究竟前人是怎樣做的？必須了解事實眞相之後，始能吸取教訓。

第二次世界大戰是一個眞正的「大戰」(Great War)，許多方面都必須研究，所以研究者需要採取分工合作的方式，假使作一概觀，又可以發現某些方面是已有很詳細和深入的研究，但也還有某些方面是比較缺乏研究，又或許過去流行的意見是有再檢討之必要。本文的主題即爲如此。戰爭可以分爲許多層次，許多部分，但最重要的應該是對戰爭的最高指導者(The Highest Direction of War)。這也就是戰爭巨人(Giant)的神經中樞。很令人納悶，此一最高階層如何運作，似乎就是一個比較缺乏精密分析的問題。

為什麼會形成這樣的現象？其可能的解釋也許是下述三點：㈠最高階層的戰爭指導不僅在戰時被視為最高國家機密，甚至到戰後各國政府也都不願意公開，尤其是若干決定性行動根本就沒有正式記錄。㈡所謂大戰略的領域範圍實在太廣泛，軍事與非軍事，內政與外交，都包括在內，要想加以綜合研究是非常困難。㈢到這樣的最高層，人與人之間的關係也就變得非常重要，許多微妙的因素不但沒有記錄，甚至於也無從分析。

儘管如此，由於近年來已有很多新資料出現，於是過去的啞謎現在也都已逐漸揭開謎底。第二次世界大戰中，眞正負責指導戰爭的人並不多，僅限於主要國家的最高政治領袖。本文所擬檢討者為希特勒、邱吉爾、史達林、羅斯福、東條五人的戰爭指導（依照進入戰爭的先後排列）。所依據的都是較新的史料，而所獲結論也可供後世參考。

貳、希特勒

首先要討論的主題當然是希特勒，因為戰爭是他發動的。不過，在尚未分別討論之前，又必須先概括說明這些戰時領袖所共同具有的情況。

一、他們幾乎都曾參加第一次世界大戰，或至少對於那次大戰留有深刻的記憶或印象。此種經驗對於他們在第二次世界大戰中的思考和行為都產生非常重大的影響。有足夠的記錄可以顯示他們經常記得第一次大戰的「教訓」，而他們作判斷時也常以往事為例，比較言之，受第一次大戰影響最深者是希特勒和邱吉爾，羅斯福則次之，而史達林和東條則又次之。不過，這又只是程度上的差異而已。大致說來，第二次世界大戰中的高級將領和其他政治人物也都莫不皆然。

二、第二次世界大戰時，政府高級決策幾乎毫無組織可言，元首都是大權獨攬，同時也無適當的幕僚來對他們提供協助。與他們接近的親信和侍從經常能產生微妙的影響，甚至於也還有很多不可告人的內幕。他們又都是以天才自居，相信自己的靈感，而並不重視專家的忠告。他們不僅從事外交，開所謂高峰會議的先例；而且還親自指揮作戰(例如希特勒和史達林)或企圖干涉軍事(例如邱吉爾)。

希特勒的戰爭指導一直都受到德國軍人回憶錄的掩蓋。那些回憶錄固然很有價值，但經常是把一切過錯都加在希特勒一個人的身上。誠如曼斯坦元帥以《失去的勝利》爲其回憶錄之書名所暗示，將軍們無不以爲本來非常卓越的戰略都給這位外行最高統帥搞垮了。德國在上次大戰中的高級文武官吏莫不自稱他們對於那位元首是毫無好感，只是不得已而服從他的命令。

最近在德國的研究發現，事實眞相與過去所報導者有相當差異。在幾乎所有一切重要問題上，希特勒與其高級將領之間並無太多爭執，例如一九三九年攻擊波蘭，一九四一年攻擊蘇聯，甚至於對蘇聯國力的評估，他們意見也大致相同。德國對美國的宣戰也是如此，這種情形也包括其他政治、軍事、經濟等方面都在內。當然又並非暗示毫無歧見或爭論，對於戰略和戰術的確有很多不同的意見，但又不像那些回憶錄作者所云，他們的建議總是對的。除極少數例外，希特勒的軍事顧問絕大多數都是效忠於他，並且對重大問題也都一致表示同意。假使有人不與他合作，希特勒就不惜用大量金錢去收買他，這固然是查無實據，但其效果也是不言而喻。

過去大家對於希特勒幾乎是有貶無褒，但現在對於他又已有新的評價。事實證明他在戰略領域中確有若干値得稱讚的表現。至少可以列舉下列三點：㈠他甚至於在尚未執政之前，即已擬定長程戰略計畫；㈡他極富創新精神，敢於採取間接路線；㈢他有極堅定的意志，能克服危機和渡過難關。至少可以說在一九四二年之前，他的戰爭指導還是功過相抵。從波蘭戰役開始到發動征俄戰役為止，希特勒的表現大致都是在一般水平之上。尤其是像挪威戰役的發動，曼斯坦計畫的採用，更已為史家所共讚。

希特勒發動征俄戰役不僅能獲軍方的同意，而且也早已構成其長程戰略計畫的主要部分。此一計畫分為三個階段：㈠在第一階段，德國必須完成國內的團結和再武裝；㈡在第二階段，德國應擊敗法國；㈢在第三階段，德國將終於完成俄國的征服。從歷史中可以找到充分之證據，足以顯示希特勒內心裏能經常堅持其計畫。

僅在戰爭後期，希特勒與其高級將領之間才對於作戰問題時常發生爭論。這又並非完全由於希特勒的剛愎自用，而是他與軍事領袖們對於戰爭的前景各有其不同的看法。希特勒仍然在計畫如何贏得戰爭，這也反映其意志的堅強。反之，若干軍事領袖對於戰爭前景已經表示悲觀，他們所希望的最多只是少輸當贏而已。有兩個例證值得注意。

一九四二—一九四三年冬季，俄軍贏得史達林格勒會戰之後，在高加索孤軍深入的德軍也就有被俄軍切斷後路的危險。德國將領們要求迅速把這些德軍全部撤出，而希特勒則堅持要在克赤海峽(Kerch Straits)對岸塔曼(Taman)半島上維持一個橋頭陣地，以後德國人稱之為庫班橋頭堡(Kuban Bridgehead)。此種爭論的原因安在？希特勒仍希望在俄國贏得勝利，而這又必須要求德軍能夠奪佔高加索的油田。如果德軍能保持庫班橋頭陣地，則對於此一作戰將有重大助益。軍事領袖們則希望能在東線上形成僵局(Stalemate)，而認為希特勒的計畫已不可能實現。

一九九四年秋季，俄軍在拉脫維亞(Latvia)西部切斷一個德國集團軍的後路，德方稱這個地區為考爾蘭(Courland)。德國高級將領都主張立即將守軍撤出，用來增強其他方面的防禦和對抗俄軍的下一波大攻勢。其中要求最強烈的人即為當時出任陸軍參謀總長的古德林將軍。但希特勒則另有打算，他希望把西線聯軍逐出歐陸，讓他可以至少有一年的時間把全部兵力集中在東線上俾擊敗俄軍。但其先決條件則為必須贏得大西洋之戰，切斷聯軍的補給來源。希特勒相信德國已在建造的新型潛艦，能夠達成此種任務，不過潛艦人員則仍需加速訓練。唯一可用的訓練場即為波羅的海中部和東部，所以這個橋頭陣地必須堅守。當時支持希特勒的人只有海軍總司令鄧尼茲，此項事實與希特勒終持指定他為繼承人的決定似不無關係。

從所言和所行的記錄上看來，德國的戰爭計畫並無任何內在矛盾。因為波蘭不肯屈服，德國才首先將其解決，接著就迅速擊敗法國並將英國人逐出歐陸。然後再發動征俄戰役。等到俄國已被征服，德國就會準備跨越大西洋征服美國。這似乎是一種狂想，但在整個戰爭期中，此種計畫由於受到環境影響，雖曾作多次修改，但基本構想則始終不變。概括言之，德國的戰爭指導是有其令人難以相信的一貫性。二十年前在其尚未執政時，希特勒曾經說過：「德國若不稱霸世界則寧願完全毀滅！」至少在這一點上，他的預言是近似正確。

參、邱吉爾

邱吉爾在第二次世界大戰中的最高領袖群中有其特點：當戰爭開始和結束時，他都不是英國政府的首相。戰前英國政界（包括保守黨和其他政黨在內）大都主張給予印度較大的自治權，只有邱吉爾一人強烈反對，於是他在英國的政界長期受到孤立，成爲不受歡迎的人物。所以當第二次世界大戰正在醞釀之時，他雖以在野之身一再發表其獨特的意見，卻並不受到國內外的任何重視。

當英國本身尚未受到任何攻擊時，張伯倫即已向德國宣戰，於是英法兩國都投入戰爭。但張伯倫又只是宣而不戰，等到挪威失守之後，終於被迫下台，才由邱吉爾取而代之。戰爭結束時，邱吉爾的保守黨在國內大選中失利，於是他必須下台，改由工黨領袖艾德禮（Clement Attle）執政。所以，一頭一尾都不是由邱吉爾掌舵，但從一九四〇年五月到一九四五年七月，在倫敦負責對戰爭最高指導的人是邱吉爾則又毫無疑問。在偉大的戰爭領袖之中，邱吉爾又有另外一個特點：他不僅有深厚的歷史意識，而且更計畫由他自己來寫歷史。

邱吉爾曾經寫過第一次世界大戰的戰史，而且曾經發揮重大影響作用，所以有充分理由可以相信他準備要再來一次。因此，當他發表某些文件時，當時都曾考慮其在未來歷史中的含意。英國的戰時文件到現在都尚未完全公布，所以我們對於邱翁皇皇大著（一共是六卷的回憶錄）的眞實性，有時不能不保持存疑的態度。

假使不談細節，我們對於邱吉爾在第二次世界大戰中所扮演的角色又應如何作一總評。這位雄才大略的英國戰時領袖，最值得稱讚的是他的靈感和決心，而不是他的智慧和才能。當德軍的狂瀾正在横掃西歐之際，若無邱吉爾挺身而出，領導英國人民奮鬥到底，則世界歷史可能就要改寫，而世界地圖也必須重畫。其血、淚、汗的號召到今天仍令人記憶猶新，一九四〇年對於邱吉爾和大英帝國的確是「最好的時刻」（Finest Hour）。

邱吉爾在戰時對於軍事計畫作爲和作戰指揮，時常直接干涉，有時雖能有助於戰爭的進展，但很不幸，有時反而形成一種障礙。所以，功過的確很難判定，不過有幾點事實則又還是毫無疑問。他密切注意作戰的進行，並不斷地憑藉其個人的威望和憲法所賦予的權力，來推動整個戰爭機器。他能夠將其時間和精力的極大部分都花在戰爭的軍事和外交方面，這又有兩點原因：㈠他把一切有關內政和其他方面的事務都授權其閣僚負責處理；㈡英國的制度容許暫不舉行大選（本來至遲在一九四〇年即應舉行）。所以，邱吉爾能以各黨聯合政府的首相兼國防部長的身分來指導戰爭。其主要目標有二：㈠確保海路的暢通，而那也是英國的生命線；㈡與英國的同盟國合作，徹底擊敗納粹德國。概括言之，這兩個目標都能達到，因此，邱吉爾的戰爭指導算是相當成功。

邱吉爾和希特勒不一樣，他經常把世界視爲一個整體，並且能夠注意全球互賴關係。儘管其地理認知足夠寬廣和精確，但其時代認知則有落伍之感(Anachronistic)。邱吉爾心目中的世界似乎還是第一次世界大戰之前的世界。他所想像的還是殖民帝國時代的世界，而不曾考慮那個時代早已成爲過去。這也似乎是一種令人難以解釋的現象：邱吉爾對於科技發明有高度的敏感和興趣，例如雷達和原子彈；但他卻不能了解殖民主義已日趨沒落，中國將變成巨強。由於其思想中有此種盲點的存在，所以到戰爭後期遂時常與美國人發生爭執。

不過，邱吉爾又並不缺乏現實感。他不僅對於英國的國力日益衰頹以及其在未來世界中後將扮演的角色，感到憂心忡忡；而且也早已認清僅憑英國之力，不啻不能贏得戰爭，甚至於連長期抗戰也都很難。因此，他在戰時是傾全力來促成大同盟的建立，而且也確有遠見，認爲英國的未來安全仍將有賴於他國的合作。基於此種判斷，邱吉爾遂常主張對史達林採取讓步的措施。不過，在其回憶錄中對於此種事實則又儘量輕描淡寫來予以掩飾。

肆、史達林

史達林和其他的戰時領袖又不一樣，因爲他所指導的不是一個戰爭，而是四個不同的戰爭：㈠俄波戰爭，㈡俄芬戰爭，㈢俄德戰爭，㈣俄日戰爭。這些戰爭在時間和時間上都是獨立的，所以不能視爲同一個戰爭。戰爭情形的複雜又與資料的貧乏恰好對立。自從蘇聯崩潰瓦解之後，俄國人才開始逐漸公開其戰時的檔案，但此種工作又還是非常遲緩，而且也缺乏系統。儘管如此，在長達五十年的戰後時代中又還是已經發現和累積了不少的資料，足以使史學家對於史達林的戰爭指導獲得概括的了解。

三〇年代的蘇聯在外交上是處於孤立的不利地位：一方面其本身基於意識形態以西方資本主義國家爲敵，另一方面它又已成爲軸心國家的公敵。慕尼黑會議之後，英法兩國才考慮聯俄制德的戰略，但談判極爲遲緩，遂使德國捷足先登，拔了頭籌。一九三九年八月二十四日，俄德雙方簽訂合作條約，於是第二次世界大戰遂在波蘭點燃戰火。對德國而言，這只是其長程戰略的開始，應納入整個戰爭之內。但對俄國而言，其入侵波蘭的作戰是一個獨立的行動，兩個星期之後即完全結束。

史達林之所以進攻波蘭只不過是撿現成便宜而已。照他的想法，納粹德國無意侵犯俄國，其眞正的敵人是西方國家。德國與西方國家交戰，對於俄國是利莫大焉：㈠鷸蚌相爭，俄國自可坐收漁利；㈡讓史達林有時間來鞏固其統治，增強其國力。所以，俄國在經濟上支持德國，其目的有二：㈠增強德國的戰力，戰爭打得愈久，則對俄國愈有利；㈡利用德俄之間的貿易，增強俄國國力，加速完成五年計畫。

波蘭的瓜分使史達林不免因勝而驕，於是在一九三九—四〇年的冬季，史達林遂又發動對芬蘭的戰爭。他和他的顧問們都一致認爲只要蘇聯一出兵，芬蘭就會投降。那知他們的估算完全錯誤，芬蘭人奮力抗戰，再加上天寒地凍的環境，使俄軍陷入窘境。最後，史達林決定放棄在該國成立傀儡政府的計畫，而與其現有政府簽訂和約，勉強結束了戰爭。這對俄國而言，可謂得不償失，尤其是使紅軍的威望受到重大的打擊，並增強希特勒藐視俄國的心理。

次年（一九四〇年）德軍在西歐又贏得勝利，於是一方面使史達林深感羨慕，另一方面也更激起其想分享勝果的貪念。他向希特勒表示俄國願加入德義日三國公約（Tripartite Pact）。但他似乎完全不知道希特勒是別有用心。希特勒從來就沒有把俄國視爲同盟國的意念，在眼前他只是利用俄國，等到時機一到，他就會依照其原定計畫向莫斯科發動攻擊。

一九四一年六月二十二日，希特勒發動攻擊使史達林立即陷入危急的情況。史達林在一九三七—三八年之間，爲鞏固其個人統治和預防軍人反叛，曾發動空前殘酷的大清算。幾乎所有的高級將領和軍中傑出人才都被一網打盡，無一倖免。能夠躲過一劫的人眞是少之又少。經過大清算之後，蘇聯軍事組織當然元氣大傷，所留下來的將領大致都是庸才，而且人人自危，誰也不敢自作主張。

史達林的暴行又還是使其終於自食惡果。等到希特勒發動侵俄戰役時，紅軍遂變得不堪一擊。因爲任何人都必須等候命令，而不敢發揮主動，於是全軍都陷入癱瘓狀態，坐待德軍的圍殲。假使不是德軍一再自犯錯誤，再加上天時地利的影響，則莫斯科的陷落應該是意料中事。不過，史達林也像其他的戰時領袖一樣，具有相當堅強的意志。所以，即令莫斯科已被德軍攻佔，他還是不會屈服，他會儘量利用俄國的廣大空間和人力繼續奮戰。

一九四一—四二年間冬季，德國攻勢頓挫，史達林始考慮未來的選擇，一共有三案：㈠企圖再與希特勒達成和解，他認爲希特勒在進攻失利之後，也許會悔悟而同意與他合作。㈡希望德國軍人起而推翻納粹統治，成立新政權，雙方可以和解。㈢若兩者都不可能，則俄軍必須向柏林進攻，並在德國投降之後，建立一個由他控制的傀儡政權。結果史達林作了第三種選擇，但令他感到遺憾的是，他在戰爭結束時並未能控制整個德國，這又與其對西方同盟國的政策有微妙關係。

史達林對西方始終具有不信任心態，並認爲那才是眞正的敵人，所以他在戰時對西方只有兩個動作：㈠不斷地要求美國加速提供大量援助；㈡一再要求英美在西歐開闢第二戰場。照他研判，二者當然都是有利於蘇聯。結果爲聯軍終於在一九四四年在法國登陸，使史達林喪失了獨佔德國的機會。他若地下有知，一定會對於其愚行深感懊悔。

史達林對於日本始終保持中立的態度，他不願也無力同時進行兩個戰爭，直到一九四三年才首次向英美承諾，準備加入對日戰爭。事實上，他是在戰爭即將完全結束之前才趕緊出兵。這也使蘇聯戰後在遠東獲得分贓的利益。關於這個第二次日俄戰爭的經過，研究的人現在還是很少。

由於資料的缺乏，我們對於史達林的戰爭指導詳情所知仍然有限。不過概括言之，他的頭腦似乎要比希特勒較有彈性，他曾毅然暫時放棄馬列主義的意識形態，改以保衞俄羅斯母國爲號召；取消政委的干涉，讓軍事指揮官有較大的行動自由，他本人也日益願意接受其軍事顧問的意見。不過他仍然還是大獨裁者，眞正的國家大事還是由其一手掌控，甚至於連某些作戰細節也還是由他作成決定，這又與希特勒，甚至於邱吉爾，並無任何不同。

伍、羅斯福

由於美國國力的強大，羅斯福遂後來居上，成爲第二次世界大戰中的最重要領袖。羅斯福在內心裏是一位孤立主義者，也是一位和平主義者，這又與他在第一次世界大戰中的經驗有關。他根本無意領導美國走向戰爭，其到最後一分鐘，他還不想使美國投入戰爭。他的顧問中有許多人都認爲美國最後必然會投入戰爭，但他始終不以爲然。

不過，一旦美國由於珍珠港事件發生而投入戰爭時，羅斯福又立下絕對的決心，要領導美國贏得這次大戰。他展現出驚人的精力和毅力，不停地工作。事無巨細都要由他作決定。其荷負的沉重簡直令人難以相信。從現存的記錄上可以發現羅斯福的若干決定都深受其第一次大戰經驗的影響。當時他在威爾遜總統的政府中出任海軍部次長，很巧合，邱吉爾則在英國出任海軍部長，他們不僅有相同的經驗，而且早已建立同行間的友誼。此項事實對於他們二人在第二次世界大戰中的密切合作奠定良好基礎。羅斯福的戰時人事選擇也受此同一影響，舉例來說，海軍上將海爾賽(Adm. Halsey)即爲其上次大戰時的舊識。

美國尙未參戰之前，羅斯福對於戰況即已早有相當深入了解。當德軍在一九四〇年五月入侵比國時，他的陸軍參謀長馬歇爾就曾告訴他：比利時能動員十八個師，而美國只能動員五個師。所以，羅斯福早已知道必須有足夠的時間始能動員美國的巨大潛力。反之，他對於美國在充分動員之後的強大實力，則又深具信心。一九四二年，英國的軍力已經發展到了頂點而開始走下坡時，美國的軍力則方興未艾。羅斯福對於世界前途抱持樂觀的看法，認爲憑著美國日益壯大的國力，在戰後應能建立其理想中的新秩序。邱吉爾的想法則和他恰好相反，邱吉爾已經感到大英帝國正在衰頹，對於前景深表悲觀，他所希望的最多只是維持現狀而已。

羅斯福也像邱吉爾一樣，對於世界地理具有全球性的認知，但其對時代的認知則與邱吉爾完全相反。邱吉爾在心理上似乎還是生活在第一次世界大戰以前的舊世界中，而羅斯福則把他的眼光向遙遠的未來投射。他的思想的確具有前瞻導向，照一般人看來，好像近似幻想，而與現實脫節。因此，在風雨同舟時，羅邱二人能合作無阻，尤其是邱吉爾輩份和經驗都較高，所以羅斯福對他也就更是言聽計從。不過，到戰爭後期，雙方意見就不那樣一致，這當然又是由於雙方國力和地位的差距日益增大之故。他們都一致認爲這一次必須徹底消除德國的威脅，此即「無條件投降」觀念之由來。但對於戰後和平的維護，則羅斯福另有高見。他主張由四位警察（美、英、蘇、中）來共同負責。儘管英俄兩國對於這種高調都表示懷疑，但羅斯福卻從未放棄其理想。與過去許多傳統都不相同，新的證據顯示羅斯福對於美蘇關係的觀念並非像一般人所想像的那樣天眞。一九三九年他曾嘗試勸誘史達林與西方合作而不與希特勒勾結，但未獲成功。從此他也就知道史達林是一個很不容易應付的奸雄。在戰時他之所以對蘇聯採取安撫政策，其原因有三點：㈠蘇聯的確牽制了德國的大部分兵力，若無蘇聯合作，聯軍不可能擊敗德國，㈡史達林隨時都有與希特勒重修舊好之可能，㈢美國在平時不可能保持巨大常備兵力，所以戰後世界秩序的建立和維持必須有賴於蘇聯的合作。

正因如此，羅斯福在戰時遂又作了其最重要決定：製造原子彈。雖然其最初的原因是害怕德國在競賽中領先，但到一九四四年秋季雖已確知德國已經放棄該計畫，羅斯福仍未改變其決定，並且嚴令必須對蘇聯採取嚴格保密措施。概括言之，羅斯福與其他戰時領袖又還有另一重要差異：他的戰爭指導是限於最高層次，他不像希特勒、邱吉爾、史達林那樣直接干涉軍事行動。美國軍方高級將領，無論在華盛頓或前線上都享有相當巨大的自主權，這是其他國家的軍人所非常羨慕的。

陸、東條英機

當東條英機(Tojo Hideki)出任日本內閣首相時，他發動了對英、荷、美三國的太平洋戰爭，但事實上，日本早已在戰爭之中。從一九三七年七月開始，日本即已全面展開其侵華戰爭，那是比希特勒在歐洲發動第二次世界大戰還早兩年。所以，嚴格說來，東條並未發動戰爭，而只是把已有的戰爭加以擴大而已。

所謂大戰略是在第二次世界大戰之後才流行的名詞，在戰前只有一些模糊的概念而已。假使戰前的日本也有其大戰略，則最簡單的描述即為「侵略」兩字。其目標即為以中國為主體的亞太地區。也許所謂「田中奏摺」可以勉強算是日本的長程戰略計畫，分三個階段：㈠首先征服滿蒙，㈡再以滿蒙為基地來征服中國，㈢再以中國為基地來征服世界（實際上只是東南亞，即所謂大東亞共榮圈）。從一九三一年「九一八」開始，日本就依照此種計畫行事，但到一九四〇年，事實卻顯示若無東南亞的資源，日本不可能征服中國，若不能征服中國，以滿蒙的基地也不能長保。但要奪取東南亞則必與美國衝突。簡言之，除非能擊敗美國，否則一切戰略構想都將淪為空談。

完全如日本人所云，一九四一年對於他們是「危急存亡之秋」，不南進則必須退出中國，若南進則美日必戰。近衞首相雖力主愼重，但陸海軍兩部都已在準備戰爭。十月十八日，當時任陸相的東條接替近衞出組新閣，全部戰爭計畫到十月二十日即已完成。日本帝國的命運遂完全掌握在軍人的手中，好像是一顆定時炸彈，東條不過是引爆的信管而已。

作爲戰時領袖，東條若與其他的人物比較，似乎顯得頗爲遜色。其原因可以歸之於個人和制度兩方面：㈠東條的背景和經驗都很淺薄，其對於世界的認知和了解更是有限。希特勒的世界知識也很簡陋，但他對於其假想敵又還是有相當深入的認知。㈡日本的制度也極爲特殊。東條既不能像希特勒和史達林那樣獨裁，又不能像邱吉爾和羅斯福那樣依賴民意。日本的陸海軍代表兩個對立集團，而在軍種之內又有派系的存在，所以意見和利益經常發生衝突。就理論而言，天皇爲最高統帥，但事實上他只是一個偶像。所以，日本戰時政府中根本沒有一位眞正的決策者，換言之，也就沒有統一的大戰略。

海軍大將山本五十六與東條之間的關係可以作爲例證。由於山本的堅持，珍珠港才被納入戰爭計畫，而攻擊在表面上的成功遂使山本的威望大增，並對東條構成壓倒的優勢。東條並不知道山本的捷報是故意誇張，所謂珍珠港大捷乃有名無實。但山本此後遂有更大的行動自由，幾乎完全不受政府的控制。所以，在戰後一切有關中途島之戰文獻中無人曾經提到東條的姓名。

一九四二年夏季中途島戰敗後，日本在太平洋中的征服行動即開始退潮。東條對於防禦計畫的作爲和執行，雖然曾有貢獻，但又只是勉強支持殘局，並不能反敗爲勝。到一九四四年七月終於被迫下台，所以他在戰爭結束時已爲在野之身。誠然，東條本人也非等閒之輩，他在戰時也曾表現出其才能，不過由於受到日本特殊制度的限制，遂不可能有傑出的表現。尤其是日本的侵略政策本來就無成功的可能，東條只是一個不幸的犧牲者而已。

柒、結論

作爲結論，應該對於戰時各國領袖之間的關係再作一次簡略詳述。首先還是從希特勒說起。希特勒與東條從未見過面，彼此之間也幾乎毫無了解。他們實際上是各自爲戰，在戰略上根本沒有任何協調。不過，希特勒曾鼓勵日本南進則又爲事實，其理由是希望日本能從太平洋方面牽制美國。希特勒最初的確希望避免與美國發生衝突，但到一九四一年九月之後即認爲美國終將參戰，於是就想設法使美國把眼光轉向亞洲。反而言之，日本人的想法也正相似，希望美德開戰後會使美國把注意力先放在歐洲方面，於是可以減輕日本在太平洋中所受的壓力。所以，很諷刺，希特勒和東條眞可謂同床異夢。

史達林對於西方的夥伴態度一直都很冷漠。他始終對西方懷有敵意，若非萬不得已，他不會和他們合作。儘管羅、邱兩人都想和他見面，尤其是羅斯福對於高峰會議極感興趣，但史達林卻儘量拖延其與他們會晤的時間。直到一九四三年十一月才在德黑蘭作第一次會晤，史達林除關心其本身的利益外，對於羅斯福的理想絲毫不感興趣。不過，他對於羅斯福仍恭順有加，而對於邱吉爾則不假以詞色，充分表現出勢利小人的雙重標準。

邱吉爾與羅斯福之間的確有相當誠摯的友誼，而且也大致合作無間。不過，美國的軍事首長對於邱吉爾的態度則不太友善，這也許是由於羅斯福經常採納邱吉爾的意見而不聽信他們的忠告，所引起的反應。到了戰爭後期，羅邱兩人的關係不如過去那樣融洽，因爲他們對於世界前景和戰後政策的意見日益分歧。但從各種證據上來加以分析，還是可以顯示美英兩國領袖之間，合作是常態，而摩擦則僅爲偶然的例外。

若對於這五位領袖作一總評，則羅斯福似乎應名列第一。概括地說，領袖人物若欲克服危機，渡過難關，其所需要的是意志和勇氣；但欲實現理想，開創新局，則所需要的是深慮和智慧。非常可惜，羅斯福也未能眼見戰爭的結束，否則他也許能替人類帶來較好的和平。

就各國的戰爭指導實務而言，第二次世界大戰的最重要教訓即爲國家元首必須有一個良好的幕僚機構來幫助他作決策，而不應依賴個人的靈感，或拼湊的安排。所以，到一九四七年美國即開始建立國家安全會議(National Security Council)的制度，而其他的國家也都先後仿效。這也許可以算是第二次世界大戰在最高戰爭指導方面所留下的寶貴經驗遺產。

【第三篇】

第十九章　日本爲何發動太平洋戰爭

壹、引言

民國三十年（一九四一年）十二月一日，日本政府召開御前會議，經過一番討論，遂由其天皇裁決對美英荷三國開戰，並決定以十二月八日（東京標準時間）爲開戰日。其宣戰詔書經再三推敲也已定稿，其中有云：「帝國爲自存自衛，不得不奮起以擊碎一切障礙。」就歷史觀點來看，這是一個關係世界命運的決定。日本人爲什麼會作這個決定？他們是否經過審愼的思考？在決定作爲過程中影響他們的是那些因素？他們的考慮是否合理？假使是犯了錯誤，其原因又安在？

這一連串的問題，對於研究戰略的學者而言，都是非常有趣味、有意義，並且值得作較深入的分析。因爲一個戰略家，所面臨的最大挑戰就是決定作爲(Decision-making)。他們所作成的決定，不僅會影響到國家的存亡，民族的興衰，而且也甚至於關係到整個世界，和全體人類的禍福。

但誠如李德哈特所指出的，歷史的最大價值就是提供警告，它告訴我們前人是如何失足跌倒，這樣也就使我們知道應該避免什麼始不至於重蹈覆轍。所以俾斯麥才會說：「愚人說他們從經驗中學習，我則寧願利用他人的經驗。」

時間過得眞快，一轉眼就是五十餘年，一切的民族恩怨，也早被時間所沖淡，而歷史的記錄由於反覆的考據，也變得日益正確可靠。因此，對於前人的所思所爲，也就可以比較易於作客觀的分析。尤其是我們必須認清人類本身具有許多內在弱點，所以對於過去那些曾犯錯誤的人不應隨便加以譴責，而眞正重要的則爲了解錯誤的決定在當時是怎樣作成。只有照這樣的方式來研究歷史，始可以獲致「前事不忘，後事之師」的效果。

貳、戰前的情勢

從十九世紀末葉起，一向太平無事的太平洋開始變得不太平。一方面，從一八六八年日本「明治維新」之後，逐漸變成西方世界之外的唯一現代強國；另一方面，從一八九八年起，美國的星條旗開始飄揚在太平洋上，其勢力終於達到亞洲大陸而與日本發生衝突。

就地理觀點來看，日本與亞洲大陸的位置關係是和英國與歐洲大陸的位置關係頗相類似，但兩國的戰略傳統卻幾乎完全不一樣。英國人從十六世紀開始就走向世界海權的道路，他們的眼光從來就不是以歐洲一隅爲焦點。日本雖然也是一個島國，但其人民卻並不具有海洋民族的習性。他們從未向太平洋去尋求發展，其航海活動只限於亞洲大陸邊緣。反而言之，他們卻經常企圖從海洋入侵大陸。簡言之，其傳統戰略思想完全是大陸(Continental)性的，至於現代海洋(Maritime)戰略思想則可以說只是一種西方舶來品，甚至於也從未能在日本人的心靈中生根。

所謂「國家戰略」是一個在第二次大戰之後才開始流行的名詞，在戰前最多只有一些模糊概念。不過，假使我們認爲戰前的日本帝國也還是有其國家戰略的存在，則對於其戰略的最簡明描述就是「侵略」二字。日本自從接受西方文明以來，其理想的目標，即爲建立一個空前偉大的亞洲大帝國，其一切的行爲都是以十九世紀的西方強國爲模範，不僅想學德意志，而且也想學不列顛。但日本本土是一個太狹小的權力基地，所以必須擴張，而其目標自然即爲以中國爲主體的東亞大陸。

當列強都紛紛在中國劃分勢力範圍，企圖瓜分中國之際，美國國務卿海約翰（John Hay）於一八九九年宣佈「門戶開放政策」，主張維持中國的獨立、主權和領土及行政的完整，並要求所有各國均有平等機會來與中國建立商業關係。這也就是此後四十年美國遠東政策的基礎，並且也注定了美日利益衝突的無可避免。

民國三年（一九一四年）第一次世界大戰爆發，使日本獲得一次加速擴張的機會，於是向中國提出所謂「二十一條」的要求，企圖把中國變成日本的附庸。大戰結束之後，西方國家開始對日本採取抑制行動。民國十年（一九二一年），英國拒絕延長英日同盟，並宣佈在新加坡建立海軍基地。同時，華盛頓海軍限制條約也把美英日三國的主力艦噸位定爲五比五比三之比。日本也被迫撤回二十一條，把佔領的膠州半島歸還中國，並於一九二二年簽九國公約以保證中國領土主權的完整。這些措施都使日本人感到非常憤怒，並認定這是白種人聯合起來對付日本的象徵，民國十三年（一九二四年）美國又修改移民法，禁止日本移民入境，這更增強種族歧視的印象。基於這一連串的發展，西方（尤其是美國）會變成日本人心目中的假想敵實在是一點都不奇怪。

二十世紀的日本雖已披上了一件西方現代化的外衣，但在內心裏，日本社會仍繼續保持其封建傳統，在這種社會中享有支配地位的人是武士而不是企業家。甚至於到今天，日本的政治權力結構也還是和美國人所想像的大不相同，所以在兩次大戰之間的時代，日本人在思想和文化上與西方的差距實在是非常巨大，這當然會影響到雙方對對方的認知。

嚴格說來，日本的立憲政體只是一個假面具，在這個表面之下有若干利益集團爭權奪利，而其中以軍人的勢力最大。日本軍閥（以陸軍為主流）不僅頭腦簡單，而且不學無術。即令是在其本行方面，也只學到了一點西方的皮毛，所以根本沒有什麼戰略修養之可言。在一九四一年任日本駐美大使的野村吉三郎（海軍中將）戰後曾說，軍人的不受文人控制是日本的癌病。

民國十八年（一九二九年）世界經濟危機發生，使日本的民主假象無法有效維持。生活困難引起廣泛不滿，於是軍閥遂乘機鼓吹用擴張手段來解決經濟問題的政策。從一九三一年關東軍製造「九一八」事變開始，日本遂走向武裝侵略中國的不歸路。一九三七年又製造「蘆溝橋」事變，終於激起中國的全面抗戰。

日軍在中國愈陷愈深，不特不能速戰速決，而且對其國家資源形成無限的消耗。在此同時，美國一方面援助中國，一方面用各種手段反對日本的侵略行為。雙方的關係遂自然日益惡化。

日本侵略中國本是以解決經濟問題為目的（或藉口），但戰爭的延長不特對日本的經濟毫無裨益，而且更使其感到經濟壓力的沉重。這樣又形成一種惡性的循環：本來是想用戰爭來擴大經濟基礎，現在卻變為必須擴大經濟基礎，始能結束（或繼續）戰爭。

平心而論，日本最初侵略中國以外，並無與西方國家交戰的意圖（或計畫）。日本人並非不自知其經濟的薄弱，不能應付大規模的現代戰爭。但到民國二十九年（一九四〇年）之後，情形又有了重大改變：㈠德國已經征服西歐，不僅使日本人感到十分羨慕，而且由於法國、荷蘭、甚至於英國，都已無力再保護其在亞洲的殖民地，也就引起了日本人趁火打劫的念頭；㈡美國對日本的外交和經濟壓力日益增強，使得日本人感到非常憤怒和痛苦。仇美的心理自然隨之而增強，並且已有許多人相信美日終將難免一戰。

民國三十年（一九四一年）夏季對日本而言可謂危急存亡之秋。在中國的戰爭仍不能了結，經濟情況日益惡劣，尤其石油儲量日益耗竭，美日關係毫無改善希望，而德國又已在六月發動侵俄戰役。這些發展迫使日本政府對於其未來政策方向必須作一個新的決定。此時，日本政府內部的意見相當分歧，而且有許多人發言也模稜兩可或先後矛盾。不過在七月二日的御前會議中終於還是作成了決定。

概括來說，主張北進（攻俄）的只有外相松岡洋右一人，軍人（包括海陸軍）都主張南進，奪取所謂南洋資源區，必要時不惜與美英一戰。至於首相近衛文麿則主張暫時觀望。結果所作成的決定爲：㈠準備南進；㈡但同時仍不放棄與美國的談判。

在此有一點必須澄清，一般人常以爲戰前日本陸海軍各有其不同的基本戰略觀念，即陸軍主張北進，海軍主張南進。事實並非這樣簡單。日本陸軍從無進攻蘇俄的意圖，並且也不認爲蘇俄能對日本構成眞正威脅，所謂北進最多只具有防禦的意義。反之，海軍對於世界事務的了解遠比陸軍深入，他們比較知道自己的弱點，所以一向不主張與美英衝突，永野修身（海軍軍令部長）曾聲明海軍希望使用和平方法取得石油，甚至於還建議退出三國公約以求與美國達成協議。

民國三十年（一九四一年）七月二十四日，日軍佔據法屬印度支那（越南），美國於次日宣佈凍結日本在美國的一切資產。三十日又宣佈禁止飛機燃料和機械工具輸往日本。這無異美國已在經濟上向日本宣戰。但日本仍未放棄與美國妥協的希望，所以一面準備戰爭，一面繼續談判，當然，這也含有以談判來掩蔽軍事部署的目的在內。

十月十八日，東條接替近衛組成新內閣，從此日本的命運遂完全掌握在軍閥手中。實際上，到十一月二十六日，談判即已到達終點，不過，日本又還拖了四天才正式作成開戰的決定，並於次日（十二月二日）開始行動。十二月八日，日軍的炸彈落在珍珠港，有史以來的第一次海洋大戰（太平洋戰爭）終於掀開序幕。

參、日本爲何發動戰爭

日本爲何發動戰爭？從歷史記錄上看來，日本當局並非不曾經過思考，甚至於也還可以說他們在決定作爲的過程中，曾經有過多次的辯論，而所作的考慮也相當周詳。但事後看來，毫無疑問的那是一項錯誤的決定。然則，爲什麼會錯？這也就是值得深入檢討的問題。

概括言之，無論是個人或集體，在作成決定時必然會受到許多因素的影響。這些因素種類很多，而且因人因事而各有不同。當然，任何人在研究某一決定作爲的個案時，都不可能將這些因素都列舉出來，但是比較重要的特殊因素又還是不難發現。從此種觀點來立論，即可指出日本政府的戰爭決定是受到那些因素的影響，換言之，這就是其作成決定的原因。

(一)心理因素

所謂心理因素是一個非常複雜而概括的觀念，用心理學的名詞來表達，也就是所謂「認知」(perception)。同樣一件事物，每個人對它的認知卻可以彼此不同。除個別的認知以外，還有集體的認知，也可稱爲「集團思想」(group-thinking)。任何民族、階級、組織都可能有其不同的集體認知。這些心理因素都分別影響決定作爲。就日本的情況而言，至少可以指出下列幾點：

首先要說的就是民族性。日本人生活在一個小島上，養成一種心胸狹窄，急功好利的性格。甚至於到今天，此種本性也未改變。所以，他們有一種自卑又自大的心理（這本是一體兩面），於是就產生狂妄的想法。

日本的軍國主義與此種民族性有很微妙的關係。尤其是自從現代化以來日本從無戰敗的經驗，日本人（不僅是軍人）都因勝而驕，自以爲天下無敵，這當然會增強其冒險的勇氣。

日本單槍匹馬與西方競爭，達到世界強國的地位，的確很令人欽佩，但這種長期鬥爭也養成其仇外心理，並且經常感覺到有自衛自保之必要。這也就是在三十年代日美必戰論會流行的原因，儘管日本當時並無戰爭的意圖。

基於上述的分析，即可了解日本人是受到一種內在心理壓迫，使他們很容易走向戰爭的道路。

(二)經濟因素

假使說心理因素是無形的和潛在的，則經濟因素就是有形的和現實的，比較說來，經濟因素也可能是一個最重要因素。

日本是一個資源缺乏的國家，所以看到他國有豐富資源就感到眼紅，這也是人情之常，不足爲怪。不過，應不應該或能不能夠用武力去奪取，那卻是另外的問題。

下述的數字可以顯示日本戰爭潛力的薄弱。在開戰前夕，其國內重要工業原料的產量佔其總消費量之百分比是：鐵苗百分之十六・七，鋼百分之六十二・二，鋁百分之四十・六，原油百分之二十・二，鹽百分之三十一・三。雖然所消費的煤有百分之九十以上都是國內所生產，但日本卻缺乏焦煤可供煉鋼之用，至於某些戰略性金屬，例如鎳，日本也完全依賴輸入。日本雖能煉鋁，但其原料鐵礬土(bauxite)又還是必須來自國外。最後，日本雖已有相當產量的鋼鐵工業，但冶金技術還是比較落後，對於製造武器或精密機器所需要的特種高級鋼材始終無法生產，其唯一的來源即爲從美國輸入的廢鋼或成品。

由於本身缺乏資源，當然只能仰賴輸入，但是日本人所準備採取的手段卻不是和平公正的貿易，而是想把擁有資源的鄰近地區變成他們的殖民地。這種想法在十九世紀的權力政治中是很正常，但是到了二十世紀的三十年代，仍然堅持這種落伍觀念則未免不識時務。

日本爲經濟目的而擴張，其第一階段的目標爲滿州（中國的東北），大致是已如願以償，但並不感到滿足，於是繼續走向第二階段，以征服整個中國（至少，是其精華部分）爲目標。結果遂遭遇到極大的阻力，而開始感到騎虎難下。到此時，心理不平衡的日本人遂產生了所謂「一不做，二不休」的孤注一擲想法，開始想實現其建立「大東亞共榮圈」的妄想。

究竟這種妄想若能實現，則對於日本的經濟有多大貢獻，是一個很値得分析的問題，下面所表列的數字可以大致顯示「大東亞共榮圈」的經濟價值，這些數字都是出自日本軍方計畫人員的估計，其可靠性當然不無疑問，不過，也正足以表現他們的期待，和爲什麼力主南進的理由。

民國二十九年(一九四〇年)所估計的必需產品供需量

(單位：一〇〇〇噸)

品名	年需求量	日本國內產量	預計供應量：滿州	中國	印度支那	泰國	東印度	菲律賓	英國屬地
鐵苗	一〇、〇〇〇	三、九五〇	三〇〇	二、七〇〇	七〇	〇	〇	二、〇〇〇	一、四〇〇
錳苗	三〇〇	二〇〇	〇	〇	〇	〇	二七	三〇	三三
鎳苗	一、二五〇	—	〇	〇	〇	〇	二〇〇	〇	〇
銅	二〇〇	八〇	〇	〇	〇	〇	〇	三〇〇*	〇
鐵礬士	四八〇	五〇	〇	〇	〇	〇	三五〇	〇	一〇〇
橡膠	六五	—	—	—	四〇	二五	(四〇〇)	(一)	(四〇〇)
工業用鹽	一、五〇〇	一五〇	四〇〇	五〇〇	八〇	七〇	一五〇	〇	〇
食米	一〇〇**	九四	〇	〇	四	二	〇	〇	〇

附註：
*爲銅苗
( )爲生產數字
**爲日本容量單位一〇〇〇石(一石(koku)＝一八〇公升＝四・九六 bushels 蒲式耳)

這些數字雖然不完全，但還是可以指明若干重要事實：㈠日本的資源缺乏的確非常嚴重，即令控制著「大東亞共榮圈」也還是不能立即獲得解決。㈡在所謂南方資源區中，很顯然最重要的就是荷屬東印度（今之印尼），其次才是英屬殖民地（馬來亞爲主）。於是也注定了南進必然要與西方國家的利益衝突。

在所有的一切資源中，最重要的還是石油。這一方面的情況不僅更不樂觀而且也直接構成戰爭的導火線。一九三九年，日本所需的石油大約百分之八十是購自美國，其餘百分之二十的大部分則來自荷屬東印度。據日本估計，該地區可算是東亞的石油寶庫，年產量約八百萬噸，爲日本的二十倍，當時日本每年需要石油約五百萬噸，而其自給能力尚不及十分之一，所以若能控制荷屬東印度，則日本可以不必再依賴美國而滿足其石油需求。

日本人雖然企圖南進以來突破其經濟難關，但最初還是希望使用外交手段。一九四〇年九月十九日的御前會議記錄中有許多珍貴資料值得注意，現在節要引述如下：

企畫院總裁（鈴木貞一）：「關於石油因國內產量很少，所以較鐵和非鐵金屬還更困難……日本最大弱點爲航空汽油……因此有從北庫頁島和荷屬東印度尋求確實獲得方法之必要。」

海軍軍令部長（永野修身）：「一旦對美開戰，海軍將擔負第一線任務，雖可希望從庫存及北庫頁島等處獲得所需石油，但不可能支持長期戰爭，所以應用什麼方法以來補充石油？」

企畫院總裁：「一旦陷入長期戰爭則自北庫頁島和荷屬東印度獲致石油遂絕對必要，此外，更應請德國斡旋，設法從蘇俄和歐洲尋求補充。」

軍令部長：「想從蘇俄獲得補給希望甚微，只有從東印度去爭取……海軍希望使用和平方法。」

外務大臣（松岡洋右）：「在結盟談判時，曾詢問德方，現在德國已佔領荷蘭，能否幫助日本解決石油問題……這次日本加入三國同盟，必將引起美國的禁運……所以曾要求德國將所獲石油讓一半給日本……關於北庫頁島的石油也曾要求德國斡旋……」

軍令部長：「東印度石油爲英美所投資。荷蘭政府正流亡英國……德國對此恐無能爲力。」

陸軍大臣（東條英機）：「對於石油，陸軍也和海軍一樣重視。問題癥結在於荷屬東印度。在當初組閣時（指近衛第二次內閣），大本營政府聯絡會議即已決定：除用和平手段外，視情況需要亦得使用武力。」

根據這些原始資料可以指出下列三點：㈠日本對石油問題非常憂慮，整個政策都受其影響；㈡日本加入三國同盟，石油爲重要誘因；㈢日本未嘗不想使用和平手段，但終於還是使用武力，於是戰禍遂無可倖免。

㈢外交因素

在分析經濟因素時，實際上，即已經提到外交因素，這也正可以顯示研究戰略問題應具有總體取向，所有各種力量因素的考慮必須互相發生作用，分類只是爲了研究的方便而已。這裏所謂外交就是指日本與其他國家之間的關係。在此領域中日本人有兩項基本認知，對於其決定作爲具有極重大的影響。

第一，日本人對於德國有一種崇拜心理，這也是一種相當悠久的傳統，尤其是陸軍軍人更是如此。儘管日本是一個海洋國家，儘管英日還有同盟關係，但是從十九世紀起，日本就一向以東方普魯士自居，而並不以東方不列顛自居。自從希特勒崛起之後，其成就更令日本人敬服，所以他們對於德國的能力幾乎已經近似迷信，從歷史資料中是到處都可以找到此種認知的證據。

服部卓四郎說：「大本營與政府均確信德國不敗，這是事實。他們認爲德國雖不一定戰勝，但絕對不會戰敗。舉凡日本的開戰決心及戰爭計畫等，都是在此觀念之下形成的。」

甚至於民國三十年（一九四一年）希特勒已經頓兵莫斯科城下，開始盛極而衰時，日本人對德國的信心還是不曾動搖。基於此種想法，日本人遂決心與德國共其命運，並且確信只要德國不敗，則日本當然也不會敗。反而言之，假使日本不與德國合作，則德國勝了，它將喪失分享勝果的機會。尤其可怕的是德國若與西方和解，則日本將被迫處於完全孤立的地位，至於德國也會失敗卻是他們所認爲不可想像的事情。

過去常有人認爲德日雖締結同盟，但他們在戰略上卻幾乎完全缺乏協調，最明顯的證據就是日本的不攻擊蘇俄反而大舉南侵，這樣也就把美國帶入戰爭，而那正是希特勒所最希望避免的事情，換言之，日本人發動太平洋戰爭似乎是幫德國的倒忙。

根據西德史學家顏克爾(Eberhard Jackel)最近的研究，發現事實眞相並非如此。這是一個很有價值的發現，值得加以較詳細的介紹。

顏克爾發現希特勒最初的確是希望避免與美國發生戰爭，這種觀念幾乎一直維持到一九四一年九月。此後他就開始改變並認爲美國終將投入戰爭，於是他的第二個想法就是希望日本能從太平洋方面牽制美國，所以遂力勸日本攻擊新加坡。爲了鼓勵日本南進，十一月二十八日，德國外長李賓特洛甫向日本駐德大使大島(Oshima)宣稱，「一旦日本對美國開戰，德國將當然立即參加戰爭。」

希特勒並不鼓勵日本攻擊蘇俄，其理由有兩點：㈠希特勒根本瞧不起俄國人，儘管一九四一年沒有攻入莫斯科，但他確信在一九四二年一定能擊敗蘇俄，而且也不需要日本幫助。㈡即令日本人從遠東方面進攻蘇俄，其能發生的牽制作用也還是十分有限，因爲蘇俄的空間實在太大，遠東方面的衝擊對西歐的情況根本不能有多少影響。

希特勒對於美國，甚至於英國，還感到三分畏懼，但對俄國則毫不在乎，這是與其種族偏見有關。簡言之，希特勒只想利用日本在太平洋方面牽制美國。很諷刺，日本人的想法也正相似，日本人希望由於德國投入戰爭，將把美國人的注意力吸引到歐洲方面，於是日本在太平洋方面即可坐享其利。他們這種想法也沒有錯，美國的確已經採取「德國第一」的基本戰略決定，不過，以後的實際發展卻使日本人的願望落空。

第二，日本決策當局對於戰爭對手（美、英、荷）可分與不可分的問題雖意見紛歧，發生冗長的辯論，但最後仍確認其不可分。這也就是他們決定同時向美、英、荷三國屬地發動攻擊的理由。日本人相信只要荷屬東印度受到攻擊，則英國決不會坐視，而美國即令不立即投入戰爭，但很快也一定會被捲入。所以除非不南進，否則美日戰爭即無可倖免。因此，日本自然應該爭取主動，先對美英兩國發動先制的攻擊。此外，英屬殖民地也有豐富的資源，應列爲奪取的目標，至於軍事上，必須同時攻擊的理由則留待下節再分析。

㈣軍事因素

從軍事觀點上來看，日本人的確是認爲他們很有把握才決定開戰。假使說他們是在冒險，則至少也是「有計算的冒險」(calculated risk)。日本人對孫子很尊重，他們當然懂得「廟算」的觀念，事實上，他們不僅已經算過，而且算得很精，甚至於可說未免太精。

首先應指出日本人對於戰爭是有很認眞的準備。一九四〇年十月底成立所謂「總體戰研究所」開始進行各種作戰問題的研究，其軍隊於同年十一月即開始進行各種不同的訓練，至於其參謀組織的計畫作爲更是達到最高度的標準。

以兵力而言，日本人更自認爲享有絕對優勢。其海空兵力比起西方同盟國在西太平洋的兵力都較多也較好，自信能確保必要的制海權和制空權。其準備用於南進的陸軍雖只有十一個師，戰鬥兵力不到二十五萬人，但素質和訓練都不錯。對方地面兵力總數雖不下四、五十萬人，但國籍各異，分散極廣，缺乏統一指揮，而除少數美英部隊以外，其素質裝備也極低劣，幾乎不堪一擊。

現在再回過頭來分析爲什麼要同時進攻新加坡和菲律賓的軍事理由，日軍的主要目標固然是荷屬東印度，但其海上交通線受到新加坡和菲律賓的側面威脅，所以必須要予以解除。不攻擊菲律賓也許能使美國暫時不投入戰爭。但容許美國在西太平洋保持這樣一個巨大基地，則等到其增援兵力到達將會使對日軍的繼續作戰產生非常不利的影響。

差不多經過一年的準備，到民國三十年（一九四一年）十月二十日，全部作戰計畫都已完成，並由於聯合艦隊司令長官山本五十六力爭，其襲擊珍珠港的計畫也終於被納入。日本人究竟應否襲擊珍珠港？這個問題雖曾引起很多的爭論，但從戰略的觀念來看，則並非一個重要問題。即令不攻擊珍珠港，甚至於也不攻擊菲律賓，美日也還是不免一戰。珍珠港事件也許會激起美國人民的怒火，解決羅斯福的政治難題，和加速美國的戰爭努力，但對於當時的日本人而言，這都不是重要考慮。反而言之，珍珠港的奇襲若成功，則可以癱瘓美國太平洋艦隊達相當一段時間，這可以使日軍南進無後顧之憂，而且也可以獲得較多時間來部署下一階段的作戰。所以，山本的建議並沒有錯。

從軍事觀點來看，日本人對於開戰的決定是的確已作精密的計算，對於戰爭初期的勝利也的確很有把握。以後的事實也證明他們是對的：日本人不僅輕取勝利，而且也迅速攻佔其所想佔領的一切地區。但問題並未解決，因爲所有一切的戰爭都是不難於開始而難於結束。日本人對於戰爭會（或應）如何結束，是否也已有周詳的考慮？

首先要指出的是日本並不敢希望速戰速決，比起當初發動侵華戰爭時認爲三個月即可征服中國，在思想上可以說已有很大的進步。他們的確已有「長期戰爭的覺悟」，並且對於前途也不免有茫然之感。其陸軍參謀次長塚田說：「沒有人敢說陷入長期戰爭也不要緊，可以保險戰勝……。至於五年以後的事情，誰也無法預料。」

儘管如此，他們又還是有其計畫並且相信成功「公算」（機率）頗大。日本人準備建立一個大三角形的「國防圈」其東邊北起千島群島，通過威克島以達馬紹爾群島。三角形的底邊爲連接馬紹爾群島，俾斯麥群島，爪哇，蘇門答臘之線。南端從馬來亞和緬甸南部起，通過印度支那，沿著中國大陸，再回到日本。守住這個國防圈，即可利用東南亞的資源，並發揮所謂「內線」的優點，於是即可貫徹其長期持久戰略，以爭取最後勝利，或至少是有利的結束。

同時，日本人又認爲美國在進入戰爭之後，要有一年以上的時間始能充分動員其經濟潛力。所以，等到其太平洋艦隊獲得新船補充之後開始反攻時，日本至少可有十八個月的時間來完成一切的準備。到此時，其在西太平洋的防線將可固若金湯，足以拒抗任何突破的企圖。

肆、結論

基於以上的分析，我們可以說日本人在民國三十年（一九四一年）所作的決定雖不一定是「合理」(rational)但至少是「有理」(reasonable)。不過他們終於還是錯了，以至於敗軍亡國，這又應如何解釋？

日本人在作決定時至少犯了兩個重大錯誤，這也是導致其失敗的主因，現在分論如下：

(一)日本把他們的最後希望寄托在德國身上，這是一種非常荒謬的想法。至少可以從三方面來予以駁斥：(1)德國的前途是一個日本人所不能控制的因素；(2)德國即令勝利也不一定能保證對日本有利；(3)德國並非不可能失敗（第一次大戰即爲證明）。日本人如此迷信德國，實屬不可思議。

(二)日本人有一種狂妄自大的心理，對於敵人的意志和能力總是低估而不高估。當年侵略中國時，把中國人的抵抗意志和能力估計過低，所以才會陷入泥沼而不能自拔。現在對於美國的估計又還是犯了老毛病。他們不了解美國也不了解美國人，尤其不了解美國人在技術創新、生產效率、組織能力等方面的特殊優點。

在當時，有許多日本人都相信美日戰爭不可避免，即令現在不打，將來也是要打，所以遲打不如早打，何況當時的時機似乎並非不利。甚至於到戰後，也還有人以這樣的理由來掩飾其前輩的過錯或爲其爭論辯護。

他們也曾考慮停止南進而一心貫徹對中國的征服，但又還是認爲不可行，其理由可分兩點：㈠侵華戰爭已因中國之堅決抵抗，陷入泥沼，若無東南亞的資源，日本根本不可能征服中國；㈡即令不南進，美國也還是會繼續壓迫日本，因爲美國所要求的是中國的「門戶開放」，換言之也就是不許可日本征服中國。

但日本人卻始終不承認侵略中國即爲不歸路的起點。事實上，日本人所要解決的是經濟問題，那本可用和平合作的方式來解決而毋需使用武力。但令人不解的是戰前的日本決策者，除極少數例外，幾乎從未有人曾考慮放棄或改變侵華政策。這是人爲的過失呢？抑或是天命所使然？也許我們應該把歐陽文忠公（修）的話反過來說：「雖曰人事，豈非天命哉？」

第二十章　第二次大戰中美國基本戰略的決定

美國參加第二次大戰後，其第一個最重要決定即為採取「德國第一」的戰略觀念。此項決定當然是符合其歐洲同盟國的願望，但美國當局之所以作此決定卻是自認為對其國家利益能作最佳貢獻。有人認為那是在思想上受到英國人的影響，事實上也非盡然，而且此種決定是在正式加入戰爭之前即已作成，從決策的過程上看來，那是經過一段遙遠的距離。這種往事的檢討不僅是具有歷史性的價值，而且也可供我們研究戰略計畫作為問題的實例，使我們了解此種程序的微妙和複雜。

壹、橘色計畫

在第一次大戰直後階段，美國戰略計畫作為大致是受到戰後政治情況和人民厭戰心理的影響。國際聯盟，非戰公約，孤立主義，經濟不景氣都足以使軍事計畫顯得好像是不急之務，最多只限於紙上談兵而已。當時對歐洲似乎已無顧慮。德國剛被擊退並已解除武裝，俄國人正在忙於解決其內部問題；共產主義雖被視為一種禍害，但共產政權並無力發動侵略。法義兩國雖有相當海軍實力，但不足以向西半球挑戰。理論上唯一有資格與美國一戰的歐洲國家就只有英國，但此種可能極為遙遠，大西洋兩岸毫無戰爭氣氛。

太平洋和遠東則情況完全不同。戰後美日關係日益惡劣，而戰爭和戰後的條約又已使日本地位大爲增強，從計畫人員眼中看來，在可以想見的將來，美國唯一假想敵即爲日本。從一九一九年到一九三八年，美國戰略思想都是集中於如何應付日本對美國在遠東的利益及領土所可能發動的侵略行爲。

在尚未採取英國式的參謀首長聯席會議制度之前，美國也還是有一個由陸海兩軍參謀長、次長，及戰爭計畫處長六人合組的「聯合委員會」(Joint Board)，其下又有一個聯合計畫委員會(Joint Planning Committee)負責實際的聯合計畫作爲。

根據當時的習慣，計畫是用顏色來分類。所謂「橘色」(Orange)計畫就是對日本的戰爭計畫。前後約歷十五年，橘色計畫都代表美國的基本戰略概念。從一九二四年到一九三八年至少曾修訂六次。這一套計畫內容非常詳盡，海陸兩軍以及海外基地都包括在內。世界各國的戰爭計畫都很少有如此的完全，也很少有這樣長久的經歷。

但橘色計畫所假定的情況僅爲美日單獨交戰，戰場僅限於太平洋。到一九三七年底，此種假定遂開始發生疑問。德義日三國已簽訂反共公約，希特勒開始在歐洲稱霸，美國已有兩面受敵的可能。所以一九三八年的橘色計畫修正稿遂特別著重彈性，足以代表計畫作爲技術上的一大進步。

貳、彩虹計畫

一九三八年，歐洲情況日益緊張，慕尼黑會議之後，羅斯福總統遂於十一月命令陸海軍聯合研究今後的情勢與戰略並提出報告。此項工作幾乎忙了六個月才在一九三九年四月提出最後報告。美國計畫人員對未來情況的發展作了下述三點結論：

㈠除非英法兩國守中立或被擊敗，否則德義兩國不可能在西半球採取公開行動。

㈡日本將繼續侵略中國及東南亞而以英美利益爲犧牲，如可能將採取和平手段，但如必要將使用武力。

㈢只要國際情況似爲有利，則三個軸心國家將聯合行動。若其他國家（包括美國）採取立即和強烈的反應，全面戰爭即可能隨之爆發。

根據此項假定，美國軍事當局遂從一九三九年六月起開始擬定另外一套戰爭計畫，爲了表示和過去單獨一種顏色（即一個敵國）的計畫不同，這套計畫遂定名爲「彩虹」(Rainbow)。一共又分爲五個編號，每個編號代表一種特殊情況：

㈠彩虹一號假定美國獨立作戰。美國將集中兵力保護南緯十度以北的西半球，那也是美國主要利益之所在。在太平洋方面將暫採戰略守勢，直到大西洋方面的發展足以容許集中艦隊在中太平洋對日本發動攻勢時爲止。

㈡彩虹二號假定美英法三國合作。美國兵力在歐洲和大西洋方面將僅作有限度的參戰，其主力將立即越過太平洋對日本發動攻勢。

㈢彩虹三號假定美國獨立作戰。西半球的防禦仍應如彩虹一號所規定予以確保，但對西太平洋的攻勢將提前發動。

㈣彩虹四號假定美國獨立作戰。除保衛西半球主要部分以外，美軍將送往南美洲南部向東大西洋方面作戰，在太平洋方面則仍如彩虹一號之規定暫取守勢。

㈤彩虹五號假定美英法三國合作。西半球防禦仍應如彩虹一號之規定予以確保，但美軍將提早進入東大西洋及歐非二洲與英國及其他同盟國兵力協同作戰，以求擊敗德義兩國；在太平洋方面則暫取守勢直到歐洲軸心國家已被擊敗後始轉移攻勢。

在五個計畫中，彩虹一號是一個基礎也是最有限的。彩虹二號和彩虹三號都要求向西太平洋進攻，三號實際上也就是橘色計畫。彩虹四號與一號大同小異，都不主張立即派遣大軍前往歐洲或太平洋。彩虹五號所假想的情況與第二次大戰實際情況最為接近，但在當時卻無人能預知。五號與二號相似，都是假定有同盟國合作，但所不同者是它明確暗示先歐後亞的觀念。

參、歐戰爆發

當歐戰在一九三九年九月爆發時，美國當局認為彩虹二號計畫似乎最能配合當時情況，遂決定將其列為第一優先。一九四〇年春季歐洲戰局突生變化，敦克爾克之後，美國人在大西洋方面始眞感威脅，於是他們對戰略計畫作緊急再檢討。彩虹二號和三號顯然已不適用。此時美國陸軍認為國力有限只能採取穩健路線。他們認為保衛西半球為第一任務，美國暫不宜與日本交戰但應防軸心國家對南美的侵入。

本列為最低優先的彩虹四號現在行情看漲。美國計畫人員認為目前（一九四〇年六月）美國有三條路線可以選擇：㈠在太平洋維持堅強地位但在其他任何地區避免糾纏；㈡傾全力支持英法包括參戰在內；㈢採取一切措施以阻止軸心國對西半球的入侵。彩虹計畫對上述三點都曾加以考慮，不過關鍵還是時間，他們認為彩虹四號對當前情況最為符合，並指出一旦英法停止抵抗，也就是美國開始動員的訊號。

作為討論的基礎，美國陸海軍參謀首長遂向總統作了下述三點建議：㈠太平洋方面採取純粹守勢；㈡不再對其他國家提供物資援助；㈢以西半球防禦為目標立即採取動員措施，這也充分表示美國軍人的悲觀和保守觀點。在進行討論時，主要爭執為法國艦隊的命運和英國的前途。軍人們希望其計畫能應付最壞的情況，即假定英格蘭（姑不說大英帝國）會被迫退出戰爭，而法國艦隊也必然落入軸心手中。

羅斯福的看法卻完全不同。他認為今後六個月內英國不會退出戰爭，歐洲軍事情況也不會有特殊變化。他主張仍應援助英國，對於西半球防禦雖也認為重要，但卻主張應先與各有關國家協商再採取行動。最後他也贊成美國立即總動員。事後看來，他似乎要比軍人們的見解略高一籌。

幾經討論，軍事計畫當局對美國政策遂又提出下述三點意見：㈠一九四〇年秋季及冬季，不列顛國協及帝國雖仍將繼續存在，但英國本身卻可能不再是積極交戰國家；㈡法國將被德軍佔領，即令法國人在北非或其他地方繼續抵抗，美國的援助也仍不能使其他獲得實質改變；㈢美國此時參戰並不能阻止英法兩國的戰敗，所以他們仍然主張在太平洋方面取守勢，反對援助英國，不過願意考慮將美國艦隊主要部分移駐大西洋。

但決定美國政策的人還是羅斯福。他堅決主張必須鼓勵英國繼續抵抗和不能讓英國的艦隊落入德國人手中。換言之，美國的戰略是以英國的命運爲基礎。在法國投降之次日，美國陸軍部長史汀生曾經這樣的說：「在納粹與西半球之間現在所隔著的就只有一個英國艦隊！」

肆、「狗」計畫

一九四〇年六月之後，歐洲情況又呈轉機，英國已英勇的擊退德國空軍的攻擊，前途似尙有可爲，所以美國人也就不再那樣緊張，而羅斯福也開始忙於其競選活動。直到十一月初，羅斯福再度當選已成定局時，海軍軍令部長史塔克始重提舊案要求從速確定美國的基本戰略。史塔克提出一項備忘錄，其中用四個問句來表示美國所可採取的主要路線：

㈠美國主要軍事努力是否應指向西半球防禦和兩洋安全？（與彩虹一號和四號的觀念相似。）

㈡美國是否準備對日本發動全面攻勢而大西洋方面保持純粹守勢？（與彩虹二號或三號相似。）

㈢美國是否計畫同時對歐洲的英國人和遠東的英國人、荷蘭人、中國人給與強大軍事援助？（即歐亞並重。）

㈣美國是否將集中全力在大西洋方面發動最大攻勢而在太平洋方面暫取守勢？（與彩虹五號相似。）

史塔克主張採取第四案，認爲這對美國最爲有利，馬歇爾也有同感。以後遂被稱爲「狗」計畫（Plan

Dog），因爲依照美國軍語慣例，D都用「Dog」代表。就第二次大戰中的戰略發展過程而言，這要算是重要階段之一。史塔克計畫的中心思想是承認英美休戚與共，所以應傾全力幫助英國。他不相信英國能單獨擊敗德國，因此強大的美援實爲必要。美國應使英國不僅能維持其對德國的封鎖，而且還能保持其地理地位的完整，以便將來可作反攻跳板之用。

一九四一年一月十六日，羅斯福召集其主要顧問開會，包括國務卿，陸海兩部部長及參謀首長，正式批准此項計畫。由於美英兩國參謀首長即將在華盛頓舉行第一次會議，作爲對美方代表之指導，美國的國家目標遂又被確定爲下列三項：㈠保護西半球使其免受任何軍事或政治侵略；㈡援助不列顛國協及帝國；㈢用外交手段以對抗日本的擴張。若一旦參加戰爭，美英兩國的「概括軍事目標」爲擊敗德國，而其最有效手段即爲將主要軍事努力放在大西洋方面。此外，又告誡代表們在與英國人談判時必須在內心裏記著下述各點：

> 我們不能夠，也不需要，將我們的國家前途交由英國人指導……英國人內心裏永遠記著戰後利益，包括商業和軍事兩方面都在內，所以我們也應留心保護我們自己的最後利益。

以上這一段話令人有無限的感慨。英美關係親如兄弟，尚且如此勾心鬥角，由此可知國際之間只有利害而並無感情和道義。美國人對其最親密盟友採取這種不信任的態度，就國際行爲的標準來看，無可厚非，但令人感到百思不解的卻是羅斯福等人對於俄國人反而推心置腹，開誠佈公，這難道是君子可欺以其方嗎？

伍、「ABC-1」號計畫

美英參謀首長會議於一九四一年一月二十九日在華盛頓開始舉行，一共會談十四次，到三月二十九日結束。在開始時，英國人對於其立場明白的作了下述三點說明：

㈠歐洲爲主要戰場，必須首先在此尋求決戰。
㈡全面戰略是首先擊敗德義，然後再來對付日本。
㈢遠東地區（包括澳洲及紐西蘭）對大英國協的團結及其戰爭努力的維持具有必要關係。

美英雙方對於前兩點毫無異議。同時雙方也承認各有其特殊利益：美國人認爲西半球防禦最爲重要。英國人則視新加坡爲其帝國安全的鎖鑰，對於印度，澳洲，紐西蘭的防禦都具有必要性。美國人雖在遠東也有相當利益之存在，但卻不認那是屬於主要性的，甚至連菲律賓也都假定爲無法堅守。

英美兩國在戰略觀點上有一種基本差異之存在，以後也曾因此而一再引起爭論。英國人位居島國並有與大陸國家交戰的悠久傳統。他們把重點放在海空權方面，而大規模地面兵力則在其次而且也非其力所能及。想用此種手段擊敗德國將是一緩慢的工作，但英國人卻慣於長期戰爭而且對最後的勝利從不懷疑，他們有一句老話：「英國可能輸掉一切的會戰但最後仍能贏得戰爭。」總之，英國人的傳統戰略是以極小損失和極小冒險以來尋求最後勝利。

美國人不僅自信擁有壓倒性的物資優勢，而且更不願意陷入長期戰爭，所以希望儘可能提早集中一切力量首先擊敗主敵德國。爲了達到此種目的並使戰爭迅速結束和減少死傷人數起見，他們寧願讓日本人暫時猖狂無忌，而不願意分散其主力。

經過若干爭議之後，雙方代表終於作成其最後報告，即所謂「ABC-1」號計畫（ABC爲American British Combined 的縮寫，意即美英聯合）。其要點分爲下述三項：

(一)爲了提早擊敗主敵（德國），美國的軍事努力應以集中在決定性戰場上（大西洋及歐洲）爲主，其他戰場上的作戰均以能便利此種主要努力爲原則。

(二)維持英國及其同盟國在地中海的地位。

(三)在遠東保持戰略防禦態勢。

此項報告對兩國均無法定約束力，只代表雙方的一致看法而已。會後美國軍事當局即根據此項原則重擬其彩虹五號計畫。實際上，二者幾乎完全一致。此處所謂「計畫」者只不過是一個大綱，其詳細的個別計畫則尚有待於作爲。

陸、「阿卡地亞」會議

珍珠港事變發生後，美國正式參戰。美英兩國首長於一九四一年十二月底在華盛頓舉行美國參戰後的第一次高階層會議，其代字定爲「阿卡地亞」（Arcadia）。此時日軍在太平洋中的攻勢正發展得如火如荼，但美英兩國仍正式認定德國爲主敵，並確認在歐洲方面的作戰應比太平洋方面較爲優先。此種情形，對於美國人而言，實在是很令人感到驚異，誠如魏德邁將軍在其回憶中所作的評論：

假使美國在珍珠港悲劇之後，放棄其與英國人所協議的首先擊敗德國的戰略而集中全力來首先擊敗日本，則就心理而言，此種戰略實比較易於了解，而且也一定能深獲大多數美國人民的熱烈擁護。

不到三年的時間，美國人的戰略觀念終於作了一個一百八十度的轉變，許多年來以太平洋爲中心的計畫完全被放棄。在以後全部戰爭過程中，雖仍然有很多的波折，但此一首先擊敗德國的基本觀念卻始終確立不移。戰後世界局勢的形成和演變也都深受此一決定的影響。假使當時不這樣決定，結果又將如何呢？魏德邁將軍曾作卓越的分析如下：

當珍珠港事變發生時，英國人已顯示其有能力抵抗德國最強大的空中攻擊；由於德國人已不能獲得制空權，所以侵入英國的成功可能性也就十分渺茫。同時，希特勒又正在忙於東線的作戰，一心只想集中其陸空軍的全力以求擊敗蘇俄。

照我的看法，在這樣的環境之下，我們應立即增建在太平洋方面的海空軍兵力，而只把那些對日作戰暫不必需的資源送往英國。儘管最後還是要在那裏建立一支強大兵力以來入侵歐洲堡壘，但在目前，德俄兩國將會繼續苦鬥並互相減弱他們的軍事和經濟實力。

更重要者，美國也就可能已經把大量資源用來支援中國的自由政府，那不僅足以改善其抗日實力而且也將增強國民政府對共產黨的地位。中國也就不會那樣大傷元氣以至於戰後落入共產黨的手中。

美國名作家費斯(Herbert Feis)在其所著《邱羅史》一書中也曾用列舉方式來研判如果當時不作此種戰略決定則可能導致的後果：

㈠蘇俄兵力損失將更大，國力恢復也一定較慢，於是在戰爭結束時，蘇俄可能會變得較弱。

㈡美國在太平洋的地位將遠較堅強鞏固，戰爭結束時，在中國和韓國都可能駐有相當強大兵力，於是一切戰後安排都會遠較有利。

㈢德國人在歐洲蹯踞時間會較久，西歐政治制度和精神生活所受創傷也會更重。戰後歐洲復興也將更較困難。

㈣德國用火箭和導彈攻擊英國的損失可能會遠較巨大。噴射機和裝有呼吸管的潛艇也都可能會作較有效的使用，但能否幫助德國反敗為勝則很難斷言。

㈤如果日本先敗而德國尚未投降，則第一顆原子彈也就可能會投在德國，於是投降的步驟和佔領的安排也就可能完全不一樣。

總結言之，得失功過固然很難斷言，不過先歐後亞的基本戰略為第二次大戰中最重大決定之一則毫無疑問。

第二十一章 珍珠港事變

壹、引 言

一九四一年十二月七日（夏威夷時間）由六艘航空母艦所組成的日本海軍特遣兵力對美國設在夏威夷群島上的珍珠港海軍基地作了一次凶猛的空襲，使美國受到重大損失。這就是歷史上所謂的「珍珠港事變」。時間過得眞快，一轉眼就是半個多世紀，讓我們曾經親身經過第二次大戰的這一代人，在撫今追昔之餘，眞是有說不盡的感慨。

誠如已故戰略大師李德哈特所云：「歷史作爲一個路標，其用途很有限，因爲它雖能指示正確方向，但並不能對道路情況提供明細資料。但如作爲一個警告牌，其價値則比較明確。因爲歷史祇是指示我們應該避免什麼，並不能指導我們應該做什麼！其所用的方法，也就是指出人類所易於重犯的若干最普通錯誤。」然則作爲一個歷史的警告牌，珍珠港事件又能給與我們何種教訓呢？

哲學家桑特納(George Santayana)所說的話：「歷史是經常寫錯了，所以也就經常需要重寫。」這句話對於珍珠港而言卻完全適用，經過五十餘年的時間，過去所作的敍述和評論的確有很多已經被發現有錯誤，或至少是應該作適當的補充或修正。當然這也還不能算是定論，事實上，在戰史的研究中也許可能永遠沒有定論。

有人會以爲歷史是過去的事實，它本身不會改變，所以，只要肯下工夫，則一定可以發現事實的眞相。實際上，並非那樣簡單，正因爲已成過去，不能詢古人於地下，於是也就會死無對證以至於眞相永遠無法大白，尤其是當時間隔得較久時，雖然會有許多新史料陸續被發現，但也有許多重要證據會佚失或湮滅。所以對於歷史的研究只能說是利害參半。不過，無論如何，在五十多年後的今天，根據這些年所累積的資料，尤其是美國政府已經解密的文件，對於珍珠港事變的眞相至少是可以獲得一些新知識，並作成若干與過去不盡相同的結論。

現在再略論研究方法的問題，克勞塞維茨在其名著《戰爭論》中曾提出所謂「精密分析」的觀念，這個名詞的德文爲「Kritik」譯成英文則爲「critical analysis」精密分析，計有三個步驟：㈠事實的發現；㈡「由果向因」的回溯；㈢手段(means)的研究和評估；克勞塞維茨認爲戰爭的研究不可僅限於某一層面（無論那是戰略、戰術、技術或任何其他層面）。他相信軍事問題必須同時在所有一切不同層面上來研究，因爲它們之間具有互動關係。所以「評估一種手段（工具）時，不能僅以其立即目的爲限。因爲那個目的本身應視爲對次一和最高目的的手段…在此序列中的每一階段均明顯地暗示一種新的判斷基礎。從某一階段看來似乎是正確的判斷，從較高階段看來又可能變得不合理。」

克勞塞維茨雖然是十九世紀初葉的人，但他的思想的確有不朽的價值。所以當我們研究戰史時，仍想把他的基本觀念奉爲圭臬。

貳、攀登新高山

自從一九三七年七月七日，日本發動侵華戰爭以來，美日之間的關係即日益惡化。到一九四〇年底，在德國已經征服西歐的大部分之後，日本也就開始企圖向東南亞擴張，於是也立即引起美國的強烈反應。一九四一年七月，日軍進入印度支那（法屬越南）北部，美國所竊聽的密電證實日本正計畫利用西貢和金蘭灣的維琪法國基地來作爲南進的跳板。七月二十六日，美國宣佈凍結所有一切對日貿易和財產。《紐約時報》認爲此一行動對日本是僅次於戰爭的最強烈打擊。

但日本並不曾因美國的反應而卻步，因爲早在七月二日的御前會議中即已決定不因爲有與英美開戰的可能而變化。事實上，日本人對於戰爭早已在作認眞的準備。一九四〇年十月成立「總體戰研究所」，陸海軍部隊亦於同年十一月開始進行各種訓練。直到一九四一年初，日本對美國的戰爭計畫還是準備將其主力艦隊用在南太平洋方面，以便一方面掩護對菲律賓群島的攻擊；一方面以逸待勞，來迎擊勞師伐遠的美國援軍。美國也同樣相信日本海軍將會採取這樣的戰略。

但自從山本五十六於八月間出任日本聯合艦隊司令長官之後，他就獨自構想一種新的觀念，即對珍珠港作一次猛烈的奇襲，以期先發制人來使美國太平洋艦隊暫時完全喪失行動能力。此種意見並不曾爲其同僚所立即接受，但他持之甚堅，因此在日本海軍高階層中引起嚴重爭論。

一九四一年九月十日到十三日，日本海軍在東京海軍大學舉行兵棋演習，結果對攻佔菲律賓、馬來亞、荷屬東印度（印尼）、緬甸等地以及南太平洋的作戰都能達成協議。唯對山本的計畫則仍有人表示疑慮。兵棋演習雖證明對珍珠港的打擊之可行性，但未免太過冒險。美國艦隊可能不在港內，而在前往夏威夷的遙遠航程中也可能被發現。但山本堅決拒絕放棄其理想，並不惜以去留力爭。直到十月中旬，日本海軍軍令部終於同意，將使用航空母艦襲擊珍珠港的觀念納入戰爭計畫之中。

就當時的情況來看，山本的觀念並非不合理。日本的目標固然是迅速攻佔荷蘭和英國在東南亞的殖民地，但對其成功的最大威脅則爲在珍珠港的美國太平洋艦隊。如能在開戰之初即一舉消滅此種威脅；或至少癱瘓美國作戰能力達相當長久時間，則不僅使日軍南進時可無後顧之憂，而且更能獲得較多時間（據日本估計，至少爲一年甚至於可長達十八個月），來從容部署下一階段的作戰。

日本海軍對於這個代號定爲「攀登新高山」的奇襲作戰曾作極周密的準備。不僅在檀香山的日本領事館早有受過專業訓練的情報人員，負責對美國軍艦的活動經常不斷地提供精確的資訊。其艦隊中的人員亦接受密集訓練，期能在任何惡劣天氣條件下順利地執行任務。而其轟炸機乘員更至少曾作五十次訓練飛行。

日本人也表現出極敏銳的學習能力。一九四〇年十一月，英國海軍飛機曾在塔蘭多（Taranto）港內用空投水雷擊沉三艘義大利戰艦，給與日本人新的啓示。但在當時通常認爲在深度少於七十五呎的淺水中即無法作這樣的攻擊，而珍珠港的水深則僅爲三十至四十五呎。到一九四一年，英國人又發現只要在魚雷上裝置「木鰭」（wooden fins），即可在淺水中使用。日本人透過他們在羅馬和倫敦使館，學到了技術細節，並立即進行類似的試驗。

日本人知道美國艦隊通常都在週末回到珍珠港，然後在船上只留下若干留守人員，這樣也就能增大奇襲的效果。因此，星期日遂成自然的選擇。十二月中旬以後，天氣條件對於兩棲作戰和海上加油都會比較不利。十二月八日（東京時間）在夏威夷恰爲星期天，而且無月光，便於掩蔽奇襲兵力接近目標。所以，決定選定了這一天。

由南雲忠一中將所指揮的打擊兵力，是由六艘航空母艦及若干護航軍艦和油輪所組成，採取一條非常迂曲的路線，並保持無線電靜止，從千島群島南下。預定的打擊目標照優先順序排列爲：美國航空母艦（日本人研判停在珍珠港的航空母艦最多可達六艘，至少也有三艘）、戰艦、油槽、以及其他港埠設施。途中收到東京傳來的情報，得知在十二月六日（夏威夷時間）港內並無航空母艦停泊（實際上，美國當時共有航空母艦六艘，三艘留在大西洋，一艘在加州，其餘二艘正在運輸飛機前往中途島和威克島），不過港內仍有八艘戰艦，而且都未裝魚雷防禦網。於是南雲遂決定發動攻擊。

日本航空母艦共載有飛機四百二十三架，但用於攻擊者僅爲三百六十架，其中高空轟炸機一百零四架，俯衝轟炸機一百三十五架，魚雷轟炸機四十架，戰鬥機八十一架。十二月七日〇六〇〇到〇七一五之間（夏威夷時間）日本飛機在珍珠港正北面約二百七十五哩的海面上起飛。發動這次驚天動地的攻擊。攻擊分爲兩波：第一波在〇七五五開始，到〇八二五結束，然後在〇八五〇又作第二波攻擊。產生決定性效果者爲第一波中的魚雷轟炸機。

八艘美國戰艦中四艘立即沉沒，四艘受到嚴重損毀。另有三艘驅逐艦和四艘較小的船隻被擊沉，三艘輕巡洋艦和一艘水上飛機供應艦受到重創。美國飛機被毀者一百八十八架，受損者六十三架。日本飛機被毀者僅爲二十九架，受損者則爲七十架。美國人員死傷共爲三千四百三十五人，其中死亡者爲二千四百人。日本方面數字不詳，但死者不到一百人。

從軍事觀點來看，日本可算是成功，至少已獲三大利益：㈠美國艦隊已暫時喪失行動能力；㈡在西南太平洋方面的作戰不會受到美國的干擾。日本海軍可傾全力去支援作戰；㈢日本現在可有較多時間來擴展和鞏固其防衞圈。但美中不足的是未能擊中美國的航空母艦，那本是首要目標，此外也不曾毀滅油槽及其他重要設施。這兩點對於戰爭的未來發展具有非常重大關係。

就作戰（相當我國野略）和戰術而言，日本人固然已經成功，但其戰略重要性卻又很有限。美國戰艦的全軍覆沒對太平洋上的戰略平衡，不久即被證明殊少關係。航空母艦的時代已經來到，戰艦逐漸變得只能扮演次要的角色。反言之，日軍若不首先攻擊戰艦而攻擊珍珠港的支援設施，尤其是易毀的石油補給來源，則結果可能完全不同。尼米茲將軍（Admiral Nimitz）在戰後曾說：「當時所有一切供艦隊使用的石油都儲存在地面上的油槽中，假使日本人毀滅了那些石油，則戰爭可能會延長兩年。」事實上，當時日軍中有人主張想以這些設施爲目標再對珍珠港作第三次攻擊，但指揮官南雲經過考慮後拒絕了此種建議。

從大戰略層面上來看，日軍的襲擊珍珠港實屬得不償失。這又可以分成正反兩面來分析。從正面來說，日本當局對於美國動員其國力的能力，所作的估計未免失之過低。日本人相信美國在進入戰爭之後，要有一年的時間始能充分動員其經濟潛力，所以等到其太平洋艦隊獲得新船補充之後開始反攻時，日本至少可有十八個月的時間來完成其對長期持久戰略的一切部署。到此時其在西太平洋的防線（所謂國防圈）將固若金湯，足以抵抗任何企圖突破的攻擊。

但此種估計從以後的事實看來，實在差得很遠。美國動員能力的強大眞是驚人，甚至於連美國人本身都不敢相信。而美國軍方在受到打擊之後的恢復和還擊，也異常迅速，超過任何人的想像。一九四二年四月十八日，距離珍珠港事變還不滿五個月，美國海軍的航空母艦已經空襲東京，使日本人大爲震驚，也報了一箭之仇。一九四二年五月三日，在珊瑚海(Coral Sea)會戰中美日雙方航空母艦第一次交手，雖然不分勝負，但日本飛機損失較多。到六月四日，驚天動地的中途島會戰展開序幕，結果日軍受到決定性的失敗，從此一蹶不振。換言之，不到六個月的時間，日本在珍珠港事變之後所暫時贏得的制海權已經化爲烏有。九月中旬，聯軍已在西南太平洋發動反攻，日本人理想中的大三角形防線已經被突破。希望至少有十八個月時間完成部署的計畫也終成泡影。

從反面來看，日軍襲擊珍珠港，不僅不曾獲致任何戰略後果。這次襲擊使美國全國上下不僅大感震驚，而且更深感憤怒，「毋忘珍珠港」(Remember Pearl Harbor)成爲全國一致的呼聲。甚至於到今日，珍珠港的心理衝擊也仍未完全消失。此一行動不僅增強美國人同仇敵愾的決心，而且更加速其戰爭步調。尤其是讓羅斯福總統解決了其所面對的政治難題，在全國民意支持之下，他可以不必再理會孤立主義者的反對，而傾全力去進行戰爭。從以上的觀點來看，山本的主張實屬不智。

不過，也許有人要說日本既然決心南進，則其與美國之間的戰爭也就無可避免，所以，襲擊珍珠港與否已並非重要問題。事實上，並非這樣簡單，若不襲擊珍珠港，則美國的反應將不會如此強烈。尤其是美國當局一向堅持「歐洲第一」的觀念，所以日本想爭取較多時間的目的可能反而比較易於達到。進一步說，日本人也並非毫無自知之明，他們也自知並無戰勝美國的把握。其所希望者，不外下述兩種可能：㈠德國能勝則日本也能分享勝果；㈡儘量延長戰爭使美國人感到厭倦，來獲致妥協的和平。假使是這樣的想法，更無理由去刺激美國人的感情，促使他們加緊對戰爭的努力。誠如克勞塞維茨之所云：「某一階段看來似乎是正確的判斷，從較高階段看來又可能變得不合理。」

參、毋忘珍珠港

珍珠港的攻擊使美國方面受到嚴重損失，並立即引起強烈反應。除加強戰爭努力外，並一致要求追究責任。對於如此重大的失敗，其眞正原因安在，究竟應由何人負責？這些問題一直到今天仍不乏爭論。不過，責任的歸屬本身並不重要，重要的是從此種對過去的精密分析中能否找到若干對未來具有重大價値的教訓。

珍珠港的襲擊對於許多美國人(包括軍政要人在內)而言的確是一次奇襲。海軍部長諾克斯(Frank Knox)在聽到這個消息之後，驚呼著說：「我的上帝，這不可能是眞的，這應該是菲律賓！」事實上，美國當局事前並非毫無所知，所以，爲什麼會受到奇襲，實在很難解釋。誠如美國國會聯合委員會的調查報告書所云：「已有我們歷史中的最佳情報，而且也幾乎確知戰爭已迫在眉睫，爲什麼珍珠港事變還會發生呢？」

事實上，事前美國當局絕非不曾獲得適當的警告。早在一九四一年一月二十七日，駐日大使格魯(Joseph C. Grew)即曾報告東京已有奇襲珍珠港的議論。但他們雖知戰爭可能即將爆發，卻似乎始終不曾對珍珠港的安全表示嚴重的關切，一九四一年二月七日，陸軍參謀長馬歇爾曾致函夏威夷陸軍指揮官蕭特(Walter C. Short)說：「我對於夏威夷問題的印象是在開戰後的最初六小時之內不會受到任何嚴重的傷害。」有證據顯示馬歇爾和海軍軍令部長史塔克對於當地指揮官所採取的防禦措施都不曾作周密的監督。

過去曾有人認爲珍珠港事變是羅斯福總統故意造成，其目的即爲想要把美國送入戰爭。甚至於一代大師的富勒將軍也都相信此種說法。但這只是道聽塗說，毫無根據，像富勒這樣的大師居然採信，實令人費解。

概括地說，美國最高當局，包括總統和陸海兩部部長在內，對於珍珠港的悲劇幾乎沒有什麼直接的責任。陸海兩軍參謀首長則負有相當責任，而最應負責者則爲在夏威夷的當地指揮官。

國防政策與和戰大計是否適當，總統和軍政首長固然責無旁貸，但地區性防衛問題則不是他們所必須注意的。因爲這些事務應由軍令首長去負責處理，他們既非內行，也不應越俎代庖。在華盛頓的陸海軍參謀首長所應負的責任又是什麼？可以概分爲兩點：㈠是否已對夏威夷地區提供適當的防衛工具？㈡是否對當地指揮官事先已給與充分警告？關於第一點，答案是肯定的，無論對於何種攻擊，都已有足夠的防衛設施和能力。所以對於防衛的失敗，就這一方面而言，華盛頓並無任何責任。但對於第二點則有作較精密分析之必要。

早在十一月七日，海軍軍令部長史塔克即曾以私函告訴太平洋艦隊總司令金默爾(Husband E. Kimmel)說：太平洋危機日益迫近，要他提高警覺，十一月二十四日，海軍軍令部又發出通報，說明美日協議希望甚微，日軍有採取奇襲行動可能，包括菲律賓和關島在內。

十一月二十七日，陸軍部長史汀生問代理陸軍參謀長的格勞(Leonard T. Gerow)，是否陸軍也應發出警告，於是陸軍參謀本部遂又向夏威夷、菲律賓等地駐軍司令指示應嚴加戒備，並採取一切偵察措施。同時，其第二署(G–2)更向夏威夷及巴拿馬另發通知，要求嚴防顚覆活動。

海軍軍令部在同日又再度發出警告（並轉知陸軍指揮官）。措詞非常強烈，可視爲備戰的通告，文中指出幾天之內日本可能發動侵略，不過唯一缺點即不曾提到日軍有攻擊珍珠港的可能。但這並不能算是過失，最多只能算是疏忽。不過，在此又必須指出，當時美國人的一般看法都認爲最可能受到攻擊的是菲律賓而非夏威夷。

十二月七日（星期天）上午，日本政府發給其在華盛頓談判代表的十四點訓令全文都已由美國密碼專家所譯出。雖然並未指出戰爭將在何時何地爆發，但其意圖已至爲明顯，不久又截獲兩份補充電報：㈠命令日本大使毀滅密碼和機密文件；㈡指定在華盛頓時間下午八時向美國國務院提出十四點通牒。

這一天上午，馬歇爾還是照常例去騎馬運動，大約上午十一時始到辦公室，這些電報立即引起其注意，他向史塔克建議再向太平洋地區發出一次警告，並親自草擬一份致夏威夷、菲律賓、巴拿馬、舊金山等地駐軍長官的電文。指出日本人正在毀滅其密件，並定在華盛頓時間下午一時遞交相當於最後通牒的文件。他又說：「指定時間的意義固然尚不明瞭，但必須準時嚴加戒備。」

史塔克決議用海軍無線電發出，但馬歇爾卻拒絕他的好意而將電稿交給陸軍通信網傳送。大約正午不到的時候，已有回報說三十分鐘之內即可送達。但非常奇怪而不可解釋，如此重要的電文卻被交給民營電信局代發，等到電文傳到檀香山時，才由一位騎自行車的報差送往夏佛特堡(Fort Shafter)的陸軍司令部，他帶著尚未譯出的密電走到中途就碰到空襲。

把陸軍的電報交由陸軍通信網傳送馬歇爾並無錯誤，但爲什麼轉由民營電信局代送，這只是一種偶然，也正是克勞塞維茨所說的「摩擦」(friction)。在戰爭中像這樣的事常有，值得警惕。當然還可以問，爲什麼史塔克不同時再向海軍發出同樣的警告？如果他這樣做則似可萬無一失。也許他是認爲警告已經夠多，不必多此一舉。不過，假使說已有這樣多次的警告，夏威夷的海陸軍指揮官都還我行我素，毫無警覺，則再多加一次警告，也不見得就會有太大的作用。

事實上，儘管戰禍已迫在眉睫，在夏威夷的軍事首長還在享他們的清福，對於任何警告幾乎都毫無反應。除開華盛頓的一再警告以外，在當地也已有夠明顯的警告，足以促使他們立即備戰。如果他們已經盡到職責，則至少損失不會那樣慘重。

充當日本艦隊前哨的潛艇，自從〇三五五之後，即已一再為美國海上巡邏兵力所發現。其中有一艘在〇六五一為美國驅逐艦所擊沉，而另外一艘在〇七〇〇又為美國海軍飛機所擊沉。這樣的情況不可能沒有報告立即傳往太平洋艦隊總部。但結果並無下文。美國陸軍在夏威夷已設有六個雷達站，其中設在阿巴納角(Opana Point)的一個位置在最北端，於〇七〇二發現有大批飛機（一百架以上）正從北面飛來。但他們的報告傳到幾乎是無人的情報中心時，卻被認定為那是從加州飛往菲律賓的B-17，準備降落夏威夷加油。此種錯誤簡直豈有此理。因為那批B-17已知只有十二架，而且應從東面飛來而絕不可能從北面飛來。

不過，即令雷達的發現曾經獲得正確的研判，但這個情報中心也可能只會向第十四驅逐機大隊發出警報，而且那些戰鬥機，也只是保持四小時戒備(four-hour alert)，要在接獲警報後四小時才能開始行動。此外，這個情報中心並無責任向海上或岸上的海軍單位發出警報。

簡言之，美軍在珍珠港之所以受到重大損失，並非由於情報和決策領域中有嚴重缺失，而是當地指揮官缺乏警覺，未能克盡職責。

珍珠港並不缺乏防空武器，包括高射槍砲、戰鬥機、雷達等，但它們並未被組成一個有效的防空系統，也無任何作戰中心控制歐胡島(Oahu)上的領空。陸軍主要是依賴海軍長程偵察來提供警告，對於雷達認爲是一種不可靠的新工具。但陸軍不僅對於海軍所執行的長程偵察內容不太了解。而且要以陸軍的戰鬥機和高射砲來保護海軍的設備，但海軍卻又無權控制陸軍的戒備等級，甚至於不知道蕭特將軍所選擇的是最低級戒備，即僅以防止顚覆（破壞）活動爲限。

所以，當空襲來臨時，陸軍單位幾乎毫無反應。下述事實可爲證明：在第一波攻擊開始後大約五分鐘到七分鐘，海軍軍艦上的防空火砲即已開始發射，但陸軍的三十一個高射砲連中只有四個曾向日機射擊，至於其他各連則到正午時始能作戰，此時日軍早已得勝凱歸了。日軍在第一波攻擊時所造成的損失最大，而其本身的損失也最輕。日軍共損失飛機二十九架，第一波只損失九架。如果美軍的反應較快，則美方的損失必然會大減，而日方的損失也會相對升高。

美軍的防空武器就數量和素質而言，都不算太差，發揮較佳的戰鬥效率應屬可能，其所以未能如此，主要原因就是未能保持適當的戒備。以上所云爲積極防禦方面，而在消極防禦方面也同樣地疏於戒備。事實上，只需採取某些輕而易舉的措施，即可能使損失大爲減低。譬如說，飛機可以疏散，而不應爲了便於預防破壞，就把它們密集地停放在一起。油庫位置應選在地下，它們之未被毀只能說萬幸。另有兩種重要的工具也都沒有使用，即利用阻塞氣球(barrage balloons)和魚雷防禦網(antitorpedo nets)來保護重要軍艦。前者可以攔阻低飛的飛機，後者則能使最可怕的魚雷喪失效力。因此，當日本情報人員探知此事實之後，眞不禁喜出望外。

爲什麼會如此缺乏警覺，如此疏於防範，其根本的原因又應從組織中去尋找。在夏威夷地區中的最高軍事首長是太平洋艦隊總司令金默爾上將，他控制珍珠港內外的全部海軍兵力，在其下有海軍第十四軍區司令布羅赫少將(Claude C. Bloch)，他負責一切岸上設施的安全。至於陸軍單位則由夏威夷軍區司令蕭特中將負責指揮。照理說，蕭特應與布羅赫之間有密切的協調，但事實上，雙方幾乎各自為政，互不相謀。蕭特與金默爾私人關係頗為良好，彼此經常一同打高爾夫，但卻很少談公事。最緊要的事實，是陸軍方面把警戒分為三級：一級只以防制破壞為限；二級則加上對敵方空中、水面和水下行動的戒備；三級才是準備應付全面攻擊。蕭特只命令採取第一級警戒。至於海軍方面，金默爾命令採取所謂「修正第三級」(modified level 3 alert)警戒，那是海軍三級警戒中的最低級，只要求對高射武器有一部分人員值班。值得注意的是不僅海陸雙方有不同的警戒制度，而且彼此也不了解對方所採取的是何種警戒。

在高級司令部之下，陸軍和海軍的各個戰鬥單位都有其指揮官，他們分別控制戰鬥機和高射砲，對基地執行防衛任務。他們本應能構成一個有組織的防衛網，彼此間發揮統合戰力，但事實上，各單位之間幾乎完全缺乏協調和通信。所以，在遭受攻擊時也就自然不能作立即有效的全面反應。這也是美國在珍珠港受到如此慘重損失的原因之一。這當然也應歸罪於高級司令部事先並未命令加強戒備，而且對於所屬單位也未盡到督導之責。至於在單位內的人員，尤其是在軍艦上的，對攻擊的反應卻相當迅速，他們憑著直覺採取英勇的行動。不僅即時的發揮實際效率，而其犧牲奉獻的精神值得欽佩。不過這僅憑個別人員的行為，對於大局並不能產生重要的影響。

肆、結　論

造成珍珠港災難的原因固然很多，但最根本的原因則爲組織上的缺失。假使能在統一指揮之下，對於這個地區組成統合完整的防衛體系，其結果可能就會大不相同。至少陸海兩軍不會有不同的警戒制度，在島上的空中不會沒有一個控制中心，而戰鬥機單位也不會假定海軍的長程偵察能給與他們以長達四小時的備戰時間。事實上，在珍珠港事變之前的幾星期，陸軍參謀長與海軍軍令部長曾聯名通令所有海陸兩軍必須在合作的地區內建立聯合指揮所和聯合作戰中心。但受到當地駐軍首長的反對。金默爾表示：陸海兩軍任務不同，只需要戰略合作而不需要戰術合作。換言之，迅速交換資訊和作成一致決定的能力並不那樣重要。此種意見也爲蕭特所贊同。殊不知這正是大錯而特錯。

一般政府對於其應付軍事威脅的能力似乎都知道注意，但很不幸，他們所重視的幾乎都是可以量化的因素，而往往不會考慮軍事組織是否適當的問題。珍珠港的經驗明白指出這正是釀成巨禍的主因。五十多年後的今天，珍珠港事變所能提供的永恆教訓也許即在此。

第二十二章　中途島會戰評述

壹、引　言

日軍於一九四一年十二月七日偷襲珍珠港，揭開太平洋戰爭的序幕，接著其攻勢遂如狂風驟雨，掃遍西太平洋，幾乎可以說是戰無不勝，攻無不克。一直到一九四二年六月六日，中途島會戰(The Battle of Midway)結束時，日本海軍才受到第一次慘重的失敗，於是日本攻勢從此結束，而走向敗亡的途徑。照歷史家的評定，這次會戰爲「決定性會戰」(Decisive Battle)實絕無疑義。換言之，也就是歷史旅程中的一個轉向點。日本人爲什麼要發動這一次會戰，其決定作爲的過程中有些什麼曲折，其主要動機爲何，日本人是怎樣輸掉了這次會戰，其所造成的後果又是怎樣？雖然已經事隔五十多年，但對於研究戰史和戰略的人還是一項非常有意義和趣味的課題。本文將根據西方和日本雙方的史料來作一個綜合的概述和分析，不過重點是放在戰略層面上，至於戰術細節則不擬詳述。

貳、日本的戰略計畫

日本人在發動太平洋戰爭時，雖然似乎是雄心萬里，不可一世，但實際上其所計畫的卻是一個有限目標的戰爭。簡言之，就是希望能建立他們所想像的「大東亞共榮圈」。日本人的首要目的為奪佔荷蘭和英國在東南亞的殖民地，此即所謂「南進」，但美國的太平洋艦隊卻構成嚴重的側面威脅，因此日本人必須首先設法解除此項威脅，然後始能放心南進。一旦美國的威脅暫時解除，而南方要地也已陸續佔領，日本就準備把整個亞太地區變成一個堅強的堡壘，於是也就進可以攻而退可以守。照日本人在當時的想法，如果德國戰勝，則日本也就可以坐地分贓，享受勝利成果；如果德國不幸戰敗（在一九四一年此種機會似乎不大），則日本已經佔領了這樣堅強的防禦陣地，也就還是可以用長期的消耗戰以來迫使筋疲力竭的美英兩國感到知難而退，並終於同意用談判的方式來結束戰爭，和允許日本保留其已征服的領土（至少是其中的主要部分）。

日本人準備征服的地區構成一個大三角形：東邊北起千島群島，通過威克島（Wake），以達馬紹爾（Marshall）群島；南邊橫越太平洋，從馬紹爾，通過東印度群島（印尼）達東南亞；西邊從馬來亞，通過印度支那（中南半島），沿著中國海岸再回到日本。在此地區中有豐富的資源可供日本利用，於是日本人可以不怕西方國家的反攻，也可以進一步企圖擊敗正在苦戰不屈的中華民國。

從偷襲珍珠港算起，四個月之內，這個計畫的目的幾乎可以說是已經完全達到。因此日本人也就必須考慮其第二階段的計畫。一九四二年三月七日，日本大本營與政府的聯席會議，對於情況所作的研判指出：「在初期作戰中，陸海軍均獲超過預期的大戰果，已使美英陷於守勢，對我國土防衛與主要交通線之確保均屬有利，如果運用現有形勢，可一反過去採取守勢戰略之苦衷，而開創攻勢戰略的機運。」這表示日本因勝而驕，遂不願再株守其原有的構想。從戰略的觀點來看，這也未可厚非。攻擊本來就是最好的防禦，而且日本人也憂慮守勢會導致士氣的衰退，並給與敵人以捲土重來的機會。誠如其海軍軍務局長所云：「我若採取守勢，則將反受敵軍之擾亂，故應迫使敵軍採取守勢。」

雖然「以攻為守」的原則已經決定，但對於執行問題日本陸海兩軍又還是有很大的歧見，幾經折衝之後，其戰爭指導大綱始作了下述的空泛記載：「㈠為使英國屈服及美國喪失戰志起見，須繼續擴張既得戰果，整備長期不敗之政略戰略態勢，相機講求積極方法；㈡須努力確保佔領地區及主要交通線，促進重要資源之開發利用，確立自給自足態勢，以增強國家戰力。」

日本海軍的態度遠較積極，他們主張應立即消滅美國在太平洋中所剩下的兩大基地——夏威夷與澳洲。但陸軍卻不表贊同，其原因有三：㈠日本陸軍是以中國大陸為主要目的，不願意抽調更多的兵力來從事海上戰爭；㈡澳洲乃一龐然大物，想要征服它並不容易；㈢開戰以來海軍出盡風頭，陸軍不免吃醋，所以也就不希望海軍再獲大勝。

海軍內部對於作戰計畫也有爭論。聯合艦隊司令長官山本五十六和他的幕僚主張集中全力攻擊中途島，以引誘美國太平洋艦隊出戰，如能將其殲滅即可順利攻佔夏威夷並確保制海權。這代表傳統的海軍戰略觀念。東京的海軍軍令部則主張通過所羅門群島，進攻南太平洋若干島嶼以切斷美澳交通線，其目的是孤立澳洲並作為進攻澳洲的準備。結果是東京的意見成為定案，其原因有二：㈠當時日軍在南方已有相當進展，三月底他們已從拉布爾(Rabaul)進入所羅門群島和新幾內亞北岸；㈡陸軍支持這個計畫，因爲在那一方面風險較少，而且也使陸軍有用武之地。

參、杜立德空襲日本

一九四二年四月十八日，美國飛機空襲日本。此舉的目的是振奮美國的民心士氣，並且有報復和警告的意義。在整個戰爭中只能算是一段插曲，但意想不到的卻是居然產生了極重大的戰略後果。

美國人在累敗之餘急需有一點勝利以來振奮人心，於是想到空襲日本的觀念。當時美國在太平洋中所剩下來的基地都距離日本太遠，所以必須使用航空母艦，但日本人已在其本國五百哩以外的海上建立警戒線，所以飛機必須在五百五十哩以外海上起飛，來往航程至少應爲一千一百哩，對於海軍飛機而言是距離太遠。而且美國現在只剩下幾艘航空母艦，可以說是「國寶」，要母艦在原地等候飛機返航，那也是一種不敢嘗試的冒險。結果美國計畫人員想到一條妙計，那就是在母艦上使用陸軍的轟炸機，但也還是有重大的困難需要克服。

準備使用的 B-25 型轟炸機，加上油箱之後可以攜帶二千磅炸彈，飛行二千四百哩，所以航程不成問題，但陸軍駕駛員必須學會在母艦上起飛和長程水面飛行的技術。在杜立德中校(James H. Doolittle)領導之下，經過一個月的苦練，總算是已經熟練了此種技術。其次，陸軍飛機雖可勉強從母艦上起飛，但卻不能在母艦上降落，而且母艦也不能等待。於是唯一的辦法就是飛往中國浙東降落。由於我國政府同意提供衢州機場，所以問題也就順利的解決。這一點是非常重要，因爲如果這些飛機不能在衢州降落，則也就只能作自殺式的攻擊，根據美國人重視人命的傳統，這樣的作戰計畫也就絕對不可能付之執行。（註：當時美國尚無獨立的空軍，航空兵力是分屬於陸海軍。）

四月二日，選定執行此項任務的航空母艦「大黃蜂」號（*Hornet*）由舊金山啓程，由於 B-25 體型較大，只能放在甲板上，而且還要留出足夠起飛的空間，所以一共只能載運十六架。中途與從珍珠港出發，由海爾賽中將（William F. Halsey）所指揮的第十六特遣艦隊（Task Force 16）會合，後者爲護航兵力以「企業」號（*Enterprise*）航空母艦爲核心。四月十八日清晨，在距離東京尚在六百五十浬以外的海面上即已爲日本巡邏艇所發現。海爾賽就立即與杜立德商量，他們一致主張轟炸機立即起飛，而不考慮所需要增多的飛行距離。這是一明智而果斷的決定，也是成功的主要關鍵。

美國轟炸機於上午八時十五分到九時二十四分之間，在波濤洶湧的海面上起飛，極爲困難驚險，但並無一架失事，在空中編隊後即向日本飛去，至下午一時（東京時間）開始攻擊東京、橫濱、川崎、橫須賀、名古屋、神戶等地，投下炸彈及燃燒彈。日本方面在美機投彈後才發警報，其迅速起飛之戰鬥機尚在爬高時，美機即已安全離去，借著順風的幫助加速飛向我國浙江。但不幸由於來得太快，衢州機場尚未完成接受他們的準備，結果所有機員只好迫降或跳傘，但八十二人在我方緊急搶救之下仍有七十人生還，包括杜立德本人在內，可謂不幸中之大幸。（按美軍原定計畫爲準備在夜間實施空襲，於翌晨降落浙江基地。）

日本人雖然已獲警告，但仍受到奇襲，因爲他們認爲航空母艦必須駛到夠近的位置始能發動攻擊，所以準備到次日去加以攔截，並將來襲的美國艦隊殲滅於海上。他們想不到美國人會在母艦上使用陸軍轟炸機，所以不僅措手不及，而且也坐視美國航空母艦安全離去。

杜立德奇襲的成功在日本產生了極大的心理震盪，日本人對此事件反應的強烈超過任何人想像之外，主要的原因是因爲他們一直都在打勝仗，所以對於挫折是毫無心理準備。雖然空襲的損失極爲輕微，但日本當局立即採取多種措施以防美機的再來，其中第一項就是把四個大隊的陸軍戰鬥機留在國內供防空之用，其次爲四月三十日命令「中國派遣軍」總司令：「儘快擊破浙江方面之敵軍，毀滅其主要航空基地，藉以制止美軍利用該地區再度空襲帝國本土。」

在華日軍總部接奉命令後，即派其第十三軍（共五師一旅）展開對浙東的攻擊，同時又用第十一軍（共二師）在江西發動助攻，此項作戰持續數月之久，到八月下旬始告結束，我國浙贛兩省飽受蹂躪，損失重大，而人民所受痛苦則更難以形容。

不過，更重大的戰略結果卻是日本人因此而改變其戰略計畫，並導致中途島會戰的發生。

自從大本營決定以切斷美澳交通線爲優先目標之後，山本五十六雖只好服從，但並不曾放棄他個人的主張，仍儘量乘機說服海軍當局同意接受進攻中途島的觀念。正在議論未定之際，杜立德空襲東京的消息傳來，遂使山本的地位獲得了意外的增強。於是他強硬地表示：「如不迅速佔領中途島，加強東面的戒備，即無法防止帝都之空襲。」在當時的心理壓力之下，東京當局遂終於作成在六月間進攻中途島的決定。

肆、珊瑚海之戰

現在日本人的戰略計畫遂開始發生了極大的混亂，而且也違反了一切的傳統戰爭原則。日本人在追求第一個目標尚未到手之前，就開始追求第二個目標，而在追求第二個目標時，又還是不放棄第一個目標，結果是兩頭落空，一無所獲。他們的計畫是大致可分三個階段：

㈠繼續向所羅門群島深入，攻佔屠拉吉島(Tulagi)，以及新幾內亞南岸的摩斯比港(Port Moresby)，以使澳洲進入日軍轟炸機作戰半徑之內。

㈡接著山本的聯合艦隊就去執行攻佔中途島及西阿留申群島的作戰。

㈢如能殲滅美國太平洋艦隊，日軍將再集中全力向東南方推進，以切斷美澳交通線。

當山本正在準備「乾坤一擲」的大會戰時，一九四二年五月三日，日軍進佔屠拉吉島，接著即擬進攻摩斯比港，此時以「萊克辛頓」(*Lexington*)號和「約克鎮」(*Yorktown*)號兩艘航空母艦爲核心的一支美國艦隊從薩摩亞地區北上企圖攔截日軍的入侵部隊，而一支日本艦隊，也是以兩艘母艦（「瑞鶴」及「翔鶴」）爲核心，則從加羅林群島南駛，企圖對抗美國兵力。雙方在珊瑚海(Coral Sea)相遇，於是就發生了所謂「珊瑚海會戰」。

這是有史以來的第一次以航空母艦爲主力的海上會戰，雙方艦隊都在彼此不見面之情況之下相互攻擊。過去的戰艦(battle ship)爲主力的海戰中，雙方距離最大限度爲二十浬，現在卻延伸到一百餘浬。這次海戰的結果似乎是不分勝負。美國兩艘母艦一沉一傷，日本兩艘母艦均負重傷，但日軍所損失飛機較多，並另有一艘輕型航空母艦「祥鳳」號也被擊沉。不過美國卻達到了其戰略目標，迫使日軍暫時放棄攻佔摩斯比港的意圖。

珊瑚海之戰對於中途島之戰好像是一個前奏，並且也對後者產生相當的影響作用：㈠美國人憑其優越技術和趕工的天才，迅速修復負傷的「約克鎮」號母艦，使其能參加第二階段的大會戰。而日本方面的兩艘負傷母艦則未能即時修復，這對於數量居於劣勢的美軍是一項有利因素。㈡當珊瑚海會戰之前，美國太平洋艦隊總司令尼米茲曾命令參加空襲東京作戰的兩艘航空母艦迅速南駛，但並未趕上會戰。根據此項情報，山本遂大膽地假定由於美國母艦兩艘已沉（實際上僅一艘），兩艘正在南太平洋，所以在中途島作戰時將不會受到美國航空母艦的對抗。

伍、中途島會戰

日本海軍對於這次大會戰是寄以極大的希望，也幾乎準備投入其全部兵力。一共包括大小軍艦二百艘左右，其戰鬥序列大致有如下述：

㈠前衛兵力共潛艇十六艘。

㈡航空母艦部隊，由南雲中將指揮，主力爲四艘重航空母艦（赤城、加賀、飛龍、蒼龍）。

㈢中途島登陸兵力（約五千人）及掩護運輸船團。

㈣山本親率的主力艦隊，以巨無霸「大和」號爲旗艦。

㈤進攻阿留申的分遣兵力。

美國方面一共只能勉強出動軍艦七十六艘，不過其中也有三艘航空母艦，由於情報單位譯出日本無線電密碼，所以尼米茲能迅速從南太平洋召回「企業」和「大黃蜂」二艦，而「約克鎮」也已修復。尼米茲雖曾分遣若干兵力去保護阿拉斯加，但其主力則始終集中在一起。他也計畫在中途島附近會戰，以便利用在該島上已有的飛機（約百餘架）。五月底，太平洋艦隊（約五十艘）已集中在中途島之北，但未被日本潛艦發現。尼米茲打破海軍慣例，並未登上旗艦而坐鎮珍珠港，海上兵力則由費勒齊中將(Frank J. Fletcher)指揮。

日軍的作戰計畫是定於六月三日開始空襲美國在阿拉斯加的荷蘭港(Dutch Harbor)，接著在六月六日分別在阿圖(Attu)和吉斯卡(Kiska)兩小島上登陸，其目的為引誘美國艦隊向北馳援，使其遠離中途島。同時，六月四日南雲的航空母艦應空襲中途島，六月六日，日軍即準備在中途島登陸。照此計畫來看可以獲得兩點結論：㈠日本人似乎低估了美軍的意志和能力，認為美軍即令不遠離中途島也還是不敢向日軍挑戰；㈡他們現在似乎是以攻佔中途島而不是殲滅美國艦隊為主要目標。

日軍首先照計畫發動阿留申方面的攻擊，而且也順利的達到預定目標，但對於全局而言，卻毫無價值。日本人只是徒然地分散兵力，並進一步刺激美國人的怒火。美國艦隊並未受到任何影響而改變其集中計畫。

六月四日清晨，驚天動地的中途島會戰揭開序幕，對於這場大海戰的經過詳情不僅是非常複雜而且也有許多不同的記載（其中也不無矛盾），在這裏不可能也不需要細述。現在依照美國《軍事史百科全書》的記載將其濃縮成為四個階段：

第一階段（六月四日：〇三〇〇～〇七〇〇）

日本的航空母艦照計畫向中途島發動攻擊。在日本炸彈尚未落下之前，島上所有美機已奉尼米茲之命，全部起飛迎敵，他們一部分攔截日機，一部分攻擊母艦，由於機型陳舊，速度太差，所以損失慘重，但卻還是能夠減弱日機的攻擊效力，並促使其指揮官決定要求再作第二次攻擊。

第二階段（六月四日：〇七〇〇～一七〇〇）

這是整個會戰的決定性階段。南雲接到要求再作第二次攻擊的無線電報。即命令母艦上的預備機卸下攻擊船隻的穿甲炸彈和水雷，而換裝燃燒和破片炸彈——這至少需要一小時。此時日軍偵察機才報告在東北面發現美國艦隊，於是南雲大吃一驚，遂命令那些飛機再換裝適用於海戰的武器，同時又收回攻擊中途島的飛機。上午七時，美國「企業」和「大黃蜂」兩艘母艦首先發動攻擊，而「約克鎮」號也在七時三十分跟進。第一批俯衝轟炸機沒有找到日本艦隊，但第二波的魚雷機卻找到了。這些飛機奮勇進攻，但因速度較慢又無戰鬥機保護，遂幾全部爲日本戰鬥機所擊落。此時約爲九時三十分，南雲似乎感到勝利在望，催促其自己的飛機加速加油裝彈，準備大舉反攻，痛擊美國的母艦，所以日本母艦甲板上都擠滿了飛機。突然美國俯衝轟炸機來了（分別來自三艘美國母艦），日本戰鬥機由於攻擊那些先來的魚雷機，正在低空飛行，無法加以攔截（日本也缺乏雷達指揮）。到十時二十五分，日本三艘母艦（赤城、加賀、蒼龍）都已炸沉。剩下的「飛龍」號拚命地向「約克鎮」號反攻，到下午三時，後者重傷，但前者在下午五時又被「企業」號的俯衝轟炸機擊沉，到此主力戰鬥結束，日本四艘重母艦全部沉沒，美國則還有兩艘安然無恙。

第三階段（六月四日～六月五日）

山本得知南雲全軍覆沒的消息後，大感震驚，但仍企圖挽救殘局，親率其主力艦隊向東挺進，希望打一次舊式的海戰來擊敗美軍（他的巨砲可以發揮威力）。但美軍卻很機警乘黑夜向東撤退。到午夜後，山本知道他無法找到美軍，因為本身缺乏空中掩護，只要天一亮就凶多吉少，所以遂命令向西全面撤退。

第四階段（六月五日～六月六日）

美軍在這兩天內白天繼續追擊，夜間則避免接觸。最後由於燃料消耗已多，遂停止追擊，返回珍珠港。此時，重傷尚未沉沒的「約克鎮」號方為一艘日本潛艇所擊沉，成為美國在此戰所喪失的唯一船隻。總結：美國喪失飛機一百三十二架，陣亡三百零七人，日本喪失航空母艦四艘，重巡洋艦一艘，飛機二百七十五架，陣亡三千五百人。

陸、結　論

誠如當年美國海軍軍令部長金氏(Ernest J. King)所云：「中途島之戰為三百五十年來日本海軍所遭受的第一次決定性失敗。」在戰史上這也是一種少見的情形：一支數量劣勢的艦隊擊敗一支數量遠佔優勢的艦隊。若檢討其原因，當然是可以有許多不同的意見，現在只準備擇其最顯著而為人所公認者略述如下：

㈠美國方面的第一優點就是情報遠較良好，他們能譯出日本的密碼，空中偵察也遠較精確。而日本方面則相形見絀，當美國艦隊已達中途島附近，而日本還完全不知道。

㈡美軍在所謂「三C」（指揮、控制、通信）方面也比較有彈性和靈活。尼米茲坐鎮珍珠港，能夠控制全局，而山本則孤立在他的旗艦上，根本不曾指揮。

㈢在技術方面，美國人也比較領先。約克鎮號能迅速修復，而日本兩艘母艦（瑞鶴、翔鶴）則未能參加會戰，實爲勝負重大關鍵。日本母艦沒有雷達也是失敗原因之一。

㈣山本的作戰計畫太複雜，其兵力雖多但分配不適當，嚴格說來，他違反了「目標」、「集中」、「簡單」等原則。進攻阿留申群島完全是畫蛇添足。對於中途島的攻擊可以使用其威力頗大的艦砲，而不必動用母艦上的飛機。

㈤日本在戰前祕密趕造兩艘超級戰艦（大和、武藏）排水量七萬噸，裝十八吋砲九門，自以爲天下無敵。但這種努力卻是完全浪費，如能改建四或五艘航空母艦（約三萬噸）則其效果將大不相同——這是思想趕不上時代的悲劇。

㈥美國軍人的戰志非常高昂，遠出日本意料之外（他們一向看不起美國軍人）。誠如美國海軍史學家莫里遜(Samuel E. Morison)所指出者：那些駕駛老式魚雷機的青年人員，不惜犧牲拚命地糾纏著敵人不放手，才使俯衝轟炸機有了毀滅敵軍的母艦的機會。

㈦既已決定進攻中途島，則珊瑚海之戰對於日本人而言，也就大不該打，否則也就可以多出兩艘航空母艦，而使其優勢從四比三升高到六比四。

㈧本來進攻中途島的目的是爲了引誘美國艦隊接受會戰，但後來卻反而把登陸該島當作主題，實乃本末倒置。山本在日本要算是一個比較有戰略頭腦的將領，爲什麼會犯這樣的錯誤，實在很難解釋。他至少在尚未發現美國航空母艦正確位置之前，對於自己的母艦兵力必須嚴密控制而不可輕易動用。

(九)山本最初建議進攻中途島以誘美國艦隊出戰，就戰略而言，實比日本軍令部的意見遠較合理，但未被採納。以後日本當局又匆匆再作決定，則幾乎完全是受到杜立德空襲東京的心理影響，所以才會造成戰略思想上的大混亂，並終於兩頭落空，慘遭敗北。

(十)所以從邏輯上來說，導致中途島會戰的主因即為杜立德的空襲東京，進一步說，如果當時我國當局不允許美機降落衢州機場，則杜立德的計畫也就根本不可能付之實行，於是中途島會戰也就可能不會發生，因此歷史也就可能要重寫。我國政府為了協助同盟國作戰，對於此一承諾曾付出極大的成本，尤其是浙贛二省人民所作的犧牲更是慘重。近來在美國有若干無知之徒，對於我國在第二次大戰中的成就和貢獻妄肆鄙薄，其幼稚淺陋誠不值識者一笑。我因有感於此，所以才寫了這一篇論文。

第二十三章　第二次大戰時美軍爲何不曾進攻台灣

壹、引　言

第二次大戰期中，太平洋上的許多島嶼都受到戰火的蹂躪，其中有些眞可謂損失慘重。但臺灣除曾受到若干轟炸外，並未成爲美軍登陸的戰場，似乎要算是不幸中之大幸。爲什麼美軍不曾在臺灣登陸呢？是美國人本來就無此意圖呢？抑或臺灣在太平洋戰爭中不具有太大的戰略價値呢？從歷史中去搜尋答案，發現都不是。美國軍事當局不僅認爲臺灣具有高度的戰略價値，而且也早有攻佔臺灣的計畫，但結果卻中途變卦而未付之實施。這一段往事，今天可能已經很少有人知道，所以很値得加以論述。而且這也不僅只有歷史研究的意義，對於戰略研究也同樣可以提供很多的啓示。

在一九四四全年中，美國在戰略計畫作爲方面的一個最大問題就是要決定美軍在西太平洋的攻勢是應以臺灣還是應以菲律賓的呂宋島爲主要目標。此一決定應由美國的參謀首長聯席會議負責，因爲太平洋是完全由美國負責的戰區，其他同盟國無置喙之餘地。經過冗長的研究和爭論始終於作成決定。

後勤因素在此扮演重要角色，同時也受其他戰區的影響，這又可以反映一種全球戰略的觀點。

一九四三年暮春時，美國參謀首長聯席會議開始發展一份擊敗日本的新戰略計畫。其基本假定爲美軍必須入侵日本始能結束戰爭。對日本的猛烈轟炸爲入侵的先決條件，而這又必須利用中國東部的機場。爲了發展和確保航空基地，美軍又必須在南中國海岸上至少佔領一個大港。要確保這樣一個港口並同時切斷對南方的交通線，又必須控制南中國海。爲了建立此種控制，美軍當局遂認爲必須在華南海岸，臺灣，呂宋所構成的戰略三角形中發展大航空，海軍，及後勤基地。不過在尙未安全進入此一三角形之前，又必須在菲律賓南部或中部確保航空基地以來中和日本在呂宋的空中武力。同時也可能需要在菲律賓中南部建立中繼站以便向呂宋，臺灣，和中國海岸發動兩棲攻擊。

依照這種計畫，在太平洋中的美軍遂分兩路向此戰略三角形進攻。麥帥所指揮的西南太平洋戰區兵力進至位置在新幾內亞西北角與民答那峨(Mindanao)之間中點上的摩羅泰(Morotai)島。尼米茲所指揮的中太平洋戰區兵力則進至帛琉(Palau)島，在民答那峨東方約五百哩。

經過仔細研究之後，華盛頓參謀本部人員認爲臺灣爲此目標區中的最重要目標。他們認爲臺灣不僅戰略地位重要而且有許多顯明優點，所以不管西太平洋的情況如何發展，這個島都必須佔領。除非已攻佔臺灣，否則同盟國也就不可能對中國建立一條安全的水上補給線。所以，臺灣對於中國海岸似乎是一必要的踏脚石。而且，必須以臺灣爲基地，才能最有效地切斷日本通往南方的交通線。最後，新的 B-29 從臺灣北部起飛轟炸日本，可以攜帶較多的炸彈，因爲航程比呂宋要短三百浬。

許多計畫人員更因此而主張跳過菲律賓而直接進攻臺灣。儘管本已議定應先在菲律賓南部或中部建立基地，但此種辯論仍繼續發展。海軍軍令部長金氏及其僚屬力主跳過菲律賓，而尼米茲與其他太平洋海軍指揮官則認為至少應先攻菲律賓南部或中部。他們認為必須如此始能鞏固聯軍到臺灣的交通線。陸軍參謀長馬歇爾態度比較中立，麥帥則力主進攻菲律賓，而主管陸軍後勤的索麥費中將(B. B. Somervell)也同意他的見解。

一九四四年三月，參謀首長聯席會議命令麥帥準備在年底以前進入菲律賓南部，並計畫在一九四五年二月入侵呂宋島。同時又命令尼米茲計畫在一九四五年二月進攻臺灣。此種命令沒有確定呂宋與臺灣的優先順序，雖能息爭於一時，但到六月參謀首長聯席會議又再度提出跳過菲律賓的問題。

貳、臺灣對呂宋的爭論

在一九四四年三月中旬到六月中旬的全球情況發展似乎足以支持主張跳過菲律賓的觀點。美國陸軍所獲得的新情報指出日本正在臺灣增強防務，所以聯軍愈延遲則所付出成本將愈大。參謀首長們又開始憂慮中國的抵抗會崩潰，並認為只有提早攻佔臺灣始能鼓舞中國的精神。而六月初諾曼第登陸的成功也給與他們以刺激，遂相信加速太平洋方面的作戰此其時也。於是在六月十三日，華盛頓遂向尼米茲和麥帥徵詢他們對於直接入侵日本，並跳過西太平洋中所有一切選定目標的意見。

他們二人一致答覆：在進到帛琉、摩洛泰之線以後，下一個主要步驟應該是攻佔菲律賓南部或中部的航空基地。參謀本部人員在獲得戰區指揮官的答覆後，又進行他們自己的研究，遂再度認定原有的計畫，並指出直接躍向日本無可能性。參謀首長才勉強同意。

一九四四年七月羅斯福總統在珍珠港召開會議，麥、尼二帥再度強調先佔菲島南部之必要，當場幾乎獲得一致同意。至於下一步行動則二人意見不同，所以仍無所決定。麥帥相信呂宋的戰略價值高於臺灣，而且必須重佔全部菲律賓始能完全切斷日本的交通線。他又說除非能從呂宋提供空軍和後勤支援，否則入侵臺灣是相當冒險。最後，他更指出攻佔呂宋之後，也就可以跳過臺灣，向北加速前進以求提前結束戰爭。總之，他認爲呂宋第一的戰略就時間、人力、財力而言都比較廉價。反而言之，收復菲律賓也是一種道義責任和政治需要，否則美國的榮譽和威望將受到重大損害。

與麥帥對立，金氏爲臺灣第一觀念的最堅決提倡者。金氏相信先攻佔呂宋將只會延遲北進的決定性作戰。他又認爲先攻臺灣將有利於次一步佔領呂宋。尤其是若不佔領臺灣則無法在中國海岸上確保立足點。最後，他指出假使必須跳過臺灣，則下一個目標應該是日本本身而非呂宋。

麥帥相信跳過呂宋的計畫是純粹代表海軍的意見，事實並非那樣單純。海陸軍雙方的意見都相當分歧，而且前後也常有改變。大致說來，也許除尼米茲以外，在太平洋中的高級海陸軍指揮官，也就是負責執行作戰的人，都反對攻佔臺灣。他們幾乎都贊成攻佔呂宋之後，就繼續躍向沖繩或日本。對比著說，在華盛頓的最高級計畫人員多認爲就戰略而言臺灣第一觀念是比較合理——只有參軍長李海(Adm. Leahy)和索麥費爲顯著的例外。

不過，華盛頓的計畫當局除了理想的戰略以外，還必須對許多其他因素作愼重的考慮。而這種考慮遂終於在一九四四年九月使呂宋對臺灣的辯論發展到另一個高潮。

參、後勤因素的考慮

直到一九四四年九月中旬，麥帥的計畫都還是預定十一月十五日進攻菲律賓南部的民答那峨，和十二月二十日進攻中部的雷伊泰(Leyte)。但在九月十五日，麥帥經過參謀首長們的批准，取消預定的民答那峨作戰，而準備在十月二十日從帛琉、摩洛泰之線直接躍向雷伊泰。

接著麥帥又向華盛頓報告他可以在十二月二十日從雷伊泰向呂宋推進，那比原定進攻呂宋或臺灣的時間都提早了兩個月。他指出新計畫可容許聯軍照原定日期執行臺灣作戰，不過由於呂宋已先攻佔，所以臺灣的佔領也就已經變得不必要。

麥帥的計畫的確很動人。他所建議的時間表——雷伊泰十月二十日，呂宋十二月二十日，臺灣可能爲一九四五年二月二十日——足以容許聯軍對日本保持持續的壓力。如果在中間階段不進攻呂宋，則反而將使日軍有乘機鞏固其防禦的空隙。而且不進攻呂宋也還是不能提早向臺灣前進的時間，因爲後勤的問題使聯軍無論怎樣都不可能在一九四五年二月底以前發動入侵臺灣的作戰。

當麥帥的建議在華盛頓獲得有利的反應時，尼米茲也提出一項最新計畫。本來華盛頓一向是主張先攻佔臺灣全部，然後再向西進攻以求在大陸上確保一個港口。現在尼米茲卻建議同時進攻臺灣南部和廈門地區。美國陸軍計畫人員立即指出尼米茲的新計畫有許多缺點：㈠日本人不會容許聯軍兵力安居在臺灣南部，一定會從北部向其發動強烈反攻；㈡想同時在臺灣南部和廈門地區堅守兩個灘頭陣地將非常困難；㈢這個地區距離日本基地頗近，聯軍不易對付日本飛機的攻擊，也不易阻止日軍的增援。

基於這些考慮，他們遂指出此項計畫不切實際。他們相信最後必然非變成一場成本巨大的長期作戰，不僅仍需佔領整個臺灣而且還要在大陸上攻佔相當寬廣的地區。這樣大規模的地面作戰將會延緩對日本的進展，而對於聯軍的人力資源也將是一種吃不消的負擔。陸軍情報估計在此地區中的日軍要比尼米茲總部所想像的要多。所以若眞想執行此種新計畫則尼米茲必須有更多的戰鬥兵力。此外，根據九月份所作的估計，尼米茲也缺乏勤務部隊，其人數可能爲七萬七千人到二十萬人。

華盛頓的參謀機構也曾研究各種補充勤務部隊的方案。海軍方面，爲了想提前發動臺灣作戰，曾建議從西南太平洋戰區抽調勤務單位。但麥帥總部也早已感到勤務部隊的短缺。如果再從他那個戰區作任何抽調，則可能影響雷伊泰作戰的成敗，甚至於將其兵力陷在菲律賓中部不能動彈。雖然在南臺灣廈門作戰與呂宋作戰在突擊階段所需要的戰鬥部隊是大致相等，但麥帥卻可以利用數以萬計的菲律賓人來作爲臨時的補充，而在臺灣則缺乏這種機會。

在一九四四年九月中旬，美國能提供的勤務單位是非常的有限，所以參謀本部認爲必須等歐洲方面的戰爭結束始有新的來源。他們估計假使歐戰在一九四四年十一月一日結束，則尼米茲也許可在一九四五年三月一日發動其南臺灣廈門作戰，甚至於還必須立即決定打消呂宋作戰，否則尼米茲到一九四五年三月一日也都可能還是無法行動。但在另一方面，後勤專家們卻深信無論歐洲情況如何發展，麥帥在一九四四年底以前一定能進向呂宋。而陸軍計畫人員對歐戰的提早結束也不感到樂觀，以後事實證明他們的想法沒有錯。

陸軍方面認爲假使先攻臺灣，則將牽制許多的部隊、船隻、登陸艇和飛機，於是對呂宋的入侵可能遲到一九四五年十一月都無法發動，同理，對日本的任何其他重大步驟，例如對沖繩的進攻，也將同樣受到延遲，反而言之，先攻呂宋也比較安全。聯軍到呂宋的交通線不僅較短而也容易保護，假使呂宋仍在日軍手中，則到臺灣的交通線也就很難確保安全。

參軍長李海認爲臺灣第一的路線雖可能提早結束太平洋戰爭，但就生命和其他資源而言，攻佔呂宋並跳過臺灣的路線也許成本將較低廉。他和大多數陸軍計畫人員都贊成採取時間較長而成本較低的路線。此時麥帥又有高見，他認爲臺灣第一的戰略不僅要損失較多的生命而且也會浪費較多的時間。他準備向參謀首長保證在登陸之後，只要四星期到六星期的時間即可完全佔領呂宋島上一切最重要的戰略地區。

馬歇爾雖然仍相信就戰略而言，臺灣第一的路線是比較理想，但也已開始憂慮成本太高，尼米茲對於成本問題不表示意見，但卻指出在臺灣之後再佔領呂宋將比較容易，而且也不會延後整個戰爭的步調。但金氏則仍宣稱他深信臺灣第一路線將可節省時間，所以就長程而言，是可以減少生命的損失。到一九四四年九月底在計畫作爲的高階層中似乎只有金氏仍對此一路線保持強烈的信心。

肆、最後決定的作成

當這些討論還正在華盛頓熱烈進行時，中國大陸上的情況又發生重大的變化。九月中旬，史迪威向參謀首長聯席會議提出報告說，日軍在中國東部和東南部的攻勢已經取消了第十四航空隊可以有效支援美軍入侵呂宋或臺灣的最後基地。這些航空基地在喪失之後一時也無收復的可能。

這個消息對於華盛頓立即產生明顯的衝擊。美國陸軍航空隊的意圖原爲擴大在中國東部的機場，以供 B-29 空擊日本、朝鮮、滿州及臺灣之用。現在這些基地已經完全喪失而且聯軍也無法將其收復。於是在中國海岸攻佔港口的需要也隨之而喪失其迫切性，因爲佔領港口的目的本是爲了對中國打通一條良好的補給線，以便發展這些航空基地。更進一步說，攻佔臺灣的主要理由就是對中國海岸構成一個重要的踏腳石，現在也變得不相干了。

此種發展遂迫使海軍計畫人員必須重新考慮臺灣南部和廈門計畫，大多數海軍人員都認爲若僅入侵臺灣而不同時攻佔一個大陸港口，則毫無意義，因爲臺灣當時缺乏足供大艦隊碇泊的港口，也不能提供聯軍在西太平洋中所需要的後勤基地。所以問題是：假使在中國海岸上已無建立和發展港口的需要，則爲什麼還要進攻臺灣的任何部分呢？陸軍方面首先表示反對的意見。

陸軍航空軍的B-29重轟炸機，若以臺灣北部爲基地來執行對日本的作戰，那毫無疑問是要比從呂宋北部，馬里亞納群島，或中國西部都更較便利，但若僅以臺灣南部爲基地，則比起其他基地，所獲利益也就非常的有限。事實上，在馬里亞納群島中的塞班(Saipan)和泰尼安(Tinian)二島距離東京是比臺灣南部還較近，而且不受日本空中攔襲的威脅。甚至於呂宋北部雖較遠二百哩，但比起臺灣南部又還是有其他的優點：那裏有較大的空間可供修建B-29機場之用，而且對空中攻擊也比較安全。最後，即令假定尼米茲能在一九四五年三月一日入侵臺灣南部，但B-29也還是要到暮春或初夏的時候始能開始從那裏發動作戰。但陸軍航空軍早已計畫在一九四四年底以前即開始利用馬里亞納群島發動B-29的攻擊。簡言之，陸軍航空對於臺灣已經喪失興趣，而開始與其他陸軍單位一致反對臺灣南部和廈門計畫。

一種明顯的政治考慮對於呂宋對臺灣的辯論也產生若干決定性影響。麥帥認爲美國不應跳過菲律賓任何部分的理論是不可輕視。尤其重要者是李海也持同樣的觀點，因爲李海與羅斯福總統關係密切，並代表總統出席參謀首長聯席會議，所以那些參謀首長們對於他的意見不敢等閒視之。

但無論政治關係如何，臺灣對呂宋的問題又還是根據軍事利害來作最後決定，到一九四四年九月底，幾乎所有一切的軍事考慮都指向下述的路線：攻佔呂宋，跳過臺灣，不考慮中國海岸上的港口，而繼續躍向沖繩。在參謀首長們，現在只有金氏一人還繼續主張跳過呂宋而執行臺灣南部和廈門作戰。

由於知道軍事和政治因素都對他不利，金氏遂採取一種新的辯論戰術，對呂宋作戰本身提出反對意見。他說照麥帥的計畫，爲了保護呂宋灘頭陣地和運輸船隊，太平洋艦隊的全部快速航空母艦兵力將會被凍結在那裏至少達六星期之久。使航空母艦停留如此長久的時間顯然是不合理，所以他宣稱美國海軍不能接受麥帥的計畫。

麥帥的副參謀長，馬紹爾少將，此時恰好在華盛頓接洽公務，他立即把這個消息告訴麥帥，使後者來得及提出資料以供陸軍方面對金氏的最後攻擊作有力的反駁。麥帥告訴參謀首長們說他對於航空母艦的唯一要求就是在突擊登陸之後，把一小群護航母艦留在呂宋海外約幾天的時間，直到其工程人員能在灘頭上建好一個可供陸軍飛機起降的機場時爲此。麥帥又指出只有第一批突擊船隊需要快速航空母艦兵力的保護。以後的補給與增援都可由陸上基地飛機保護而不再需要海軍的航空母艦。簡言之，麥帥並不需要長期佔用快速航空母艦兵力，很快他就可以讓尼米茲將其調走。最後，他又反攻著說，假使執行臺灣南部和廈門作戰，則快速航空母艦兵力被凍結在某一特殊地區中的時間將會更長，尤其當呂宋還在日本人手中時更是如此。

這一記反擊使金氏很難招架。接著尼米茲也撤回其對於臺灣計畫的殘餘支持。他認爲在可以想見的將來，根本不可能有足夠的部隊來讓他執行臺灣南部和廈門作戰。所以到九月底，他決定支持呂宋作戰，並建議至少暫時放棄攻佔臺灣的計畫。同時他又建議金氏考慮下述的新戰略構想，以來對日本保持持續的壓力並加速聯軍對日本的前進。麥帥兵力於一九四四年十二月二十日發動呂宋戰役；中太平洋兵力於一九四五年一月，進向硫磺島(Iwo Jima)，那在東京南面相隔僅六百五十哩；接著在一九四五年三月一日，再進攻琉球群島中的沖繩島以及其他目標。

金氏採納了尼米茲的建議，但仍作了一項最後的保留。他認爲在向呂宋進攻時，突擊船隊必須通過呂宋與臺灣之間的水域，所冒的危險相當巨大，所以此種行動必須由參謀首長聯席會議直接批准。他對於太平洋艦隊的快速航空母艦兵力在此同一狹窄水域中作戰也表示類似的反對。不過，聯席會議中的其他三位成員(馬歇爾、李海、阿諾德)一致主張把這些問題交給尼米茲和麥克阿瑟去作決定，而金氏最後也同意這樣的解決。

伍、結　論

在金氏最後改變其立場之後，於是參謀首長聯席會議對於此一重大戰略決定也就終於獲得所需要的一致同意。一九四四年十月三日，他們命令麥帥在十二月二十日左右發動對呂宋的入侵，同時也指示尼米茲照其自己所建議的日期準備執行對硫磺島和沖繩的作戰。尼米茲應對呂宋作戰提供海軍的掩護和支援，包括快速和護航航空母艦都在內。以後當海軍攻擊沖繩時，麥帥也應從呂宋對尼米茲提供儘可能的最大空中支援。這兩位指揮官也應與在太平洋中和印度的 B-29 單位，以及在中國的史迪威和十四航空隊取得計畫上的協調。

參謀首長聯席會議始終不曾正式撤消對臺灣的作戰計畫，他們只是將其擱置不作最後決定而已。此後在華盛頓的較高層計畫會議中也就不再有人重翻舊案了。事實上，美國軍事當局所作的決定是入侵呂宋，跳過臺灣，並以沖繩代替臺灣。但此一決定的作成卻並不輕鬆而容易。從頭說起，參謀首長們大致都相信攻取臺灣及華南港口（同時跳過呂宋）是聯軍在西太平洋中的最佳戰略。但最後，他們不得不面對下述的事實：至少在歐洲戰爭結束之前，他們是不可能獲得執行此種戰略時所必要的資源。他們也不可能暫時停止太平洋中的前進以坐待德國的崩潰。最後又還是後勤考慮迫使他們作成放棄進攻臺灣的決定，不過其他的軍事現實和政治因素也都產生相當影響作用。

在簡述了這一段往事之後，我們又可以獲得一些什麼教訓或啓示呢？至少似乎可以有下述幾點：

㈠戰略決定是一種非常嚴重的大事，與其失之於輕率則毋寧失之於鄭重。所以在決策過程中必須經過反覆辯論，亦屬理所當然。尤其是像美國所採取的參謀首長聯席會議制度，其決定作爲過程是更曲折遲緩。但其所規定必須所有出席成員一致同意的原則還是正確的，由此可知孫子所云「兵者國之大事」在此已獲印證。

㈡戰略計畫不是在眞空中作成的，必須要考慮到許多的客觀因素。所以從紙上談兵的觀點來看戰略實不免有失之毫厘，差之千里的危險。理論上被認爲是最佳的戰略，卻往往缺乏實際可行性。以第二次大戰的經驗而論，有兩點非常值得重視：⑴後勤因素所產生的影響作用非常巨大，幾乎一切重大的戰略決定都受到此一因素的支配；⑵在全球戰爭中，各個戰區彼此息息相關，所以區域戰略也就往往受到全球戰略中其他部分的影響或干擾。

㈢在戰爭中，也像在人類其他任何活動中一樣，意外因素的出現是非常普遍而且事先無法預測和避免，但結果卻可能使原定計畫功虧一簣。這對於負責計畫和決策的人實乃莫大的困擾，唯一的對策就是儘量保持冷靜，適應現實而萬不可以固執己見，缺乏彈性，否則將會帶來嚴重的損失和災難。

第二十四章 第二次世界大戰日本無條件投降之分析

壹、引言

一九四五年八月十五日，日本宣佈向盟軍無條件投降，結束了第二次世界大戰。在歷史上這不僅是一件劃時代的大事，而且也是一件很難解釋的奇事。當日本投降之時，其國內尙有多達二百萬人的陸軍準備決戰。在亞太地區中也還佔有廣大的土地和保持大量的兵力，而日本人又以寧爲玉碎，不願瓦全的民族性聞名於世，然則日本政府爲什麼會突然改變其素行，不經決戰，就決定無條件投降呢？此一問題在戰後曾經成爲熱烈辯論的題材，也有各種不同的解釋，但似乎迄今尙無定論。一九九四年爲日本投降五十週年紀念的前一年，而日本羽田內閣中的前法務大臣永野茂門居然還信口雌黃否認日本侵略的事實，眞是荒謬至極，令人大有啼笑皆非之感。所以，特撰本文以抒憤慨，並對日本因侵略而終致敗亡的過程作一客觀分析，以供研究戰史和戰略的學者參考。

貳、日本的戰略計畫

要想了解戰爭是如何結束，則必須先了解戰爭是如何發生以及其進行的過程。西方人對日本發動戰爭經過的研究幾乎都是以一九四一年的珍珠港事變為起點，事實上，一九三一年的「九一八」才是日本踏上武力侵略不歸路的第一步。日本侵華本是以解決經濟問題為目的，至少也是以此為藉口，但由於中國的英勇抗戰使戰爭延長，結果不但未能解決經濟問題，反而使經濟壓力日益沉重。到一九四一年侵華戰爭仍不能結束，經濟情況則更形惡化，尤其石油儲量日益耗竭，而美、日關係也毫無改善希望。在此重重壓力之後，日本當局遂終於作成「一不做，二不休」的決定，發動太平洋戰爭。日本人的行為雖然荒唐，但又並非沒有計畫，而且還自信成功「公算」（機率）頗大。

日本的戰爭計畫分為兩方面：一方面迅速攻佔東南亞重要地區，以實現建立所謂「大東亞共榮圈」的夢想；另一方面利用太平洋島嶼建立一個大三角形的「國防圈」，來確保其所征服的地區。依照日本人的計算，美國在進入戰爭之後需要一年以上的時間始能充分動員其潛力，等到美國開始反攻時，日本至少已有十八個月的時間來完成一切準備。到那時，其在西太平洋的防線將可固若金湯，足以擊敗任何反擊。

在實際戰爭過程中，日本的戰略可以分四個階段：

第一階段，從一九四一年十一月到一九四二年六月，日本依照其計畫首先襲擊珍珠港使美國太平洋艦隊暫時喪失作戰能力，接著就迅速攻佔東南亞及太平洋中的重要戰略據點。在此階段中，日軍的攻勢可謂勢如破竹。但後因伸展過度，遂成強弩之末。結果即為中途島之戰敗。

第二階段，從一九四二年七月到一九四四年六月。長達兩年是最長的一個階段。由於日本已經喪失制海權，於是主動也就落入美國的手中。美軍兵分兩路，分別從中太平洋和西南太平洋發動反攻，而日軍則採取防禦戰略，企圖堅守其島嶼防線。其目的爲迫使美軍面對長期苦戰，而自動放棄其反攻意圖。

第三階段開始於一九四四年七月。在瓜達康納爾(Guadalcanal)、新幾內亞(New Guinea)、馬紹爾群島、馬里亞納群島等據點先後失守之後，日本精英份子中的大多數都已開始認清原定的計畫是不可能貫徹執行，發動戰爭的東條因而下台，由小磯國昭繼任首揆（一九四四年七月）。但日本並未立即求和，因爲其領袖仍相信繼續抵抗使美國受重創，將可減輕後者所提出的條件。日本人尤其希望在戰爭結束後，仍能繼續保有其在亞洲大陸上的重要資產。爲達到此種目的，日本遂開始尋求俄國的調停，並希望能藉此緩和美國的無條件投降要求。但在一九四四年九月的內閣會議中又因爲考慮到俄國必然會索取高價，遂決定暫不採取行動。

第四階段也就是最後階段，以一九四五年四月美軍入侵沖繩島爲起點，小磯內閣因此而總辭，改由鈴木貫太郎組閣。但鈴木內閣也並未決定尋求和解。雖然日本人已確知美軍在攻佔沖繩之後，下一步即爲入侵日本本土，但仍未因此而就決定求和。反之，軍方、天皇以及鈴木本人都一致認爲日本的最佳戰略是在國土上決一死戰而不投降。其計畫可分爲兩方面：一方面自六月開始向蘇聯尋求外交上和軍事上的援助；另一方面則準備本土決戰。

日本領袖對於蘇聯也有不同的期待。文人們希望蘇聯幫助日本繼續戰爭。他們主張以東南亞的資源來交換蘇聯的石油和飛機，甚至於割讓土地也在所不惜。有人更妄想蘇聯可能加入日本方面對美作戰，至少也會嚴守中立，不攻擊日本。但事實上，日本並未積極進行對蘇外交，而蘇聯也幾乎毫無反應。

同時，日本軍人也已開始為本土決戰做準備。他們預期美軍將先在九州登陸，然後再入侵本州，並估計美軍要到十月一日始能完成攻擊準備，換言之，日本尙有將近半年多時間可供利用。他們立即從中國大陸和滿州調集兵力，並在可能登陸地區構建防禦工事。其理想目的是在灘頭上痛擊來犯的美軍，使其第一次登陸完全失敗。這樣即可能使美國放棄其再作第二次登陸的企圖，至少足以使日本爭取更多的時間。日本的航空兵力將傾全力對美國運輸船發動自殺攻擊，估計將有三千餘架飛機可用。一切準備預定在八月底完成。

參、美國的戰略計畫

若與歐洲戰場作一比較，太平洋戰爭的確可以說是一個距離的戰爭(a war of distances)。太平洋是天下第一大洋，對於陸海空三軍的作戰，在空間上都構成極大的障礙。所以就其整體而言，美國在太平洋戰爭中的戰略計畫就只有一個目的，即逐步縮短其打擊兵力與日本之間的距離。自從一九四三年美國兵力獲得主動之後，開始企圖從距離最近的基地向日本發動反攻。現在分別從海軍、航空、陸軍三方面來加以分析。

一、海軍

美國海軍首先發動大規模的反攻，其工具即為潛艦，其目標即為日本的商船。潛艦是一種比較不受空間限制的兵力，甚至於在戰爭初期，美國潛艦即已能深入敵方水域作戰。美國對日本的潛艦戰可以說是戰果極爲輝煌，其主因爲日本的經濟本來具有高度的易毀性。日本所需的基本原料有百分之七十五都來自海外，其海運能力有限，在開戰時即已達到飽和；其造船工業也無力補充船隻的損失，尤其是日本海軍從來就不重視反潛和護航的作戰。

最初，由於航程的遙遠，和若干技術問題尙待解決，所以潛艦的作戰效率還不算太高，但從一九四三年之後，效率即迅速提高，經常執行巡航任務的潛艦數字在一九四二年每天平均爲十三艘，一九四三年爲十八艘，一九四四年一月增到二十七艘，一九四四年十月再增到四十三艘。日本商船被擊沉的總噸數中有一半是潛艦所造成，其餘四分之一爲航空母艦和陸基飛機所擊沉，另有百分之八是水雷所擊沉。總加起來，即可顯示日本的海上交通線已被切斷。事實上，被擊沉的總噸數中有百分之七十五以上都是在一九四五年一月以前所造成，由此可以證明即使沒有飛機的幫助，潛艦戰仍能獨力贏得商船戰(commerce warfare)。

海軍的封鎖對於日本經濟所造成的毀滅效果是非常可怕，但卻不能夠立即生效，因爲日本在戰前已經儲積大量原料。到一九四四年底，美國陸航軍尙未發動戰略轟炸之前，日本工業即因原料缺乏而開始減產。到一九四五年，物資輸入實際上已完全中斷，而最重要者即爲石油。日本所需石油有百分之九十仰賴海外供應，美國海、航空軍也以油輪爲優先攻擊目標，一九四五年三月之後，即無一滴石油輸入日本。最後到同年七月，日本經濟已完全癱瘓。

二、航空

飛機的行動所受距離的限制遠高於海軍。直到有了B-29（當時是航程最遠的轟炸機）之後，美國陸航軍才從一九四四年六月開始對日本發動精密轟炸(precision bombing)。第二十轟炸機指揮部(XX Bomber Command)的B-29以印度爲基地，以成都爲前進基地，從那裏起飛也只能達到日本九州的南端，而不能達到本州的主要工業區。一共只出擊九次，投彈八百噸，所造成損失極爲輕微。一九四四年夏季，美軍攻佔馬里亞納群島，新成立的第二十一轟炸機指揮部(XXI Bomber Command)從十一月起開始以其爲基地，到一九四五年三月初，共出擊二十次，投彈共五千四百噸。

此種精密轟炸可以說是相當無效，其原因可分兩點：㈠飛行距離太遠，使炸彈載量減少（由十噸減爲三噸），再加上高爆性炸彈威力有限；㈡日本的工業，尤其是航空工業，到此時實際上多已停止生產，所以轟炸已殊少意義。一九四五年一月李梅將軍(Curtis C. Le May)奉命接任司令，他力主改採夜間燃燒彈攻擊(night incendiary attack)的方式。一九四五年三月九日，美國空軍對東京作一次大規模的燃燒空襲(fire raid)，以平民人口爲攻擊目標，這是杜黑戰略(Douhet Strategy)在太平洋戰爭中的初次試驗。同時也是有史以來最慘烈的空中攻擊，甚至於有過於廣島、長崎的原子彈攻擊，殺死八萬四千人，將十六平方哩地區（佔全城百分之二十五）夷爲廢墟。

以後這樣的攻擊繼續進行直到停戰爲止。下述數字即可顯示其對日本人口中心所造成的毀滅程度：一共摧毀一百七十八平方哩的地區，佔所攻擊六個城市中的都市區之百分之四十，二千二百萬人無家可歸，佔日本總人口的百分之三十。平民傷亡人數共二百二十萬人，其中死亡者爲九十萬人。這個數字遠超過日軍在太平洋中的傷亡總數（約七十八萬人）。

一九四五年七月二十八日日本拒絕接受波茨坦宣言(Potsdam Proclamation)，美國杜魯門總統隨即作成投原子彈的決定。八月六日和九日，兩顆原子彈先後投在廣島和長崎。廣島大約死了七萬一千人，全城被夷為廢墟；長崎大約死了三萬五千人，城市也炸毀了一部分。長崎因有丘陵地形的掩蔽故損失較輕，而以上死亡數字並不包括放射線的長期效果在內。事後分析，顯示原子彈的戰略意義並不像一般人所想像的那樣震撼。這又可分兩點來說明：㈠因為日本政府對新聞傳播有嚴密的控制，所以心理震撼只限於局部地區，其他的老百姓都是事後才知道；㈡原子彈殺傷威力並不比燒燃彈更可怕。兩顆原子彈所造成的死亡數字約相當於燃燒彈所造成總數的七分之一。使用燃燒彈時，大約三百三十架次的 B-29 即能造成相當一顆原子彈的毀滅效果。而在一九四五年八月，李梅的 B-29 每週出擊的架次為這個數字的四倍。所以，專就戰略轟炸本身而言，原子彈使用與否並不構成任何重大差異。

三、陸軍

太平洋戰爭是一直都受到歐洲戰爭的牽制。在一九四四年秋季還看不出納粹德國何時才會崩潰。因為美國陸軍如欲向日本大反攻，則必須從歐洲調集相當數量的兵力，此種再部署需要四到六個月的時間。所以在一九四四年冬季和一九四五年的春季，海軍與陸航軍已向日本本土發動攻擊，而陸軍對於入侵作戰則尚未確定其時間表。一九四五年五月德國投降後，華盛頓才開始討論此一問題，儘管海、陸航軍都認為已無此必要，但陸軍仍然在五月底作成對日本發動兩棲登陸戰的計畫，並在六月十八日獲得杜魯門、參謀首長聯席會議和其他有關機關的批准。

作成此種決定的幕後原因是參謀首長聯席會議的研究報告認為有此必要。報告指出：日本國內雖缺乏飛機燃料，但二百萬陸軍仍保持良好紀律，並有充分的彈藥補給。雖然日本對外交通已被切斷，但糧食供應至少可以維持到一九四六年。而且即令日本已在嚴密封鎖和猛烈轟炸之下，其經濟的崩潰是否已經達到，或即將達到足以影響其拒抗入侵能力的程度，也還是很難斷定。最後，假使聯軍若不攻佔日本，則日本政府仍可能撤往亞洲大陸上的佔領地區，而不同意無條件投降。杜魯門終於勉強接受參謀首長聯席會議意見，不過當時美國陸軍部長史汀生曾記錄杜魯門的話說：「他希望在日本不要再像在沖繩那樣苦戰。」

美國參謀首長聯席會議計畫在一九四五年十一月一日，開始入侵九州島的南部，其先決條件爲六月中必須完成沖繩島的佔領，因爲必須以該島爲基地，美國戰術空軍始能達到九州。美軍預計使用兵力十四個師，估計日本防禦九州南部的兵力爲十五至十八個師，但美軍享有壓倒性的火力優勢，並預定在三十天內政佔目標地區。等到此一目的達到之後，美軍才準備在一九四六年三月一日，開始向本州的東京平原進攻。

總而言之，到一九四五年八月，美國海軍是已經完成其戰略任務。日本海上交通到一九四四年底即已切斷，其經濟在一九四五年即已崩潰。航空軍自從一九四五年三月開始改用杜黑戰略之後，到八月日本城市幾乎都已炸毀。陸軍雖要到十一月才能開始行動，但其入侵戰略也已勝算在握，尤其是沖繩已於六月攻佔，足以提供必要的前進基地。不過，原子彈對於杜黑戰略並無太多貢獻，至於能否產生心理影響，則要看日本人所作的評估而定。

肆、易毀性的評估

面對著日益加緊的美軍攻勢，日本當局對於所面臨的威脅又是如何評估?這是一個非常複雜的問題，必須依照不同時段，不同背景和不同反應來分別加以解析，在這種解析過程中也就能像抽絲剝繭一樣終於找到日本人是爲何決定投降的原因。首先要提出一項觀念即所謂易毀性(Vulnerability)，那就是指某種威脅對於某種目標所能構成的傷害程度。目標可以分爲兩類：一爲平民；另一爲軍隊，所以易毀性也可分爲兩類：一爲平民易毀性；另一爲軍事易毀性。此處所謂軍隊僅指日本國內兵力而言，不包括其在海外殘餘兵力。易毀性的程度可分四級即低級、中級、高級、最高級。當達到最高級時也意味著此種威脅已經達到無法抗拒的程度，於是受威脅者除投降以外即無其他的選擇。

其次，又必須說明戰時日本的決策模式，概括言之，日本國家政策的決定權是操在三方面的手中，即內閣、軍方和天皇。從表面上看來，日本是採取內閣制，但實際上，軍人所享有的權力最大，至於天皇通常都是保持超然立場，不過在緊要關頭仍能發揮其影響力。

一、平民易毀性

一九四四年六月以前，日本社會從未受到外來的攻擊，也許只有一九四二年四月杜立德所作的象徵性空襲爲唯一例外。一九四三年十月，日本政府命令都市地區疏散不必要的人口，民間卻陽奉陰違，不予理會。從一九四四年六月到十一月，易毀性還是很低，在此階段中，只有從四川起飛的 B-29 曾對九州南部作過幾次空襲，損失非常輕微。到一九四四年十一月，B-29 開始以馬里亞納群島爲基地，轟炸日本的工業區，於是平民的易毀性隨之增高而達到中級的水平。

一九四五年三月之後，美國陸航軍發動大規模燃燒攻擊，使日本平民損失慘重，也使一切防護措施都無能爲力，於是易毀性升至高級的水平。在整個夏季中，美軍轟炸的範圍日益擴大，架次數也日益增加，連較小的城市也難倖免。等到原子彈投下時，日本平民的易毀性已達到最高級的水平。原子彈的威脅最初並不顯著，但若等到美國生產更多的武器，則整個日本所受毀滅將達到無限程度。

二、軍事易毀性

一九四四年六月以前，日本人根本還不曾考慮本土設防問題。此時日本在太平洋上的防線尚未完全喪失功效，日本領袖們仍希望戰爭的延長和敵人損失的增高，有一天會使美國同意媾和，並容許日本保留其所佔的地區。

自一九四四年七月開始，由於馬里亞納群島的喪失，日本才感覺在軍事方面已有威脅存在。馬里亞納是日本國防線上第一個淪陷的據點，而其剩餘海軍實力在該島防禦戰中也大部分被毀。結果東條內閣遂因此而總辭。日本人不能不承認失敗，並且也不能不認爲美軍的入侵已是一種可能。同時，美國潛艦也已使日本商船損失重大，使其無力應付長期戰爭的需要。

一九四五年四月，美軍登陸沖繩島，那是入侵日本的戰略門戶。此時一切原料的輸入都已切斷，儲積物資也已消耗殆盡。重要軍需工業的產量已減少達百分之五十。所謂軍事易毀性已由低級升到中級。不過，日本軍人雖已承認有入侵的危險，但仍相信日本有足夠資源來作有效的防禦，而在本土決戰中，日軍憑精神力量必能擊敗、攻擊，此外，仍希望蘇聯能給與外交和軍事上的援助。

一九四五年六月，軍事易毀性已升到高級水平。沖繩島已經淪陷，很快就會變成美軍基地。日本與亞洲大陸的連繫已完全切斷，不可能抽調任何兵力回國，到七月間，許多軍需工業都將被迫停止生產。此外，蘇聯對於日本的求援也毫無反應。在此種情況之下，日本不得不承認在防務準備上已經遭遇嚴重困難。

儘管如此，日本陸軍當局仍相信，最後勝利雖然已無可能，但日軍重創美軍的戰略仍能成功。其參謀本部的研判認爲：「假使我軍能在九州擊敗敵軍或使其損失慘重，即足以使其認清日本軍民的堅強戰鬥精神。果能如此，則可希望在比較有利條件之下結束戰爭。」

蘇聯陸軍於八月九日入侵滿州，把日本的軍事易毀性立即升到最高級的水平。蘇軍迅速突破日軍防線並向其後方深入。關東軍一向被認爲是日本的勁旅，這樣的慘敗使日本軍方大感震驚。假使關東軍都已這樣不堪一擊，則訓練和裝備遠較惡劣的國內兵力，面對著實力甚至於還超越蘇軍的美軍，又如何能有成功的希望？

伍、日本的決策過程

面對著日益升高的易毀性水平，日本政府中決策者所作的反應又是怎樣？依照其緊急程度可分爲四個階段：㈠不考慮投降；㈡有限度的投降；㈢有條件的投降；㈣立即無條件投降。而不同的決策者所作的反應又有相當的差異，所以日本作成最後決定之前，曾經有一段複雜而困難的過程。現在分別概述如下：

一、文人

在當時的日本政治制度中，只有極少數的文人對戰爭政策能發揮影響力。這些文人中包括首相、外相以及若干元老重臣，當然，最重要的還是首相。在此又必須指出，所謂文人者又包括退役大將在內（小磯和鈴木），而且他們都與軍方有密切關係，否則，也根本不可能組閣或入閣，因此，他們對於軍人也就不能形成強大的對抗勢力。

首先要指明的一點爲這些文人對於老百姓的死活並不十分關心。當美國飛機的轟炸所造成的損毀日益嚴重，平民易毀程度已由低級升至高級時，日本政府雖然表示重視人民所受的痛苦，但並未改變其絕對不考慮投降的立場。對比著說，他們對軍事易毀性的升高卻遠較敏感。

日本在一九四四年七月以前，平民和軍事兩方面都還不感覺到有易毀性的存在，所以自然無人會主張投降。不過少數元老重臣，例如近衞（前首相）、木戶（內府大臣）、重光（前外相）等人，在一九四二年和一九四三年即已對日本的軍事情況表示憂慮，到一九四四年春季，他們又開始認爲日本不可能對美國贏得最後勝利。儘管如此，他們表面上還是支持戰爭，不敢公開反戰。一九四四年七月馬里亞納失守之後，若干元老重臣要求東條辭職，到此時已有少數文人主張作有限度的投降。例如木戶曾建議小磯新閣應考慮妥協，放棄海外佔領地區，不過仍應保留滿州。新外相重光葵建議透過蘇聯求和，但小磯首相則主張應先打一勝仗然後再談和。

一九四五年四月，美軍入侵沖繩島，日本軍事易毀性遂由低級升到中級。小磯內閣下台，取而代之的新政府爲代表主和文人與主戰軍人的折中產品。鈴木出任首相符合軍人的願望，而素以鴿派著稱的東鄉則出任外相，新政府的政策爲：一方面準備國土保衞戰；另一方面尋求在可接受條件之下達成和解的機會。東鄉在木戶與米內（海相）支持之下，主張以實質利益（包括割讓滿州在內）換取蘇聯的調停。鈴木表示贊同，但他又附和軍方的要求，認爲應以獲致蘇聯援助爲主要目的，而不只是討論投降條件。鈴木之所以採取選擇的立場是因爲他相信日本還能繼續作戰達兩三年之久。東鄉則私下認爲希望蘇聯給予援助完全是幻想。

到六月，沖繩已經失守，對亞洲大陸的交通也已完全切斷。文人們才開始接受有條件投降的觀念。東鄉獲得鈴木同意，派遣近衛以特使身分前往莫斯科。臨行時，東鄉告訴他，「只要不是無條件投降，任何其他條件都可接受。」儘管如此，此種外交努力又還是完全無效。七月二十八日，日本拒絕接受波茨坦宣言，足以顯示直到此時，日本尙無意立即無條件投降。

最後，日本終於決定立即投降，其因可能爲八月六日第一顆原子彈落在廣島，接著在八月九日蘇軍進攻滿州這兩個因素使日本平民和軍事易毀性都升到最高點。知道廣島被炸的消息之後，東鄉立即要求鈴木召開最高戰爭指導緊急會議，並親往皇宮向日皇陳述應立即無條件投降的理由。但軍方代表拒絕出席，會議遂未能舉行。鈴木本人則到蘇軍八月九日發動攻擊之後，始下決心。當他獲知蘇軍勢如破竹時曾這樣說：「關東軍會這樣脆弱嗎？那一切完蛋了！」

二、天皇

在日本政治制度中，天皇雖然居於至高無上的地位，但深居簡出，對於國事並不實際過問，對於政府中的爭執最多只是一個中立的仲裁人而已。在一九四五年二月以前，日皇對於和戰的問題可以說是置身事外。但在二月日皇卻開始與元老重臣舉行一系列的會議，討論戰爭情況和未來計畫。有人指出情況嚴重但無人建議投降。日皇也未作任何反應。到六月八日，日本內閣舉行一次會議時，日皇仍完全同意本土決戰的構想。

但在六月二十日，日皇召見外相東鄉時卻明白指出，從軍方的報告上看來，軍事準備很難算是適當，所以應立即設法結束戰爭，不可再拖。六月二十二日，日皇又突然召集重要閣員會商，並公開宣稱除陸軍的戰略以外，還應考慮其他結束戰爭的途徑。七月七日他又向鈴木表示應從速派遣特使前往蘇聯，這顯然是接受東鄉和近衛的意見，同意有條件的投降。

廣島的原子彈使日皇立即作成其最後決定，根據木戶的記錄，他說：「在這樣的環境之下，我們必須向無可避免的命運低頭，不管對於我個人的安全產生如何後果，都必須儘快結束戰爭，以免此種悲劇再重演。」日皇也命東鄉去要求鈴木立即作成終戰安排。

從上述記錄來看，已故的日皇裕仁實不失爲一位有良心的君主，知道重視老百姓的生命，比起那些政客和軍閥眞是高明得太多了。

三、軍人

在日本的決策過程中，軍人所享有的權力最大，而陸軍又比海軍遠佔優勢。在陸軍中從陸軍大臣阿南和參謀總長梅津開始，全軍上下幾乎無人不主張奮戰到底。海軍內部則意見比較分歧。譬如說海軍大臣米內是屬於主和派，而海軍軍令部長豐田則屬於主戰派，由於內部分裂，而且日本的國防一向維持陸主海從的原則，所以，海軍並不能對陸軍構成重大的反對勢力。

直到一九四五年六月，陸軍都堅決反對任何形式的投降，但在沖繩淪陷後態度開始軟化，願意考慮有限度的投降，不過陸相阿南仍大言不慚地說：「日本仍保有其所征服土地的大部分，並未戰敗，和約條件必須反映此種事實。」不過據東鄉和豐田在戰後接受訊問時所云：「如果波茨坦宣言能附加某些條件，則在七月底，陸軍（包括阿南和梅津）將不會反對接受。」

原子彈對於陸軍幾乎不曾產生任何影響作用，軍方甚至於故意隱瞞眞相，否認在廣島所用的是一種新武器。直到八月十日，在長崎投下第二顆原子彈之後，才肯公開承認此種事實，此時日本政府也早已作成投降決定。

蘇軍在滿州發動攻擊，使日本軍事易毀性升到最高水平，日本陸軍始相信其最後希望已爲泡影。八月八日，陸相藉故拒絕出席鈴木因討論廣島原子轟炸而召開的內閣會議並使會議流會。但次日，在蘇軍入侵之後（在長崎轟炸之前），陸軍同意召開最高戰爭指導會議的特別會議。當會議進行之際，長崎落下第二顆原子彈的消息也已傳來。

即令到此時，阿南、梅津、豐田等仍堅持必須符合某些條件，日本始可投降。最後還是由於日皇親自裁決，在八月九日到十日之間的午夜作成無條件投降的決定。十日上午四時，日本政府正式通知美國，接受波茨坦宣言中的一切要求，但仍附帶一個唯一的條件，即希望維持天皇制度不變，美國政府乃於八月十四日同意接受。於是在八月十五日正午，日本天皇宣佈投降之詔書由其本人親自向全國廣播，結束了第二次世界大戰。

陸、結　論

基於以上的分析，可以明白顯出日本對投降的決定是經過長久的過程，而此過程中，易毀性的認知與決策者的心態是具有密切關係，現在將此種關係用表解方式來加以綜述。

易毀性等級與投降決策

時間	大事	易毀性		投降決策		
		平民	軍事	文人	天皇	軍人
44年7月以前		無	無	不考慮	不考慮	不考慮
44年7月	馬里亞納失守	低	低	不考慮	不考慮	不考慮
				(一)		
44年11月	來自馬里亞納的轟炸	中	低	不考慮	不考慮	不考慮
45年3月	大規模火襲	高	低	不考慮	不考慮	不考慮
45年4月	美軍入侵沖繩	高	中	有限度	不考慮	不考慮
45年6月	沖繩失守	高	高	有條件	有條件	有限度
45年8月6日	廣島	最高	高	立即	立即	有限度
				(二)		(三)
45年8月9日	蘇軍攻擊	最高	最高	立即	立即	立即

註(一)：東條下台，小磯組閣，曾企圖請求蘇聯調停。
(二)：若干文人以東鄉爲首主張立即投降，但鈴木以及其他文人，則到8月9日始表同意。
(三)：陸軍領袖仍堅持僅作有條件投降，但由於服從天皇的裁決，始勉強同意，立即投降。

從表中所列過程上看來，軍事易毀性在日本領袖人物認知中所佔的地位是比平民易毀性遠較重要，換言之，他們對於軍事易毀性的升高都相當敏感，而對於老百姓的死活則幾乎可以說是漠不關心。在文人的態度中一共有三次改變：當軍事易毀性由低級升到中級，再由中級升到高級時，都引起態度上的改變，由不考慮投降問題，到考慮有限度投降，再進而考慮有條件投降。但當平民易毀性早已升至高級時，他們仍然無動於衷，僅當原子彈投下將其升到最高級時，才有一部分人受到影響而要求立即投降。日皇的態度有兩次改變，第一次是受到軍事易毀性由中級升到高級的影響。第二次才是由於原子彈的震撼。至於軍人的態度則完全不受平民易毀性的影響，其改變都是因為軍事易毀性升高之故。而且僅當軍事易毀性已升到高級時，軍人才肯考慮有限度的投降，即僅限於放棄若干佔領地區。

日本終於自願投降之主因是由於美國有能力使其軍事易毀性升到極高點，於是也就使其領袖們不得不承認其本土防衛計畫已絕無成功的希望。此種能力是多方面的，換言之，導致勝利的因素很多，不能完全歸功於某一特定因素。

太平洋戰爭本是一個海洋戰爭，也就是兩個海權之間的鬥爭。就迫使日本投降的能力而言，海權的最大貢獻即為封鎖，而主要的工具則為潛艦。若非受到嚴密的封鎖，則日本的抵抗力不會減弱，其防禦計畫也可能有成功希望。有人認為僅憑封鎖即能致日本於死地，就純理論而言，此種觀念固然言之成理，但實際上，戰爭將會繼續延長，不知到何時始能勝利結束。從表面上來看，戰略轟炸的效力似乎是最為可怕，而且也的確對日本社會造成極大的損毀和死亡。但實際上，恐怖轟炸並不能迅速升高日本的軍事易毀性，所以對於日本決策者，尤其是軍人，其影響效力是遠不如杜黑主義者所想像的那樣巨大。美國的戰略空權的確具有強大的威力，但在使用方法上頗欠思考。不僅濫殺無辜，有違人道，而且轟炸工業區也毫無意義，因爲海上的封鎖早已切斷日本原料來源，使其工業大都已停止生產，轟炸只不過是毀滅那些閒置的設施而已。

美國陸航軍根本不了解日本的眞正弱點在哪裏。對工業的精密轟炸，對平民的燃燒攻擊都不能擊中要害，因爲日本的主要弱點不是其工業設施，也不是其平民的「士氣」(morale)，而是其必須從海外輸入的生產原料。一旦原料來源被完全切斷，對其工業和人口的攻擊。即無異於畫蛇添足，多此一舉。反而言之，海軍封鎖之所以如此有效，主要原因就是能夠擊中要害。

因此，陸航軍若也能打擊上一要害，則其貢獻將會遠較重大，其可以採取的手段即爲對重要航線實施空中佈雷(aerial mining)。實際上，空投水雷是一種效力比潛艦還較高的武器。根據統計，在戰爭最後四個月內，水雷所擊沉的船隻佔總噸數的百分之五十。假使美國的B-29能在一九四四年即開始利用中國大陸爲基地來空投水雷，則到年底以前也許即能切斷日本的一切輸入，甚至於能使日本軍事力量的崩潰提早半年。

美國陸軍雖不曾依照計畫入侵日本，但此種威脅的確實存在又仍爲迫使日本自願投降的主因之一。否則，僅憑陸航軍的壓力，還是不易使冥頑不靈的日本軍閥放棄其負隅頑抗的決心。不過，美國政府似乎並不了解日本軍人的心態，否則，他應該加速形成入侵的威脅，則戰爭可能因此而提前結束。在一九四四年十月雷伊泰灣之戰(Battle of Leyte Gulf)將日本海軍完全毀滅之後，美軍即應直撲沖繩島，而不應再浪費時間在呂宋島和硫磺島登陸，這樣也許在一九四五年一月即能入侵沖繩，並且至少可以節省幾千人的生命。

現在就要談到最後兩個因素，即原子彈和蘇聯出兵。對於美國應否使用原子彈的問題在戰後曾引起很多的爭論，但本文所要分析的只限於一點，即對於日本的投降決策原子彈究竟有多大的影響作用。就戰略轟炸本身而言，原子彈使用與否，對於毀滅程度所構成的差異固屬有限，但又不應因此低估其所產生的心理效果。至少在日本領導階層中的文人和天皇都已受到極大的衝擊，而尤以日皇本人爲甚。

蘇軍的進攻滿州正是寓言中所形容的壓斷駱駝背脊的最後一根稻草(last straw)，即令蘇聯不參戰，日本也還是投降，換言之，眞正壓垮駱駝的並非最後一根稻草而是全部的載重。不過，關東軍若不迅速崩潰，則日本軍閥也還不立即認輸，所以蘇軍的行動在心理上產生的刺激還是具有決定性的意義。

蘇聯的參戰又與廣島的原子彈有相當密切的關係。史達林雖早已承諾結束歐戰之後即加入對日本的戰爭，但他卻一直心存觀望並未迅速行動，其原因是希望坐山觀虎鬥，讓日本去消耗美國的實力，而使蘇聯坐收其利。當第一顆原子彈投在廣島之後，史達林就感覺到局勢已開始急轉直下，若不迅速投入戰爭，將可能會喪失分享勝果的機會，所以才在八月九日發動攻擊，而這也構成最後一擊。

就日本決定無條件投降的全部過程來加以觀察，所能發現的首要事實即爲決策者的認知遠比事實的眞相重要。日本發動侵略戰爭，最後終於敗亡，也許可以說是事有必至，理有固然。但日本之所以會在一九四五年八月十日作成投降的最後決定，則又還是可以從其決策者的認知中找到合理的解釋。

國家圖書館出版品預行編目資料

第二次世界大戰回顧與省思 / 鈕先鍾著. -- 初
版. -- 臺北市 : 麥田, 民 85
面 ; 公分. -- (軍事叢書 ; 73)
ISBN 957-708-444-3(平裝)

1.第二次世界大戰(1939-1945)

592.9154 85010840

麥田出版股份有限公司

臺北市新生南路二段82號6樓之5
TEL: (02)396-5698
FAX: (02)341-0054, 357-0954
郵撥帳號：1600884-9
戶　　名：麥田出版股份有限公司

【麥田文學】

L1001	想我眷村的兄弟們	朱天心	著	140元
L1002	我的帝王生涯	蘇　童	著	150元
L1003	相思子花	鄭清文	著	160元
L1004	燃燒之後	鍾曉陽	著	180元
L1005	薩伐旅	劉大任	著	130元
L1006	美國・美國	張北海	著	140元
L1007	下午茶話題	朱天文、朱天心、朱天衣	著	130元
L1008	企鵝爸爸	小　野	著	130元
L1009	綠色陷阱	葉兆言	著	130元
L1010	逐鹿中街	王安憶	著	130元
L1011	青春小鳥：王洛賓傳奇	吳淡如	著	130元
L1012	我是你爸爸	王　朔	著	180元
L1013	一個朋友在路上	蘇　童	著	150元
L1014	後青春期症候群	朱　衣	著	130元
L1015	初旅	東　年	著	130元
L1016	悲情布拉姆斯	雷　驤	著	130元
L1017	少年之城	王宣一	著	130元
L1018	殤逝的英雄	葉兆言	著	140元
L1019	藍色玫瑰	林宜澐	著	140元
L1020	家庭之旅	陳　黎	著	140元
L1021	夢的攝影機	路寒袖	著	130元
L1022	戲夢人生：電影分鏡劇本	侯孝賢、吳念眞、朱天文	著	150元
L1023	離婚指南	蘇　童	著	140元
L1024	走過蛻變的中國	劉大任	著	120元
L1025	南方青春物語	童　雲	著	140元
L1026	食妻時代	羅位育	著	140元
L1027	眼耳鼻舌	許悔之	著	130元
L1028	薛理陽大夫	張貴興	著	130元
L1029	斷掌順娘	彭小妍	著	140元
L1030	武則天	蘇　童	著	150元

＊本書目所列書價如與該書版權頁不符，則以該書版權頁定價爲準。

L1031	詩生活	侯吉諒	著	150元
L1032	枕頭邊的音樂會	陳樂融	著	140元
L1033	帶隻杯子出門	喻麗清	著	140元
L1034	公開的情書	路寒袖	編	140元
L1035	是誰在唱歌	林俊穎	著	130元
L1036	光之留顏	羅任玲	著	130元
L1037	滄桑男子	張　錯	著	140元
L1038	活著	余　華	著	150元
L1039	雁行千山	楊　明	著	130元
L1040	X小姐·重新開始	姚一葦	著	130元
L1041	不談愛情	池　莉	著	150元
L1042	可愛的女人	小　野	著	140元
L1043	威尼斯日記	阿　城	著	130元
L1044	多桑：吳念眞電影劇本	吳念眞	著	150元
L1045	紅房子酒店	葉兆言	著	140元
L1046	十一擊	蘇　童	著	140元
L1047	采集陽光與閒情	劉靜娟	著	140元
L1048	香港情與愛	王安憶	著	130元
L1049	她是女子，我也是女子	黃碧雲	著	140元
L1050	青銅小子	小　野	著	150元
L1051	輕少女薄皮書	小　野	著	150元
L1052	相思月娘	李　潼	著	140元
L1053	天生好男人	羅位育	著	140元
L1054	刺青時代	蘇　童	著	140元
L1055	風景明信片	路寒袖	編	150元
L1056	航向愛琴海	陳少聰	著	150元
L1057	旅行的顏色	黃雅歆	著	150元
L1058	桃花燦爛	方　方	著	130元
L1059	向日葵海域	楊　明	著	140元
L1060	今夜星光燦爛	葉兆言	著	220元
L1061	天空線下	張北海	著	160元
L1062	好男好女：侯孝賢拍片筆記，分場、分鏡劇本	朱天文	編著	150元
L1063	心事	童　雲	著	150元
L1064	城北地帶	蘇　童	著	190元
L1065	小野之家	小　野	著	150元
L1066	雜貨商的女兒	小　野	著	140元
L1067	把你的脚綑起來	蘇　童	著	160元
L1068	小小撒個野	小　野	著	130元
L1069	花影	葉兆言	著	190元
L1071	百年孤寂的台灣民主國	羊　恕	著	240元

＊本書目所列書價如與該書版權頁不符，則以該書版權頁定價爲準。

L1072	長恨歌		王安憶 著	280元

【小說天地】

N1001	大河戀		Norman Maclean 著	180元
N1002	中國北方來的情人		瑪格麗特·莒哈絲 著	160元
N1003	傑克少年		丹·馬寇 著	140元
N1004	秋之傳奇		吉姆·哈雷遜 著	180元
N1005	小天才智多星		艾倫·奇威貝爾 著	160元
N1006	童年往事(Paddy Clarke Ha Ha Ha)		Roddy Doyle 著	260元
N1007	步步殺機		Arturo Pérez-Reverte 著	260元
N1008	諜海情迷(上)		Thomas Fleming 著	260元
N1009	諜海情迷(下)		Thomas Fleming 著	260元
N1010	西線無戰事	Erich Maria Remarque 著	蔡慨生 譯	180元
N1011	芮尼克探案系列——寂寞芳心		譚 天 譯	180元
N1012	芮尼克探案系列——狂亂人生		譚 天 譯	220元
N1013	芮尼克探案系列——刀鋒邊緣		陳佩君 譯	240元
N1014	芮尼克探案系列——迷蹤記		維 亞 譯	240元
N1017	守靈夜的訪客	井上靖 著	劉慕沙 譯	180元
N1018	山國峽恩仇記	菊池寬 著	劉慕沙 譯	180元
N1019	活著的兵士	石川達三 著	劉慕沙 譯	160元
N1021	絕命追殺令		J. M. Dillard 著	170元
N1022	吸血鬼	Fred Saberhagen & James V. Hart著	謝瑤玲 譯	200元
N1023	化身博士	Valerie Martin著	余國芳·王介文 譯	180元
N1031	祖先遊戲	Alex Miller著	歐陽昱 譯	260元
N1032	塔尼歐斯巨岩	Amin Maalouf著	吳錫德 譯	240元

【日本女性小說】

N1201	寒椿	宮尾登美子 著	陳寶蓮 譯	150元
N1202	人偶姊妹	圓地文子 著	陳寶蓮 譯	150元
N1203	青燈綺夢(上)	瀨戶內晴美 著	陳寶蓮 譯	170元
N1204	青燈綺夢(下)	瀨戶內晴美 著	陳寶蓮 譯	170元
N1205	代嫁公主	有吉佐和子 著	陳寶蓮 譯	190元

【麥田人文】

H1001	小說中國		王德威 著	320元
H1002	知識的考掘	米歇·傅柯 著	王德威 譯	350元
H1003	回顧現代		廖炳惠 著	320元
H1004	否定的美學		楊小濱 著	280元
H1005	千古文人俠客夢		陳平原 著	300元
H1006	對話的喧聲		劉 康 著	330元

＊本書目所列書價如與該書版權頁不符，則以該書版權頁定價爲準。

H1007	後殖民理論與文化認同	張京媛	編	380元
H1008	婦女與中國現代性	周　蕾	著	320元
H1009	文化批評與華語電影	鄭樹森	編	340元
H1010	哈佛心影錄	張　鳳	著	260元
H1011	重審風月鑑	康正果	著	320元

【文學叢書】

L9001	張愛玲小說的時代感	盧正珩	著	180元
L9002	楊逵及其作品研究	黃惠禎	著	180元
L9003	台灣新文學觀念的萌芽與實踐	莊淑芝	著	180元
L9004	生命情結的反思	林幸謙	著	220元

【馮內果作品集】

N1101	第五號屠宰場	洛　夫	譯	160元
N1102	藍鬍子	陳佩君	譯	180元
N1103	自動鋼琴	陳佩君	譯	220元
N1104	槍手狄克	吳安蘭	譯	180元
N1105	金錢之河	譚　天	譯	160元
N1106	加拉巴哥群島	張佩傑	譯	200元
N1107	泰坦星的海妖	張佩傑	譯	220元
N1108	冠軍的早餐	王祥芸	譯	180元
N1109	貓的搖籃	謝瑤玲	譯	200元
N1110	囚犯	吳怡慧	譯	200元
N1111	夜母	謝瑤玲	譯	160元
N1112	鬧劇	卓世盟	譯	160元
N1113	歡迎到猴子籠來	謝瑤玲	譯	240元
N1114	此心不移	劉麗眞	譯	160元
N1115	聖棕樹節	陳佩君	譯	200元
N1116	祝妳生日快樂	吳曉芬	譯	160元
N1117	生不如死	張定綺	譯	200元
N1116	戲法	陳襲予	譯	240元

【映象傳眞】

I1001	少年吔，安啦	吳淡如	著	150元
I1002	母雞帶小鴨	丁牧群	著	150元
I1003	無言的山丘	吳淡如	著	150元
I1004	浮世戀曲	周　妮	著	130元
I1005	小鬼當家——紐約迷途記	劉麗眞	譯	150元
I1007	新樂園	老　瓊	著	120元
I1008	最後魔鬼英雄	謝瑤玲	譯	170元

＊本書目所列書價如與該書版權頁不符，則以該書版權頁定價爲準。